THE INNOVATION
ULTIMATUM

创新之巅

未来十年重构商业的六大战略性技术

[美] 史蒂夫 · 布朗（Steve Brown）◎著
漆晨曦◎译

人民邮电出版社
北京

图书在版编目（CIP）数据

创新之巅 ：未来十年重构商业的六大战略性技术 /
（美）史蒂夫·布朗（Steve Brown）著 ；漆晨曦译. --
北京 ：人民邮电出版社，2021.5（2022.10重印）
ISBN 978-7-115-56072-8

Ⅰ. ①创… Ⅱ. ①史… ②漆… Ⅲ. ①数字技术—影
响—商业模式—研究 Ⅳ. ①F71-39

中国版本图书馆CIP数据核字(2021)第042466号

版 权 声 明

内 容 提 要

本书通过预测分析下一波数字化转型的浪潮，用平实易懂的语言使商业领导者了解未来的十年间重塑人们生活的六大关键技术：人工智能、物联网、自动化机器、区块链、增强现实/虚拟现实、5G 等，并介绍企业如何采用这些新技术来优化运营、创造新价值，并以新的方式为客户提供服务的见解，以及从农业到建筑业、从医疗保健业到交通运输业，再到“工业 4.0”制造业等各个行业应用这些技术的经验总结。

◆ 著　　[美] 史蒂夫·布朗（Steve Brown）
译　　漆晨曦
责任编辑　李　强
责任印制　陈　犇

◆ 人民邮电出版社出版发行　北京市丰台区成寿寺路 11 号
邮编 100164　电子邮件 315@ptpress.com.cn
网址 https://www.ptpress.com.cn
固安县铭成印刷有限公司印刷

◆ 开本：720×960 1/16
印张：15　　2021 年 5 月第 1 版
字数：226 千字　　2022 年 10 月河北第 4 次印刷

著作权合同登记号　图字：01-2020-1542 号

定价：89.80 元

读者服务热线：(010)81055493　印装质量热线：(010)81055316
反盗版热线：(010)81055315
广告经营许可证：京东市监广登字 20170147 号

献给我的父母，他们让我的一切设想最终成为可能。
献给我可爱的妻子，她支持着我这一路走来的每一步。
献给无与伦比的 Richard Tonn，他虽然想读这本书，
但未曾看到书的完成。

致谢

感谢我的父母，Mike Brown 和 Andrea Brown，他们让我明白了高质量教育的重要性，感谢他们为保证我获得高质量教育而做出的奉献。他们对我的爱、他们对我坚定的支持和鼓励，使我的每一天都有所不同。

如果没有那些塑造了我的职业生涯、为我打开大门并鼓励我大步走出去的人，就不可能有这本书。感谢 Rob Sheppard 给了我第一份正式的工作。特别要感谢 Stuart Robinson，他鼓励我去探索工程行业之外的职业，尽管这有悖于我的初心。如果没有他坚持让我拓宽视野看看自己能做什么，我的生活就不会像现在这样好。如果每个人都能有一个像 Stuart Robinson 这样的朋友来帮助他们挑战自己并重新定义自己的身份就好了。感谢以下这些人——他们看到我身上的一些潜力，并抓住机会，将我安排在具有一定挑战性的工作岗位上，从事新的工作——他们是：Matt Haller、Dan Russell、Jim Pappas、Pat Gelsinger、 Larry Shoop、Mike Green 和 Genevieve Bell 博士。Larry 教会我如何将沟通和主持技巧提升到一个新的高度；Mike 让我明白了谦逊和优雅的重要性；Genevieve 教会我如何正确地看待世界。感谢所有帮助我塑造职业生涯并鼓励我一直向前的人们。

特别感谢 Terry Scalzo，是他让我走上了成为主题演讲者的道路。在我为 Terry 主持的一个活动上，他指着台上的一位演讲者问了我一个改变我人生的问题：“你为什么不做一个演讲者呢，史蒂夫？你会很擅长这个的。”有时候一句话就能改变一个人的一生。当时，Terry 可能不知道他正在改变我的想法，并为我指明了一条新的令人兴奋的道路，谢谢你，Terry。还要感谢 Shannon Smith。Shannon 的一句话也对我产生了重要的影响，帮助我摆脱自己强加给自己的像史波克那样的逻辑工程（Logical Engineering）的身份，重新将自己视作一个具有创造力的人。我们的话语影响着我们周围的人。

特别要感谢 Brian David Johnson 为这本书作序。Brian 是英特尔公司的首任未来学家，在他学术休假期间，他给我机会让我代替他工作。他对我的信任、他的友谊、他的支持及他富有感染力的善良极大地影响着我。如果没有他的慷慨，我作为未来学家的工作就不会成功。谢谢你，Brian。

写书是一项严肃的任务。没有朋友和家人的不断鼓励和支持，我不可能完成这本书的创作。我要特别感谢几个对我产生了巨大影响的关键人物。没有他们，这本书将永远是半成品。感谢 Jeff Gaus 和 Ken Thrasher 不断地向我询问这本书的写作进度。有时候，你只是需要有人对你保持责任心、提醒你继续前进。你也需要那些比你更相信你自己的人，他们会告诉你他们为你而骄傲，你可以做到。感谢 Tony Postlethwaite 一直以来的支持——在我最需要帮助的时候，你的支持就是我的全部。特别感谢与我相识了 25 年的朋友 Robby Swinnen。Robby 是一位广受欢迎、才华横溢的高管教练，他很快帮我克服了我的心理障碍，让我坚定地瞄准目标并完成了本书的创作。Robby，谢谢你的友情、支持和善意。也要感谢充满活力的 Ginger Johnson，他是一位专业演讲家，他帮我联系了 Wiley 出版社。

希望读者能对本书感兴趣并从中受到启发和鼓励。虽然本书的目标读者是商业领袖（在这里，“领袖”的定义是具备激励他人、引领变革的能力的人，而不是一个权力位置），但我也希望本书对于任何对未来感兴趣的人都是易读的。为了专注于这部分读者，我在写作时，心里一直有一个特定的人，他就是 Lyle Becker。Lyle 在社交媒体上是我最忠实的粉丝之一。他对未来充满热情，痴迷于技术的潜力。Lyle 已经 102 岁了，希望我们都能在暮年仍然保持这样的好奇心和激情。

最后，感谢我迷人的妻子 Kristin。在很长的一段时间里，Kristin 花了几千小时帮助我研究和创作这本书。她持续的支持、鼓励和无条件的爱给了我离开英特尔公司独自创业的勇气，后来我创建了一个成功的演讲公司，并写了这本书。谢谢你，我的爱人。我再也找不到比你更好的伙伴和支持者了。

作者简介

作为英特尔公司的未来学家和首席布道者，史蒂夫·布朗在高科技领域有超过三十年的工作经验，他将其中一半的时间花在研究战略规划上。他对未来五年、十年和十五年的世界进行了构想和规划。

在 2016 年离开英特尔后，史蒂夫创建了自己的公司，鼓励企业了解包括人工智能、区块链和增强现实等技术的潜力，并鼓励企业采用这些技术以新的方式来实现其企业目标。史蒂夫鼓励企业通过创建有吸引力的新产品和服务、优化运营、创新商业模式、赋权员工、满足客户需求、促进可持续发展和提升工作质量，为人们创造更美好的未来。

如今，作为一名广受欢迎的主题演讲者，史蒂夫用他工程、商业和通信方面的经验，帮助受众了解自动化及其他技术将如何重塑行业，改变工作的未来并改善人们的生活。史蒂夫曾被美国有线电视新闻网、英国广播公司、彭博电视、《华尔街日报》和《连线》杂志等众多媒体报道过。他拥有曼彻斯特大学微电子系统工程的工学学士和工程硕士学位。他出生在英国，并于 2008 年成为美国公民。

无论是谈论工作的未来、深入研究人工智能和区块链，还是讨论飞行汽车，史蒂夫都激励他的受众超越现状，重新构想他们的业务（和生活）怎样才能变得更好。他的书带着读者一起超越了他在主题演讲中分享的内容。本书让我们深入了解未来十年可以重构商业的技术，并分享了一些引人入胜的故事，这些故事展现的正是利用技术改善人们生活的深远意义。

序

不要害怕未来……而要为其做好准备

你想知道一个关于未来的秘密吗?

未来并非一成不变的。并不存在一个我们只能徒劳地朝之奔跑而去的、唯一的未来。未来由人类和企业日复一日的行为构成，这也是成为未来的积极参与者如此重要的原因。人们不应安于现状，企业也不应坐享其成，放任未来的事情发生在自己身上——这永远不会有好的结果。成为未来的积极参与者的第一步是增长知识，而本书即为开始的绝佳起点。

未来常夹杂着恐惧与担忧出现在人们的脑海中。人工智能、区块链、增强现实、物联网、5G 网络、自动化机器，每一项技术都有可能重构世界，没有行业能游离其外。但是这些颠覆性技术并非企业的终结者，它们并不意味着你的企业的结束，而意味着你需要适应并让你的团队做好变化的准备。通过学习这些技术、了解它们的潜在影响，你就可以为明天做好准备。一旦做到这些，你就可以向自己或自己的企业发问：我们想构建怎样的未来，又想避免怎样的未来? 既然你读到了这里，相信你也明白该做些什么了。那些忽视未来的企业将会发现自己陷于混乱中，茫然不知方向，过时且落伍。相反地，积极参与意味着你将自己决定自己的未来，然后脚踏实地，一步一步走向目的地。

你还想知道关于未来的另一个秘密吗?

恐惧让人变得失去理智。当人害怕的时候，他们的大脑只可能做出三种决策：战斗、逃跑和原地止步。我们见过身处这三种状态中的人们做出糟糕的商业决策和人生决策的情形。而对于未来的认知和明智的判断有助于摆脱这种恐惧。

警惕那些告诉你应该对未来心怀恐惧的人，不要相信那些告诉你世界将被科技改变而你对这一切都无能为力的人。这种人最终想做的只是剥夺你的力量，吓倒你，让你做出糟糕的决策，或者更糟的是，让你因为害怕最终一事无成。

这就是史蒂夫·布朗作为一位未来学家的力量。他花费几年时间，助力企业为未来做出十分明智的决策。有时候，这些决策可能是艰难的决策，但是最终，他的目标是给予企业愿景和希望，不仅是未雨绸缪，更是对未来的憧憬和向往。本书能够帮助人们认识未来，并帮助人们开始必要的对话，为即将到来的明天做准备，并在未来茁壮成长。

Brian David Johnson，作家和未来学家

亚利桑那州立大学

前言

要生存，每家公司都必须成为一家技术公司

创新，或毁灭。

这条商业箴言，从来没有比在今天更正确过。消费者的需求总是不断变化的。他们的期望根据他们近期的最好的消费体验所设定。他们不能忍受那些总是敷衍塞责而不追求卓越的公司。消费者期望商家不仅是交付服务，还能够带来惊喜。对于投资技术和无视技术的公司而言，它们之间的能力差距正迅速加宽、加大。

新兴技术助力勇敢的创新者超前迈出一大步，而那些既不具有愿景和勇气，又不够敏感的人，必将被淘汰。胜者将改变世界。

创新之巅

位于 Brand Z 榜上的全球最具价值的前 100 强企业都在技术创新上投入巨资，并深入其业务的各个方面驱动创新：产品开发、运营、营销和客户服务，这并非巧合。

未来十年，六大战略性技术组合——人工智能（AI）、区块链、物联网（IoT）、增强现实、自动化机器和 5G——将推动产品和服务产生前所未有的创新，同时创建出全新的商业模式。对每个公司来说，投资信息技术（IT）将成为势在必行的战略。每家公司都将成为技术公司和数据公司。企业运营将重新通过流程自动化和人力增强而得以更新装备工具。

自动化和增强型

自动化将加速企业流程、提升质量并降低成本。增强型则使劳动人员能力提升，并将机器和人类的智慧进行调和。人工智能将辅助我们、协助我们、指导我们、激励我们，从而让我们具备更强的能力。我们无须与技术融合就可实现与技术的紧密合作。

产品、服务和商业模式创新

新的产品和服务是维系现有客户和获取新客户的最佳方式。在未来十年里，对于产品和服务的重大创新的期望，就像对于技术创新的期望，将嵌入企业的每一件事务中。企业将使用数据、传感器和机器智能来完善商业模式，以努力为其获得更高回报，从产品升级到服务，从服务升级到体验，从体验升级到转型。

创新者的调色板

在未来，我们将看到六大重要技术的广泛应用。把这些技术想象成正添加于企业创新调色板中的六种新的颜色。从某种程度上说，你的创新能力只会被你的想象力所限制。

六大技术将数字世界和物理世界紧密连接

这六大技术在数字世界和物理世界之间建立了一座又一座桥梁。计算能力和数字世界中所创造的价值依然呈指数式上升。当我们在数字世界和物理世界之间建立更紧密的连接时，更多的价值会穿过桥梁流向物理世界，并为物理世界所吸收。

数十年来，工程师一直在建造着这座桥梁，这并非一个新故事。但在未来十年，这座将数字世界与物理世界连接的桥梁的建造速度将显著加快。数万亿的传感器将促使数字世界了解物理世界当下发生的事情。机器人和其他自动化机器将支撑数字世界在物理世界中发挥作用。人工智能将为数字化设备提供“眼睛”和“耳朵”，帮助它们理解这个世界。分布式记账和区块链结合复杂的传感器阵列，可以对全球实物货品的移动进行跟踪。增强现实则将数字化物体和信息与我们对物理世界的可视化感官融合在一起。最后，5G 网络和卫星星座将把万事万物连接在一起，使任意两个事物之间相互联通。

对于企业来说，这是一个令人振奋（也令人担忧）的时刻。竞争炽热如火，客户永不满意，投资人也一样。未来十年，蓬勃发展的将是那些永远不会躺在桂冠之上止步不前的公司。这些公司全身心拥抱这六大技术中的每一个，并对它们进行创造性融合，以进行越级竞争——超越那些因无关紧要的风险而犹豫不前的公司。没有哪个企业可以不受技术的影响，即便是今天的巨头公司。胜者将在数字化领域创造出巨大价值，并通过六大技术将这些价值与物理世界、流线化运营、服务客户、创建新的产品和服务连接。

胜利者将像艺术家使用颜色一样融合运用六大技术

本书重点介绍的六大技术并不是全新的技术。“人工智能”这个术语开创于20世纪50年代，物联网诞生于20世纪，区块链最早创建于十几年前。由于各种原因，这些技术时至今日才走向成熟，而对这些技术创造性的融合将导致创新的突破。比如，物联网传感器结合AI后，能力出现指数式增长。下一代大规模分布式记账技术与无处不在的近地轨道卫星网络相结合，可以改变物流和供应链。当创新者开始重新构想如何创造价值、服务客户并运营其业务时，新的技术在他们创造性的调色板上充当了新的颜色。最令人印象深刻的是运用多种颜色的创造性融合而进行画作的创新。例如，Uber（优步）即创建于App、GPS传感器、云服务和零工经济等融合创新之上。

预计未来十年出现的变化将比过去四十年还多

新的技术永远在改变着创新的边界。一些技术的影响力较其他技术要大得多。自20世纪80年代起，四大技术进步决定着商务IT的创新边界：个人计算机、网络、移动化和云。当IBM在1981年推出个人计算机时，它开启了一个创新和生产力的螺旋式上升。20世纪90年代早期，网络的兴起意味着每个企业都得在线上打开一扇新的大门。史蒂夫·乔布斯在2007年开启了移动互联网革命，将可携带的超级计算机放入全世界数十亿人的口袋和钱包中。最后，是云计算的年代，它与移动化时代同时出现，它使得企业更容易创造数字化价值，根据需求扩大规模并且迅速创新，当然，创新发展还涉及了其他技术，但主要还是以上这四大技术。四十年间，四大技术的飞速发展创造了创新调色板中的四大全新颜色。而在未来十年间，六大技术将共同点燃比过去四十年更多的创新之火。

我是该害怕还是该激动

从我的巡回演讲开始，我就知道，无论我什么时候讲到未来技术，尤其在讲到 AI 的时候，它总能激起听众很大的反应。一些人因 AI 所蕴含的潜力而激动，另外一些人则对此充满恐惧。大多数人对 AI 持有一个介于两者之间的较为健康的平衡心态。

技术具有重塑和大大推动人类向前飞跃的能力。AI 可以帮助我们治疗重大疾病、揭示宇宙的秘密。自动化可以取代数以亿计的人的工作岗位。还有一些“技术大咖”警告：AI 最终将消灭人类。

关于外星人、机器人杀手和流行病的电影总是很受欢迎。反乌托邦故事比乌托邦故事更畅销，强大的故事情节由冲突和戏剧性驱动。所以数十年来，好莱坞一直沉迷于技术潜力的阴暗面。观众喜欢《终结者》中机器人践踏人类头骨的场面，《黑客帝国》中安德森先生与尼奥的战斗，《机械姬》中艾娃通过操控和杀戮摆脱囚禁的故事情节。导演想要讲述一个喧闹的故事，他们并不需要真实地描绘展示。我们必须承认我们对技术的恐惧很大程度上源于这些科幻故事。从某种程度上说，本书就是试图抗衡好莱坞故事的一种工具。总的来说，技术进步事实上是一种非常正面的力量。

我们的先人害怕电话、电视和摇滚音乐。在 19 世纪，人们拒绝乘坐火车，因为他们相信如果人们身体移动的速度超过每小时 30 英里（约 48 千米），人就会被熔化；火能温暖住宅也能将它烧成灰烬；原子分裂可以给一整座城市供应能源，也能摧毁一座城市。技术并非元凶，真正重要的是我们如何使用技术。我们使用技术时必须负起责任、深思熟虑，以使人类受益而不是造成风险。

谨慎对待技术开发是正确的做法，但我们大可不必害怕它。技术服务人类的潜力大到不可思议，技术可以帮助我们应对气候变化的挑战、治疗疾病、提升交通安全、消除欺诈、减少浪费、降低教育成本，并为未来的能源、材料科学和生物学带来突破。一些正在读这本书的人——你，或你的孩子，或他们的孩子——可能会因未来 AI 推动医疗行业的发展而得救。难道我们应该因为看了很多遍《终结者》而否定生活吗？我们必须保持合理的怀疑并对新技术提出尖锐的问题，但是对于其将带来的好处需保持开放心态。本书中描述的六大技术将为我们生活的各个部分带来不可思议的创新。我们活在一个令人振奋的时代。虽然自动化将不可避免地破坏一些工作，但技术将创建很多新的工作，并通过承担沉闷、单调的任务而提升人类的工作效率。全新的技术将创建全新的职业通道，并使工作更具意义、更具挑战性、更具创造性，回报也更为丰厚。

如何从本书得到最大收获

在本书的第一部分，我们按照以下顺序对六大技术逐一进行介绍：人工智能、物联网、自动化机器、区块链、增强现实和 5G 网络。如果你已经非常精通这些技术，则可以略过第一部分直接阅读第二部分，但是要注意，在前面这些章节中包含了很多故事，展示的是这些技术正如何被应用于解决企业的现实问题。

在本书的第二部分，我们总结了这些技术的商业意义——自动化战略、数据的战略重要性和职业的未来。

在本书的第三部分，我们将对利用六大技术进行早期创新的一些具体案例进行总结，每一章都聚焦于一个特定的行业。这些案例对每个行业面临的独特挑战进行了描述，还呈现了技术如何解决这些行业面临的现实的商业问题，以及读者可以学习并应用于其他地方的关键内容。

无论你身处什么行业，我都强烈建议你阅读本书的最后一部分。如果你在医疗保健行业，请阅读制造业和交通业的内容。如果你在零售行业，请阅读建筑业和供应链相关内容，依此类推。希望你在阅读发生在其他行业的事情时思考，“嗯，这与我们做的完全不一样，但它给了我一个很棒的想法……”

请带着探索全新可能性的心态阅读本书。每个商务人士，无论他的头衔大小、所处业务线是什么，或在公司中的职位如何，都需要了解本书所描述的六大技术。商务人士无须了解这些技术的原理，这是 IT 部门的职责，但是他们必须了解这些技术的实践和战略意义，以及它们的能力将如何随时间不断发生变化。有了这些洞察，建立中长期计划时，领导者也就可以更准确地做出决策。

总之，这些技术可以改变企业运营、客户期望、客户关系、劳动力战略及竞争边界。没有行业可以不受影响，没有企业可以被排除在外。

不要害怕，不要等待，尽快寻求帮助

每个企业都应该为广泛的震荡和变化做好准备。站着不动不再是一个选择，尤其对于那些已经多年甚至数十年停滞不前的企业而言。

抵制住恐惧。这种程度的变化可能让人感到很大压力，但是要记住每个企业都在同一条船上。只要认真阅读本书，你就已经具备了一定优势。也就是说，你没有时间可浪费。不要犹豫，拥抱本书介绍的六大技术。今天就开始战略性探讨，让战略计划制定者与 IT 部门联合起来，赋予他们共同的任务，驱动贯穿整个企业各个层面的创新，建立试点，尝试新方法。记住，除非你们成为一家技术公司，否则你不可能指望单靠自己就能理解和运用人工智能及其他技术。所以，寻求帮助，推动你的供应商提供包含这些技术的解决方案，然后交付你所需要的能力。如果它们无法回应，换一家新的供应商。总之，不要害怕，不要等待，寻求帮助。

最重要的是，让企业做好拥抱变化的准备，让它们因创新而振奋。

本书既是在快速变化的竞争环境中对生存创新的一个呼吁，又是对利用六大技术服务人们、提升工作效率以对世界形成长久的正面影响的一种肯定。让我们潜身其中，一探究竟吧。

目录

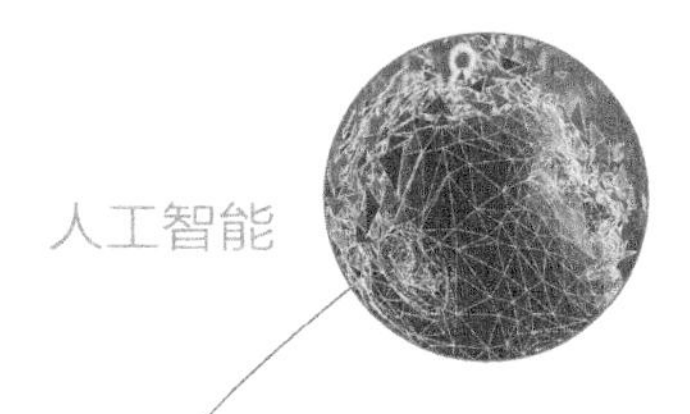

第一部分

PART 1

未来十年重构商业的六大技术

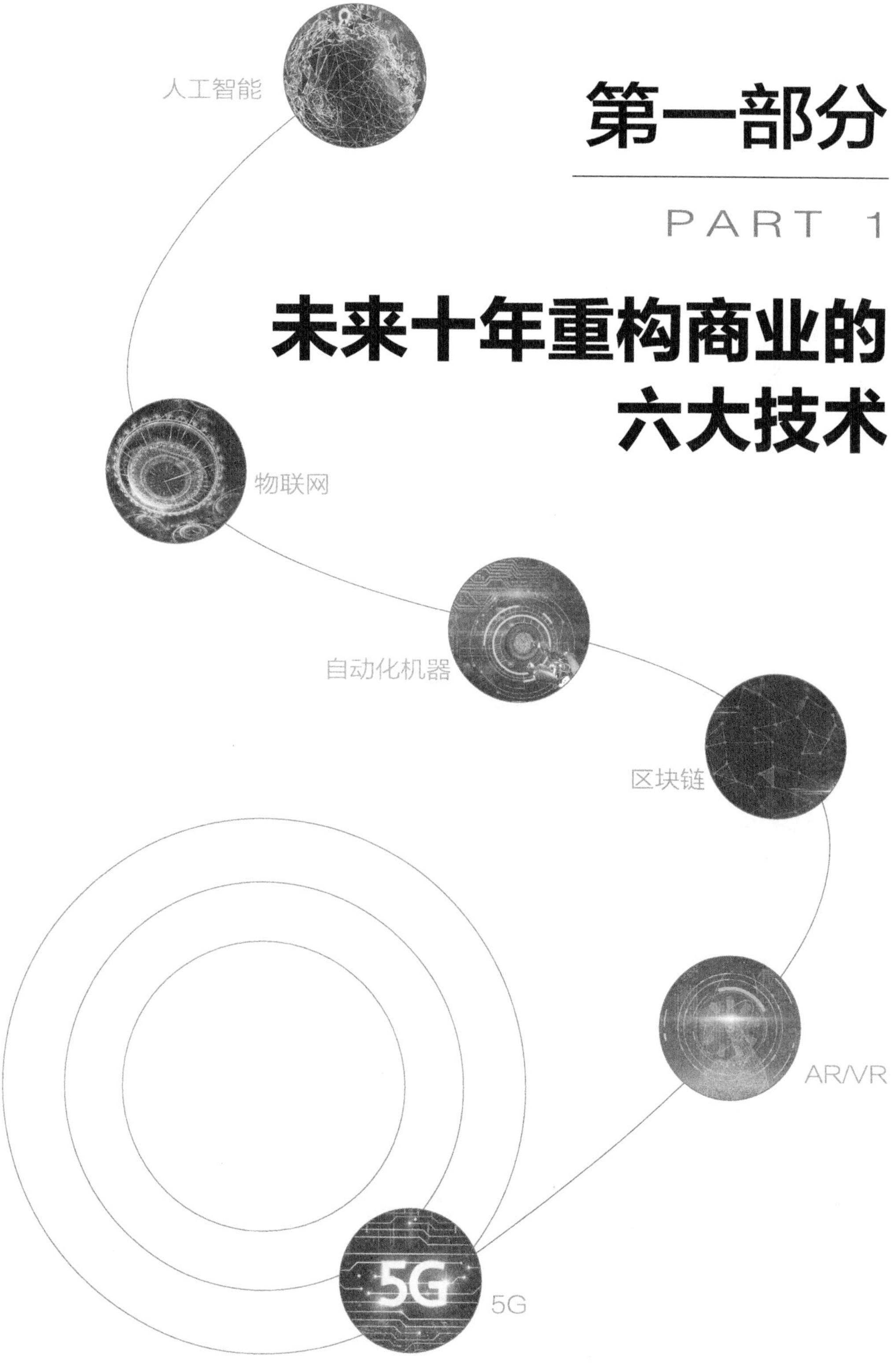

第 1 章 人工智能

人工智能（AI）一直围绕在我们身边，是它在支撑语音识别、自然语言处理（NLP）和机器视觉。AI 藏在复杂垃圾邮件过滤系统的后台，帮助你的邮箱（大多数时候）免受垃圾邮件的骚扰。它还标识出你的信用卡的异常使用信息，并评估你的信用积分。它对你发送到脸书（Facebook）上照片中的人物提出标签建议。当你使用搜索框时，它提供智能建议。AI 一直围绕在我们身边，但对于 AI 未来的潜力，我们所触及的还仅仅停留于表面。

就像一部经典电影中的致命女神，AI 看起来既性感又骇人。虽然人工智能可以帮助我们治疗疾病、发现新的神奇材料并预测未来，但有些人仍然担心它在经济上抑或生存上威胁到人们的生活。

AI 是什么，为什么它很重要

人工智能是一个总括术语，它描述的是通过机器模仿人类技能并复制人类智能。在20世纪80年代和20世纪90年代期间，“知识系统”曾经风靡一时。如今，大多数现代 AI 利用的技术被称为机器学习。机器在以训练数据形式存在的示例中学习。大多数机器学习系统通过人工神经网络（ANN）进行构建，ANN 通常被简称为神经网络。

电力、数字计算机和人工智能

大约一百二十年前，电力改变了世界。电力被用于冷藏、洗衣、照明，以及为工厂提供动力。电力改变着每个产业部门，赋能我们现在的生活。

20 世纪 40 年代，第一台数字计算机诞生。计算机最初的功能有限，后来演变成强大的机器，它带来了文字处理、电子表格、互联网、视频游戏、社交媒体、流媒体，以及智能手机。就像在它之前出现的电力一样，计算机的出现颠覆了商业并改变了我们的生活。

人工智能也将像电力和数字计算机一样影响深远。AI 的杰出人物 Andrew Ng 是百度前首席科学家，谷歌 Brain（大脑）项目的前负责人，目前运营的 Landing ai 公司是一家利用 AI 解决制造问题的公司。2017 年，Andrew Ng 谈到，“就像一百年前电的发明改变了所有行业，今天，人工智能也可能为几乎所有行业带来巨大改变。”

人工智能是个巨大的交易，值得本书用第 1 章和篇幅最长的一章来书写。谷歌的 CEO Sundar Pichai 曾经说过，“AI 是人类正在为之努力的最重要的事情之一。对人类而言，它或许比电力和火更为重要。”虽然有些夸张，但这个观点来自世界上最强大的技术公司之一的负责人，确实值得我们正襟危坐、侧耳聆听。

AI 的大肆宣传在很大程度上是合理的。就像数字化技术是 20 世纪 90 年代至 21 世纪初任何成功企业战略的重要构成一样，AI 也必定成为未来十年战略规划的核心。

下一代计算：传统数字化与人工智能

人工智能和传统数字计算机是互补关系。重要的是，AI 处理的问题对于传统计算机来说，处理起来成本非常高或不可处理。这两种技术将共生共存、并肩工作，各自处理不同的问题。对于智能手机上的语言翻译 App 来说，传统计算机提供的是富于吸引力的界面，而 AI 处理的是语言识别和语言翻译功能。

AI 解决问题使用的方法与传统计算机有着本质的不同。传统计算机通过编程解决问题：程序根据一系列规则对数据进行运算，然后计算出结果。换言之，它们输入规则和数据，并输出结果。而 AI 无须使用编程规则来解决问题。机器学习是 AI 的经典形式：将数据和结果作为其输入，推导出规则作为其输出。通过复杂的训练过程，AI 能发现模式和数据与结果之间的关联关系，并就它们如何连接洞悉出自己的规则。因为这个特性，我们可以利用 AI 解决所有的新问题。这也是为什么 AI 看起来如此神奇：它解决的是我们不知道该如何解决的问题。

为了发现数据中的复杂关联关系并构建规则，AI 必须通过成千乃至成百万的实例进行训练。今天的 AI 还不像人类的大脑。虽然 AI 的一些组织原理与人类大脑相同，但是人类的孩子在能够准确识别汽车并且可爱地大叫出“汽车”这个词之前，无须先看过上百万幅的汽车图像。

20世纪50年代的概念和20世纪80年代的算法与现代算力相遇

“人工智能”这个术语最早创建于 20 世纪 50 年代。今天的 AI 背后的核心算法最早在 20 世纪 70 年代提出并于 20 世纪 80 年代中期开始流行。但是直到 2012 年，AI 最新的突破性成果才开始出现。为什么迟了 1/4 个世纪？传统的计算机缺乏运行 AI 应用的相应性能。来自 Nvidia（英伟达）公司的这些高端图形处理器、GPU 最终提供了所需的算力。它们的并行数字运算架构，本来是为创建逼真的视频游戏而设计的，最终却被证明特别适合用来训练 AI。正如同快速计算机一样，AI 也需要训练数据并从中学习。随着数字化存储成本的下降以及宽带速度的提升，数据从各种渠道如洪水般奔涌而来：数十亿的产业传感器、数百万的敏捷相机、数十亿的人们分享数万亿的照片和数十亿的视频，以及社交媒体上数万亿次的点击。用户每分钟上传 500 小时的视频到 YouTube（油管）、每天上传超过 12 亿张照片到谷歌相册（来源：维基百科）。

通过廉价且强大的计算能力、大量的训练数据以及一群精通 AI 技术的研究人员和开发人员，人工智能现在已经准备好解决各种各样的问题并具备了许多令人激动的新能力。

AI 可以做什么

人工智能可以解决各种问题。考虑到 AI 正在承担的全部可能应用，将 AI 应用划分为八个大类将有助于我们的思考。

（1）机器视觉。

（2）自然语言处理（NLP）和语音平台。

（3）探索和发现。

（4）更明智的决策。

（5）对未来的预测。

（6）通过全新的具备超级传感器的镜头观看世界。

（7）通过学习经验来解决复杂的问题。

（8）创作和共同创作内容。

在全部以上八大类应用中，AI 被用于探索模式和数据中的关联关系以做出统计预测。每个应用都在以不同的方式使用这个根本属性。将机器学习的关联能力应用到图片中，你就得到了机器视觉；将其应用于历史数据中，你就得到了预测；将其应用于手写体的文本，你就得到了手写体识别。在语音平台，AI 进行有关人类语言的训练以确定你在说哪个字。AI 得到有关历史天气数据的训练，最终做出可支持天气预报的预测。

人工智能能发现我们之前可能忽视的重要关联关系：化合物的分子结构及其物理性质之间的关系，或者导致疾病爆发的一系列复杂的外部环境。这个特性支撑 AI 解决我们自己尚不知该如何解决的问题。

当我们审视 AI 的八大主要应用时，想想每一种应用会如何影响你的企业、你的个人生活以及整个社会。

机器视觉：计算机打开了它们的眼睛

由于人工智能的出现，机器已经进化出眼睛和耳朵。计算机现在可以看、听和“理解”它们所处的世界的一些事情。这种理解仍处于最初级阶段：计算机可以识别出一张苹果的图片，并用 5 个字母“a-p-p-l-e”来对其进行精确分类，但它们不理解苹果是什么，不知道它长在一棵树上，或者它吃起来是什么味道。

纵观各行业，机器视觉有许多有趣的应用：盘点机器人审核杂货店货架上的商品；人脸识别算法将脸转化为密码；农业机器人针对杂草定点喷洒除草剂；质量保证 AI 对生产线执行外观视觉检查；自动化机器——机器人、无人机和自动驾驶汽车——也全都依赖于机器视觉。

由比尔・盖茨资助的一个的初创公司 EarthNow（当下地球）、Airbus（空中巴士）、软银等，都是机器视觉领域的精彩典范。EarthNow 运行着一系列卫星星座，每个卫星星座都包含 4 个高清摄像头。该公司的目标实质上是创建谷歌地球的实时版本，但存在一个重要变化：内置在卫星中的人工智能可以运行应用以解析相机图片并添加智能洞察。这些应用将揭示有关星球活动的重要细节。

远方的一次雷击可能引发一场火势肆虐以至失控的毁灭性的森林大火。监测、迅速响应以及早期遏制，可以从大火焚烧中挽救出数百万英亩（1 英亩 =4046.864798 平方米）土地、防止对建筑的破坏，并挽救生命。通过 EarthNow，全球大火监测成为运行在卫星上的又一应用。网络变成天空中的一只眼睛，监视着火情况，并全天候、不间断地自动向当地管理局发出警报。

EarthNow 依托其卫星星座还创建了大量其他令人激动的应用。这个应用可以向城市管理者提供实时的交通信息、向农民提供实时的作物健康情况信息，并将非法捕鱼、非法挖矿和非法伐木行为信息反馈给执法机构或政府机构并发出警报。海洋生物学家将能跟踪鲸的迁徙，火山学家将能监测火山活动。全球资产跟踪应用包括跟踪海上的船只、路上的卡车、空中的飞机以及运输中的集装箱。其他的应用可以改进天气预报、法律执行以及新闻报道。EarthNow 这个平台如此强大，因此引发了严重的隐私担忧。这也是为什么 EarthNow 选择将机器学习能力嵌进卫星本身。用户只能从应用程序访问数据（实时的交通数据、鲸的 GPS 定位数据）——但不能访问图像数据本身。EarthNow 平台的机器视觉能力为科学家、公共安全专家、当地政府以及众多的企业提供了一系列令人激动的新机遇。

自然语言处理和语音平台

人类的语言强大、复杂，而且充斥着各种细微的差别。要创建一台能够理解人类语言的计算机是一项非常艰巨的任务，它不仅需要“听懂”自然人的语言，而且要将其分解成不同的组成部分、推断其含义和意图，并根据它的信息采取行动，做些有意义的事情。在自然语言处理的很多不可思议的应用背后是人工智能。它可以发现拼写和语法错误、将一种语言翻译成另一种语言，审查法律合同并对报告的重要观点进行总结。

自然语言处理（NLP）是一个总括术语，描述的是机器利用人类自然语言理解、处理和交流的能力。NLP包括两个部分：自然语言理解（NLU）和自然语言生成（NLG）。你可以将一个部分认为是语言输入，将另一个部分认为是语言输出。用更专业化的术语来说，NLU是将非结构化的人类语言数据转换成计算机能够理解的结构化数据，而NLG则是将结构化数据转换成人类语言的非结构化数据形式。人工智能对于NLU和NLG都是至关重要的。自然语言处理是语音界面、语言翻译服务、电子邮件情感分析以及其他很多涉及人类语言应用的核心。

自然语言理解（NLU）

能够理解人类语言的计算机可以执行很多有用的商业任务。情感监测通过对文本进行评估，以确定它表达的是正面积极的还是负面消极的情绪。例如，突出展示线上产品的正面评论，以及需要迅速响应客户的负面电子邮件。NLU还被用于监测脏话、仇恨言论、威胁、虐待以及其他的可能被视为不恰当的对话。

自然语言理解可被用于文档分析及提供决策支撑。Scriptbook，一家来自比利时安特卫普的初创公司，通过对电影剧本进行评价，而预测其票房可能会失败或成功。其软件帮助电影公司在剧本上做出明智决策。Scriptbook分析了2015年和2016年发行的62部电影的剧本，这些电影中的30部获得票房成功，另外32部则失败并亏本。Scriptbook的AI精准预测出全部30部的票房卖座电影，并准确识别出 22 部电影是烂片。借着 62 部电影中高达 52 部的准确率，AI 预测远比好莱坞大亨精确。Scriptbook 也使用 NLU 预测电影的 MPAA 评分、角色的受欢迎程度以及放映该电影反响最成功的国家或地区——这一切全都基于剧本进行。

LawGeex（一家以色列的公司）利用自然语言处理实现法律合同和保密协议的自动化审查。LawGeex 曾经挑战 20 位训练有素的美国律师，对 5 份真实的保密协议（NDA）的法律问题进行审查，美国律师的速度比它们的 AI 系统更慢。这个测试由一位独立律师进行监督，并在法律专家和法学教授的指导下进行。律师平均花费 92 分钟对全部 5 份 NDA 进行审查，所得到的平均准确率为 85%。LawGeex AI 的准确率为 94%，与最好的律师的准确率相等，但它完成全部工作仅仅花了 26 秒钟。听我讲这个 AI 故事的律师全都很高兴。NDA 审查工作并不是他们最喜爱的工作内容，所以他们很高兴能够摆脱常规任务，并将更多时间聚焦在更高价值、更高收益的工作上。

自然语言理解加速了数据录入。AI 从非标准表格中自动识别出电子邮件地址、物理地址、出生日期和电话号码。这种技术有的时候与手写体识别（再次谢谢，AI！）进行结合，大大缩短了数据录入工作所需的时间。

语音识别将 NLU 与语音 – 文本转化能力进行结合，这项技术可以为视频和演讲自动创建字幕。微软目前已将这项能力运用到其 PPT 应用的一些版本中。

自然语言生成（NLG）

具备用人类自然语言进行写、说的能力是计算机领域的一项巨大突破。AI 生成语言，要么来自源数据，要么来自源文本。比如，一份自动生成的天气报告从天气预报数据中创建，而从一种语言翻译成另一种语言，是基于源文本的执行。

自然语言生成（NLG）有很多颇具价值的商业应用。语言翻译显然是其中一个，另一个则是总结和概要的自动创建，包括金融报告、法律文档、运营报告、绩效评估、新闻报道或医疗记录。NLG 与图像识别结合，可以自动标注或描述图片。对于具有视觉缺陷的人来说，这是一项颇具价值的功能，并且也会提升图片搜索的质量。

2014 年 3 月，《洛杉矶时报》发表了一篇有关加州贝弗利山地震的简短文章。这篇文章描述了地震的位置、时间和强度（里氏 4.4 级地震），并在地震发生 3 分钟之内发布在《洛杉矶时报》的网站上。这篇文章由一个简单软件生成，它获取了源自美国地质调查局的地震数据，并将其填充到预先写好的模板中。这是一种简单却强大的自动化功能。在这个新闻 24 小时循环出现而广告收入日渐萎缩的世界，NLG 释放了人力资源，使其聚焦于价值更高的故事和调查性的新闻报道上。更高级的自动化如今也可以编写天气和交通报告、进行商业成果总结以及报道体育赛事。Wordsmith（美联社（AP）使用的一个自动化报道平台）利用 NLG 生成有关小联盟棒球赛、学院篮球赛的新闻以及企业收入季度报告。美联社声称 Wordsmith 每个季度生成 4400 多份企业概要，其数量超出之前使用人工编写人员所处理数量的 15 倍。Wordsmith 让我们得以一窥在不远的将来，更复杂的 NLG 能力的出现。

Simplish（一个文本处理平台）能够利用 AI 将超过 10 万字的复杂文本转化为不到 2000 字的简单文本。NLG 可以使教育水平较低的更广大受众理解复杂语言，比如，将一篇学术文本翻译成适合非专业人士和孩子阅读的文本。未来的 NLP 应用可能会提供更全面的稿件编辑服务，或对诸如 CliffsNotes 公司的业务造成一定破坏。

Quillionz（一个人工智能驱动的教育平台）利用 AI 从文本的正文自动生成问题、测验和评估。这为教师提供了颇为神奇的帮助，老师可以指导 AI 专注在特定关键字的主题上，并自动创建多项选择题。

NLG 技术也有黑暗的一面。如果我们认为线上假新闻是当前存在的问题，那么就可以看看由俄罗斯巨魔农场发布的下一代 NLG。一个人类巨魔农场一天可以创建一百篇假“新闻”；一个被武装的 AI 仅需一小时就能散发 100 万条虚假信息。OpenAI 宣称已经创建出能写出高质量文本的 NLG 软件，但是基于此类担心，它们选择不把它发布出来。

2015 年由牛津大学进行的一项对 352 名顶尖 AI 专家的调查预测，到 2024 年，

AI 对语言的翻译将优于人类翻译人员，到 2026 年 AI 将写出高中水平的文章，但是直到 2049 年也写不出畅销小说。从青少年的文章到托尔金的文章，之间还有巨大的飞跃，但是方向是明确的。虽然我们离由 AI 写出首部获普利策奖的小说还有漫长的路要走，但是复杂的 NLG 技术将很快创作出能媲美人类输出的复杂文档。

语音代理

语音代理比如苹果的 Siri、微软的 Cortana、亚马逊的 Alexa、三星的 Bixby 和谷歌的 Assistant（助理），每年都在获得显著提升。其中一些语音代理几乎每周都在增加新的功能。谷歌宣称它们的语音代理现在被用在超过 10 亿台设备上。这些“对话式计算”或“数字化对话”平台将重构我们工作的方式，并成为我们生活中越来越重要的一部分。看起来相悖的是，语音代理可能同时成为我们的经理和下属，指导我们的行动并执行我们的命令。

语音界面是免提计算的重要构成部分，也是增强现实的自然补充。免提技术提供了“为我们其余的人进行计算”的美好前景，对于具有视觉缺陷的人、对于物理界面不适用的无菌临床环境，以及对于 80% 利用手工作或处于高度移动环境中的人来说，语音界面都颇具价值。

人工智能——以语音转文本、NLU、NLG 和语音合成的形式——支撑着语音平台的运营。AI 的持续进步将使传统的计算机声音更像人类。未来的语音代理将参与到复杂的反复对话中，说话更逼真、利用人类的俗语，甚至加上呼吸声和自然的犹豫和停顿，使它们听起来更像人类。谷歌的 Duplex 技术和微软的 Cortana 都已经取得重大进步，我们应该可以期待这个领域在未来几年里出现重大突破。

随着语音代理变得更加复杂，它们将永远存在于我们的生活中，帮助我们度过每一天。我们将使用它们进行预约、管理我们的日程、跑腿、下订单、解决问题、提出建议，甚至提供情感支持。最终，与数字语音代理进行事务性对话将与同人类的对话难以区分。这一前景对于那些从事客户服务的人而言具有深远意义。

探索和发现

纽约警察局（NYPD）利用基于 AI 的搜索工具 PATTERNIZR 分析犯罪模式。仅在 2018 年一年，纽约就有超过 68 000 宗抢劫、盗窃和入室行窃案件发生，对此 NYPD 将采用所有它们能够获得的帮助。PATTERNIZR——在 2016 年 12 月已经开始启用，但是在 2019 年初才初次向公众披露——被用于寻找跨分区的犯罪模式。PATTERNIZR 解放了人类分析师，让其聚焦于更复杂的分析任务。就像一个真正的人类分析师，PATTERNIZR 对入室方式、所偷物件类型、犯罪之间距离等因素进行比较。为了消除种族偏见，PATTERNIZR 没有将嫌疑犯的种族信息置于系统内。PATTERNIZR 已经被证明是有用的。比如，AI 发现了跨分区犯罪之间的联系，这是以前从未进行标识的联系。在两起案件中，一个人利用注射器进行威胁去偷钻头。在 AI 判定的其他两个案例中，也存在在抢劫中利用注射器作为威胁的行为。NYPD 利用信息将嫌疑犯定位并实施逮捕，最终嫌疑犯承认犯下了偷窃罪和殴打罪。

AI 的预测能力对于研究人员来说是一种强大的工具。材料科学家利用 AI 预测可能具备所需物理属性的材料结构，可能会发现新的合金和化合物。AI 指导的研究可能导致新型神奇材料的发现和合成，比如室温超导体和高效能电池电解质，这些材料将改变能源部门并帮助应对气候挑战。就像我们在本书第 10 章总结的，制药公司使用 AI 帮助发现新药。预测型 AI 可以帮助我们发现有效的治疗药物以改善人类的健康状况。AI 还能如何促进你们公司的研究工作呢？

更明智的决策制订

商业分析提炼数据以提供各种各样的崭新洞察。一些人使用统计技术，一些人使用启发法，还有一些人利用 AI 的力量发现数据间的关联关系，抽取洞察并进行推荐。智能决策支持系统利用这种分析方式支撑数据驱动的决策制订。比如，信用报告机构益博睿（Experian）和包括美国运通在内的信用卡公司利用机器学习，通过处理 TB 级的消费者数据提升信用卡审批的速度和准确性。一些客户关系管理（CRM）平台利用 AI 对潜在客户的优先级进行智能排序。此外，AI 也可用于指导招聘决策、开销决策、投资决策、购买决策、营销决策、设计决策、工程决策等。

抵押贷款公司利用 AI 评估贷款风险并指导放贷决策。放贷人利用建立于历史数据上的风险模型，制订莎士比亚式的决策“放贷，还是不放”。一个放贷者利用有关潜在借贷者的 10 ～15 个数据点对其进行风险评估：薪酬、信用得分、债务收入比等。根据这个评估，放贷者要么放贷，要么不放贷。有限的数据无法全面反映一个人偿还贷款的能力，一个人不仅仅只拥有 10 ～15 个数据点。放贷者利用有限的数据集限制了其复杂性，并降低了他们的工作负荷。一个放贷 AI 会考虑有关一个人的数百个数据点、发现复杂的关联关系，以对一个潜在借贷者建立一个更细致的画像。美国金融科技公司宣称它们的放贷 AI 发现了一群低风险的贷款候选人，这群人由传统放贷方法评估时却不合格。对于抵押贷款公司的利好是：它们提供更多贷款，风险却没有增加。

预测未来

AI 为我们提供了一个预言未来的方法。将 AI 应用于历史数据时，它发现的模式和关联关系使得它可以对未来做出更准确的预测。AI 可用于预测疾病爆发、评估保险精算风险和预测电网的未来需求。Atidot、Quantemplate 和 Analyze Re 都是利用 AI 进行保险风险预测的公司。

AI 也被执法机构用来预测犯罪。PredPol 是洛杉矶警察局（LAPD）与加州大学洛杉矶分校（UCLA）合作开发的系统。PredPol 预测严重犯罪将最有可能在何时何地发生。开发 PredPol 的科学家宣称这个系统的准确率是人类分析师的两倍。然而，这个系统只能预测未来犯罪发生的位置，而不能预测犯人的身份。距离 Philip K. Dick 的《少数派报告》所描述的预防犯罪（precrime）概念，我们仍有很长的路要走。

当大多数企业都需要进行预估或预测时，AI 还只是触及了这个空间的表面。AI 将助力企业规划系统的各个方面：需求预估、风险分析、设计趋势等。

利用超级传感器，通过新的镜头观看这个世界

传感器，经AI增强配置创建为“超级传感器”，将揭开世界的面纱、扩展我们现在的五官，而使我们可以更全面地感知这个世界。就像之前的显微镜一样，AI给了我们观察世界的新镜头。利用这个镜头可以体验世界的全部复杂性和美丽。超级传感器还将监督业务运营、监测设备运行、创建新的产品，并为我们提供一个有关人的更全面的视图。

超级传感器的一个早期激动人心的例子来自Dina Katabi博士的成果，她是MIT（麻省理工学院）计算机科学和人工智能实验室（CSAIL）的教授和研究负责人。Katabi的团队已经创建了一个超级传感器。为这个特别的故事增添乐趣的是，它以《星球大战》开始，以《星际迷航》结束。当还是个孩子时，Katabi就着迷于《星球大战》电影中“原力”的概念。她的着迷一直坚持到成年。在《星球大战》中，奥比万·克诺比描述了一种神秘的力量，它“围绕着我们，渗透着我们，并将银河系捆绑在一起。”当Katabi思考“原力”这个科幻概念时，她意识到一种围绕着我们的真正的力——电磁能。当你上下挥舞你的手臂时，你就在对这个力制造干扰。Katabi很想知道对电磁能的感知能否让她以一种新的方式理解这个世界。Katabi的研究团队创建了一种壁挂式传感器，并将其安装在房间里。传感器以类似于Wi-Fi热点的工作模式发送和接收射频（RF）信号。RF信号可以穿透墙，但是碰到人就会反弹。传感器采集反射的RF信号并将数据输入神经网络，以对反射信号的数据含义进行理解。

为了训练AI，Katabi博士的团队拍摄了人在房间里四处走动的视频。将视频和RF传感器数据作为并行信息输入AI。AI发现了RF传感器数据和视频图像之间复杂的关联关系，并最终将两者进行关联，AI仅仅通过RF传感器数据就能够判定房间里在发生什么，并且可以记录一个人站立、坐下或躺着的时间。因为RF信号可以穿透大多数墙，AI可以透过墙“看”，也能在黑暗中“看”。Katabi很惊喜，她计划利用传感器监测接受治疗的老年病人。当病人跌倒并且呼叫帮助时，传感器能立即监测到。令人难以置信的是，传感器还能监测生命体征——

病人的呼吸和心率，以及他们的睡眠状态——清醒、浅睡、深睡和快速眼动睡眠。如果你了解一个人的睡眠有多好，你也就能大致了解到他的健康情况。深度睡眠障碍可能预示着抑郁和焦虑。快速眼动睡眠障碍可能预示着阿尔茨海默症。阿尔茨海默症可以从重复的行动模式和动作中被预测，传感器对这些也都可以进行监测。此外，一个人的步态变化可能预示着帕金森症的发展。

通过将 AI 应用于低成本、壁挂式的 RF 传感器，我们可以监测生命体征、睡眠状态、跌倒，并对包括阿尔茨海默症、COPD（慢性阻塞性肺疾病）、帕金森症和抑郁症的症状发展提供临床洞察。所有这些都无须在病人身上缠绕任何电线。系统运行无须使用摄像机，这解决了隐私问题。病人监测需要经过他们的同意，知道视频、图片信息不会被收集令他们感到放心。传感器帮助临床医生“看到”大量的丰富信息，这些信息全部都通过无线采集。我们从《星球大战》开始这个故事，并用《星际迷航》的病床来结束这个故事。

超级传感器还能揭示出更多关于世界的信息。谷歌的“Project Soli”技术利用短程雷达信号和机器学习监测手指轻微的手势。这种技术将移动设备和可穿戴设备上的滑动条、按钮和转盘改变成为虚拟控制。在本书有关未来健康护理的第 10 章，对于超级传感器将有更多、更详细的阐述。未来我们还会创建什么样的超级传感器？你的企业将创建什么样的超级传感器？

从经验中学习解决复杂问题

一些挑战——通过多种变量优化系统，或者通过编程让机器人用两条腿走路——要是通过传统计算机进行处理，太过困难、太过复杂，也太过费力。而 AI 利用被称为强化学习的技术解决这些棘手问题。

强化学习是机器学习的一个分支，数字奖惩系统是其训练过程的构成部分。强化学习系统通过一个反复的实验过程来解决从前过于棘手的问题：AI 通过智能形式的试错，尝试大量策略并学习解决问题的最佳方式。这就像是利用数字进化一样。

强化学习教会计算机执行复杂的优化、控制复杂的设备，以及把游戏玩到最好。2018年，研究人员训练一个AI玩经典的世嘉游戏机游戏：刺猬索尼克。索尼克有两种简单的控制：跑和跳。AI则被训练将视频游戏显示作为输入，游戏控制作为输出。在强化学习中，AI有一个被称为奖励功能的额外输入。当AI进行训练时，它试图优化奖励功能。游戏点可以增加奖励，而如果索尼克丢掉一条命则奖励大幅减少。一开始，AI玩得很糟糕。后来过了一段时间，AI优化它的模型，在最恰当的时刻跑和跳，得到了最高分，并且还让可爱的蓝色刺猬一直活着。AI不是基于简单的时间进行学习，它从屏幕上所发生的事情中进行学习，所以它可以达到它以前未曾见到过的游戏等级。

强化学习最常被引用的例子是DeepMind的AlphaGo系统。DeepMind是Alphabet（谷歌母公司）的子公司，创建了AlphaGo去玩中国古老的游戏——围棋。赢棋策略非常不透明，就连大师也总是不能说清楚他们为什么选择所做出的移子——他们说这些移子只是“觉得对”。围棋棋盘上棋子配置的可能性多过宇宙中的原子数量。要创建出能够理解这种复杂游戏中细微差别和微妙策略的机器，是一项巨大挑战。

AlphaGo并没学习过游戏策略，它通过对很多场人类对人类的游戏开发出自己的策略。在2016年3月，AlphaGo与得过18次世界冠军，也是世界上最好的（人类）围棋手李世石下棋。AlphaGo以四比一打败了李世石。为了赢棋，AlphaGo开发了几种新策略，这些策略与几百年来专业围棋手公认的智慧相悖。通过观察AlphaGo的策略，人类围棋手也完善了他们的棋法。

这个故事提供了重要的一课。与其想着把AI当作人类的一个威胁，不如把AI想象成复杂的合作伙伴，它提升人类的技能并最终推动人类向前飞跃。

2017年，DeepMind的另一个机器AlphaGo Zero在模拟环境中与自己下了数百万盘棋，终于成为围棋大师。它通过实战而非通过观察人类下棋进行围棋策略的开发。AlphaGo Zero现在已经能够打败最初的AlphaGo机器，让所有人类围棋大师甘拜下风。

强化学习不仅仅应用于游戏。华沙大学的研究人员使用强化学习训练两足机器人更高效地行走。控制机器人的AI利用不同的步行策略改变了由机器人的发动机和实验产生的运动组合。因为提高了整体效率并加快了步伐，控制机器人的AI获得了奖励。通过这个方法，机器人专家为其机器人实现了更高效、更自然的步行运动。一个机器人学会了新的策略，行走的速度几乎是原有设定策略行走速度的两倍。

AI从经验中学习的能力可用于解决很多商业问题，包括复杂的优化问题。AI可以优化交通控制系统、工业化学反应、广告投标、工业自动化、供应链流程、产品设计、仓储运作、库存水平、投资收益、贸易策略、风力涡轮控制、药物剂量、智能电网以及商业HVAC（空调）系统。强化学习还教会AI驾驶汽车，如同人类一样，AI通过练习学会驾驶。它们不仅在现实环境中驾驶真正的汽车，也在逼真的软件模拟环境中行驶数百万英里路程。在某种程度上，特斯拉的AI是从车主亲自驾驶中所采集的传感器数据中学习如何驾驶的。

创作和合作创作内容

计算机现在具备想象的能力。人工智能能够创作音乐、美术作品，甚至还能写诗。AI还能与人类一道合作创作内容：与艺术家、设计师和工程师形成数字智能合作关系。

大多数AI创作内容使用的是一种名为生成式对抗网络（GAN）的新方法。最早的GAN在2014年由Ian Goodfellow创建，后来他成为蒙特利尔大学的研究人员，现在GAN是谷歌大脑项目的组成部分。GAN将两部分AI关联在一个强化学习的复杂版本中，每个AI都在互相训练对方。AI运行在一个对抗性的情境中：每一个AI都试图抓住对方的错误。它工作的情形是这样的，一个AI进行内容创作，而另一个AI则发现虚假的/生成的内容。可以把这些AI想象成伪造者和艺术侦探。侦探，也被称为鉴别式AI，最初是用很多现实世界的“好的”数据（真正的内容）对它进行训练。伪造者，也被称为生成式AI，试图通过创作高质量的、逼真的内容来蒙混鉴别式AI。最开始，生成式AI创作的内容非常糟糕，鉴别式AI很容易就能认出它是“假的”。但是生成式AI的能力逐渐提升，直到最后鉴别式AI发现很难认出哪些是生成的内容。经过一段时间，每个AI对于所分配任务都能更好地完成。虽然两个 AI 之间的关系是对抗性的，但是真正的结果却是鉴别式 AI 充当生成式 AI 的教练，而生成式 AI 同时也充当着鉴别式 AI 的教练。最终，生成式 AI 创作出令人难以置信的、高质量的内容：图片、视频、谈话、音乐、散文、法律合同以及工程设计。

GAN 的潜力巨大，它们将大大改变我们工作的方式。在接下来的十年里，很多阅读本书的人未来可能将与基于 GAN 的 AI 成为伙伴，共同创作内容，并在一些商业任务中进行合作。

虽然生成式 AI 存在一些令人担忧的缺点——最突出的是深度伪造——很多应用还是展现了令人难以置信的潜力。如今有关具备想象力的机器最强有力的例子是生成式设计，这是由工程设计公司 Autodesk 设计的。生成式设计在工程和建筑设计中应用广泛。我们会在本书第 14 章和第 15 章进一步探讨这些应用。生成式设计利用 GAN 的想象力和内容创作能力，由一个原始设计生成成百上千种备选设计方案。设计者指定约束条件——规模、重量、成本等——生成各种方案，并用模拟工具对各个方案进行评估。设计者只需挑选出最符合他们需求的那一个方案——可能是制作起来最便宜的、最容易生产的，或者是重量最轻的。

生成式 AI 可以帮助设计更耐撞击的、重量更轻的飞机、汽车，以及更强壮、更轻便的机器人。生成式 AI 将完善新型建筑的结构和设计。

GAN 甚至被用于对牙冠的自动化设计。加州大学伯克利分校与 Glidewell Dental 实验室的研究人员合作，利用 GAN 进行牙冠设计。AI 利用病人上下颚的数字 X 射线，设计出完美填补病人牙齿缝隙的牙冠，优化咬合接触，并且看起来非常美观。研究人员宣称 AI 生成的牙冠超越了由人类设计的牙冠。这种方法应该可以加速牙冠制造、降低成本，并解放牙医，使他们可以投入更多时间在病人的口腔从而产生更多收益，而不是花更多时间在后台的 CAD 机器上设计牙冠。

生成式 AI 是更广泛 AI 类别的一个范例，我称之为协同式 AI。协同式 AI 在创作过程中与人类共同协作。人类对工具的使用，将人类与绝大多数物种区别开来。传统的工具属于从属地位——我们使用一个斧子、驾驶一辆车和编制一个计算机程序。协同式 AI 改变了我们与工具的关系。它们不再附属于我们，它们如今与我们共同创作。协同式 AI 不再仅仅是工具，它们更是合作伙伴。协同式 AI 将为演示、广告和营销手册创作出视觉化作品。协同式电子邮件软件将自动生成回复。协同式管理软件将为复杂项目自动制订计划。在未来，很多工作都将受益于协同式 AI。

AI应用的未来

在一个快速变化的领域，除了之前所列出的八大应用类别之外，新的应用类别一定会继续推陈出新。最近才创建出来的 GAN 技术已经成为这几个应用类别的中心。随着研究对除深度学习之外的技术（如因果 AI、常识 AI、胶囊式 AI 等）的拥抱，人工智能将能解决更多的商业问题。

AI 举足轻重，每位领导者都应该密切关注，每个企业都必须了解 AI 将如何重构产品开发、业务运营、客户服务和劳动力管理。

AI 如何工作

要使用 AI，你并不一定非得了解它是如何工作的。但是这种洞察可以帮助你了解当前技术的能力和局限性。以下文字是针对非技术类型人员的理解而设计的，但是如果这段文字对于你来说还是太过遥远并让你陷于困惑，请跳到下一部分。

神经网络、训练和模型

神经网络支撑着今天大部分的人工智能。它们的运行与传统数字计算机迥然不同。传统计算机是性能叠加、锦上添花式机器，而神经网络的组织则更像是创建在我们大脑中的高度互联式结构。神经网络由互相连接的“节点”构成，它的行为与神经元类似。每个节点都具备一个数值。不像使用 0 和 1 工作的二进制计算机，神经网络的每个节点都具备一个取值范围，取值范围则取决于应用范围。节点又依照层次进行安排。第一层称为输入层，最后一层称为输出层，处于这之间的层称为隐藏层（如图 1.1 所示）。

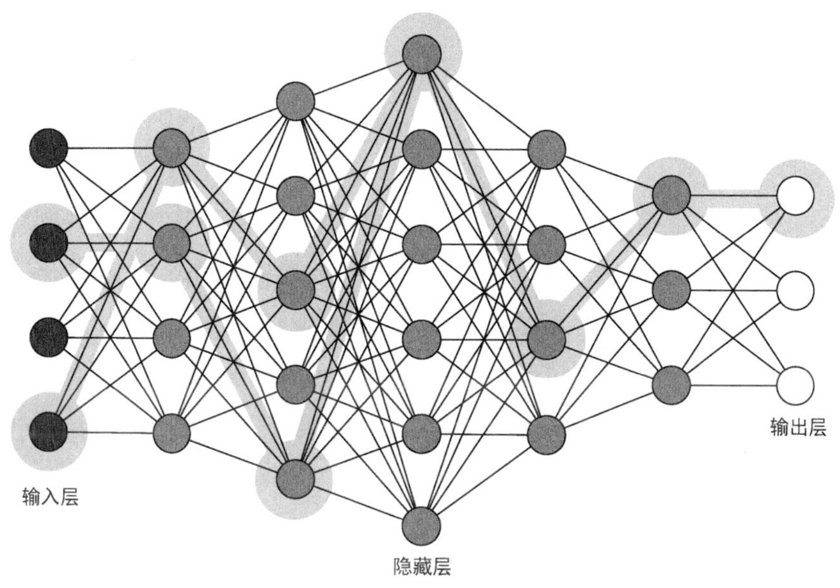

图 1.1 一个简单的神经网络

通常来说，层次越多、每层节点越多，神经网络的能力就越强。具备很多层的神经网络被称为“深度”神经网络，这也是深度学习这个术语的由来。

隐藏层中的每个节点都既有输入也有输出。每个节点既与上一层的所有节点相连接，也与下一层的所有节点相连接。每个节点的值受其连接的上一层所有节点值的影响。棘手的一点是：一些节点对后续节点的值的影响较其他节点更强，它们的影响就要加权。因此，每个节点的值是前面节点值的加权和。这些权值在训练阶段确定，并共同构成所谓的“模型”。模型决定神经网络的函数：权值不同，函数不同。信息通过这个复杂的加权网络，从输入层传递到输出层。

神经网络通过被称为反向传播（backpropagation，商业中亦称为“backprop”）的程序进行训练。反向传播如何工作的细节已经超出本书的范围。从更高层面来说，反向传播是一种计算量大的统计方法，将神经网络的期望输出与真正输出进行比较，然后调整网络中的权重以提升结果的准确性。当正确结果已经给定，得出正确结果的整个神经网络中的所有路径的权重都得以增强。如果结果是错误的，则得出错误结果的路径被弱化。随着时间的推移，以及接触的数据越来越多，模型也就变得越来越正确。神经网络就是这样“学习”输入和输出之间正确的、复杂的关联关系。

案例：放射学AI

为了训练 AI 读懂放射学图表并发现肿瘤，需要让它接触很多图表样例（输入），每张图表都要标识放射科医生的诊断——肿瘤或非肿瘤（期望输出）。神经网络的输出是一张图片，图片上注明了患肿瘤的概率。每次神经网络都接触一张新的图片，将神经网络的输出与正确的结果进行比较。如果图片中存在肿瘤，结果应该接近于 100%。如果不存在肿瘤，结果就接近于 0。反向传播的使用就是为了调整网络的模型（节点间连接的权重），强化得到正确结果的连接的权重，反之，弱化得到错误结果的连接的权重。一旦经过足够多的数据训练，神经网络诊断的准确率会高得令人难以置信。更复杂的网络甚至可能有几个输出结果，例如出现肿瘤的概率、栓塞的概率、骨折的概率等。

如果这些很难理解，那也没关系。需要理解的关键在于，神经网络能够推导出从样例中如何执行任务，而无须领域专家提供外显式规则。

放射科医生要经过很多年的训练来读懂 X 射线、计算机断层扫描（CT）、核磁共振成像（MRI）和正电子放射型计算机断层扫描（PET）等图片。从医学院毕业后，放射科医生还要经过额外的培训，通常包括四年的住院医生见习期。在那之后，有的放射科医生还要做其他额外的专业化培训。要读懂图片、发现肿瘤及其他疾病需要用到全部放射科相关技能、经验和训练。然而，这个任务却在神经网络所能完成的范围内。给出足够多的训练数据，一个 AI 可以培养出类似人类放射科医生一样的诊断能力，而一个人要成为放射科医生的背后却是十年左右的密集型教育。训练神经网络本质上是在编纂知识合集，以及学习来自成百上千的放射科医生的几十年的专业经验。他们的经验和诊断洞察被采集在所生成的模型中。

一些放射科医生在阅读放射学图表时，已经使用 AI 工具以提供“第二种意见”。随着这些工具阅读常规图表的准确率超过人类放射科医生，放射科医生也就可以将其注意力集中在更复杂、更高价值和更以病人为中心的任务和程序上。放射学所取得的进步也预示着其他医学分科的未来。在未来十年中，机器学习将应用于更多其他的医疗诊断领域和病理学中。

当进行 AI 训练时，要创建一个模型需要大量的计算性能，而在使用这个模型时所需要的计算性能就少得多。使用模型的过程也被称为推理。通常来说，训练发生在工作站或在云上，而推理则发生在设备上。大多数未来的计算机芯片将包括推理引擎，优化后的硅加速器运行 AI 模型就相对更为容易。

模式识别

模式识别是很多 AI 系统的核心能力，这也体现在我们刚探讨过的放射学案例中。模式识别存在于很多应用中，并且不同应用范畴各具风格。记住所有这些不同的方法并不重要。在此列举它们只是为了举例说明机器学习的一些重要能力。阅读的时候，思考一下，可以如何使用这样一种能力来解决你们组织中的一些商业问题。

（1）分类，AI 可以将数据划分为相似的类型。比如，放射科 AI 将图片划分为阳性和阴性两个类别。在一个制造业工厂中，可以使用类似的方法进行外观检验和质量检查，或在一个水果包装厂进行水果完好度和成熟度的识别。

（2）聚类，营销专家利用聚类算法将消费者划分为一个个具有相似特征——购买习惯、收入层次以及需求或欲望——的细分市场。推荐引擎使用的也是聚类。流媒体音乐服务平台 Spotify 通过分析历史听歌数据向你推荐你可能喜欢的歌曲。聚类算法可以发现歌曲和听歌者之间的复杂关系。聚类算法可能了解到我喜欢歌曲 A、B、C，而你喜欢歌曲 B、C、D。它就可以得出结论，你可能会喜欢歌曲 A，而我可能喜欢歌曲 D。聚类有助于提供个性化体验。

（3）回归分析，能够发现不同数据之间关系描述的模式。比如，回归分析可能观察到，如果事件 A 发生，大部分时间事件 B 会紧接着发生。它也可能发现更错综复杂的关系，例如“如果数据点 A 低于一定阈值，而且事件 B 和事件 C 没有发生，那么事件 D 发生的可能性高于 46%。”预测分析工具也被用于对未来进行预测。比如沃尔玛使用回归分析预测某些食物商品的销量如何受特定天气条件的影响。

（4）序列标注，是一种用于语音识别、手写体识别以及手势识别的模式识别方法。序列标注可被用于将句子分解为词组和短语，并通过获取上下文的方式对它们做出标注。比如，序列标注判定哪个词是名词、动词和专有名词。词语置于一个内容更为丰富的上下文中才能得到最好的解释。序列标注算法通过检查其所处的上下文，对句子中的词语或者对手写体中的手写字母进行分类。

（5）时间序列预测，可用于天气预报、股票市场预测和灾难预测。这些算法分析一系列的历史数据点，并且用它来预测某序列中接下来可能出现的数据点。

这些模式匹配算法利用复杂的数学来施展它们的魔法。你不需要理解模式匹配是如何工作的，甚至无须记得以上列出的全部技术。你所需要理解的是，AI 促使计算机理解物理世界、做出预测并且发现隐藏在数据中的复杂关系。而这些任务是很多商业问题得以解决的根本。

超越深度学习：人工智能的未来

21 世纪初大多数 AI 的突破都建立在深度学习和神经网络之上，这促进了机器视觉、自然语言处理、预测和内容生成领域的巨大进步。但是，业界专家依然还在争论着 AI 将开启一个技术飞速进步的黄金时代，抑或是一个迅速停滞的时代。

停滞时代抑或黄金时代

有关停滞的论调是认为深度学习具有严重的局限性——训练需要太多样例并且耗时太长，虽然这些 AI 实现了一些惊人的效果，但它们并没有真正理解世界。深度学习基于 20 世纪 80 年代中期的算法和 20 世纪 60 年代开发的神经网络架构。一旦深度学习技术已经达到完美程度，并解决了与技术实现相关的所有问题，在将来 AI 进一步发展的过程中就不再存在技术可行的问题。

争论的另一方认为颇具前途的研究可以为 AI 引领新方向并解决一系列新问题。

胶囊网络

胶囊网络是 Geoffrey Hinton 智慧的产物，Geoffrey Hinton 是反向传播技术的创建者，也是深度学习之父。胶囊网络克服了深度学习的一些缺陷。胶囊网络和传统卷积神经网络之间的区别超出了本书的范围，但是胶囊网络能够在一定程度上理解图像特征之间的关系，这使得图像识别引擎更具弹性，且能从更多不同的角度更好地识别物体。

常识

AI 通过接受训练得以理解世界。AI 并不理解这个世界运作的方式，而常识的缺乏限制了它们的能力。一个家庭机器人在帮我寻找眼镜时，它应该知道首先要找的地方是我的书桌和床头柜，而不是冰箱。

一些组织正努力构建具备常识的 AI。人们正在建立大量的常识概念库，人们用这些常识来帮助自己做出高质量的决策。比如，橙子是甜的，但是柠檬是酸的。一只老虎不适合放进一个鞋盒子里。水是湿的，油是黏的。如果你过量喂食一只仓鼠，它会变肥。我们通常将这些常识视为理所当然，但是对于一个 AI 来说，这些概念并非显而易见。

艾伦研究所的研究人员利用亚马逊的 Mechanical Turk 平台进行众源常识洞察。他们利用机器学习和统计分析提取额外的洞察，并理解事物之间的空间、物理、情感关系。比如，从一个常识性概念“一个女孩正在吃一块饼干”，系统可以推导出饼干是一种食物，而女孩比饼干大。艾伦研究所的研究人员估计他们需要大概一百万条源于人类的常识以训练他们的 AI。

Cyc 项目是世界上运行时间最长的 AI 项目，采取的是另一种不同的方式。自 1984 年以来，Doug Lenat 和他的团队已经收集了超过 2500 万条以可供机器使用的常识。Cyc 知道诸如“每棵树都是植物”和“每棵植物最终都会死”这样的事情，从这些信息就可以推断出每棵树都会死。Cyc 项目当前的开发商 Cycorp 公司，宣称全球排名前 15 的公司有一半都在授权下使用 Cyc。Cyc 被用于金融服务、健康护理、能源、客户体验、军队情报管理。

随着 Cyc 项目趋于成熟，常识知识系统可以帮助未来的 AI 回答更复杂的问题，并以更有意义的方式帮助人类。

因果 AI

因果 AI 能够理解原因和结果，而深度学习系统只是通过发现数据中的相关关系而工作。为了进行推理，深度学习 AI 探索数据中的复杂关联关系，并对这些关联关系的发生概率进行评估。通过关联关系进行推理被证明对于今天简单的 AI 解决方案是足够的，但是关联关系中并不蕴含因果。为了创建与人类智慧水平相当的 AI，研究人员需要能力更强的机器。一些 AI 研究人员，其中最著名的是 Judea Pearl 博士，相信 AI 向前发展的最佳路径是设计出能够理解原因和结果的 AI。这将支撑 AI 基于对原因的理解而进行推理。深度学习 AI 关联的是事件（A 和 B 一起发生），而因果 AI 理解的是一个事件导致另一个事件的发生（A 导致 B）而非反过来的其他方式（B 导致 A）。解决诸如气候变化等复杂问题所需要的复杂机器，需要能够理解高度复杂系统中的全部因果关系。因果 AI 将依赖前文所提到的常识知识为它提供用来进行合理推理的至关重要的上下文。

神经形态计算机

神经形态计算机是受大脑的工作方式启发而设计出来的。今天的神经网络设计都基于自 1960 年以来对神经科学的理解。半个世纪之后，我们终于具备了实现这些老旧机器模型的算力。下一次你要求谷歌助理或 Alexa 播放一些甲壳虫音乐时，要记得你正在使用的 AI 是滚石和甲壳虫首次竞争榜首的时候设计的。神经形态计算机，即认知型计算机，是基于有关大脑如何运作的最新理解。节点是超连接，它们的连接可以随时间而变化（与人类大脑表现的可塑性的方式相同），而记忆和处理功能之间并无分离。

主要研究项目——欧盟的 Human Brain Project（人类大脑项目）以及由美国发起的 BRAIN（大脑）项目——都在寻求推进我们对人类大脑的理解，并对大脑功能进行映射和理解。这些努力及其他类似的努力，突破了我们理解的边界，并为未来神经形态计算机的设计提供新的框架。受神经形态洞察启发的新型计算机芯片可以增强 AI 功能、减少完成 AI 任务所需电力的消耗，并启用其他令人振奋的新功能。

无论是胶囊式网络、神经形态计算，抑或常识 AI 和因果 AI，都有大量可行的研究方式助力 AI 在未来十年间取得进步。

狭义人工智能、通用人工智能和超级人工智能

今天所有的 AI 都被认为是狭义 AI。“通用” AI 和“超级” AI 被认为是 AI 研究的圣杯。让我们快速了解一下这三大类 AI。

狭义人工智能（ANI）

狭义人工智能（ANI）亦被称为弱 AI 或垂直 AI，指的是仅限于一个狭义领域内，以等于或高于人类的智能程度解决问题或执行任务的 AI。今天可用的所有 AI，以及本书中讲述的全部 AI 示例，都属于狭义 AI。狭义 AI 擅长于为它设计的任务，但对于其他任务却用处不大。一个下棋 AI 不能帮你的电子邮件过滤垃圾邮件，而你的垃圾邮件过滤器也不会下棋。

通用人工智能（AGI）

通用人工智能（AGI）亦被称为强 AI，指的是在任何你可以想象的人类的专业领域内，具备相当于人类智慧程度的 AI。一个 AGI 可以执行任何人类可以完成的智力任务。研究人员坚持不懈地应对创建 AGI 的难题，但是目前对于如何实现这一壮举并没有清晰的计划。将足够多的 ANI 拴在一起并不能创建出 AGI。那种方式行不通。虽然永远不要放弃，但是当我们实现 AGI 的时候，可能是在未来的几十年以后了。

超级人工智能（ASI）

超级人工智能（ASI）使事情变得真正令人兴奋，或令人惊悚，这取决于你思考的角度。ASI 定义的智能是在几乎所有领域都超过最优秀的人类大脑所具备的智能、知识、创造力、智慧和社交能力的智能。一个 ASI 可能仅仅比最聪明人类聪明 1%，或比最聪明人类聪明 100 多万倍。从理论上来说，一个我们创造的 ASI 机器能够设计出未来更强大的机器，这些机器将以我们无法理解的方式运行。一旦 ASI 实现这一步，失控就会随之而来。这个想法不止让你一个人不舒服。高科技世界里的典范人物——包括埃隆·马斯克、比尔·盖茨和史蒂芬·霍金——都曾谈及超级人工智能的危险。当你想到 AI 将拥有自我意识，能够设计出更好版本的自己并可能带来的专业级危险时，很难不令你同时联想到电影《终结者》。今天工程师开发狭义 AI 的方式可能会对未来有关超级 AI 的设计有所启示——这也正是 AI 研究要透明和公开的至关重要的原因。

AI 启用战略

人工智能潜力巨大，必将引发各行各业、一波又一波的创新浪潮。当一个组织开始构建一个全面的、跨越几年的 AI 战略时，可以在几个方面开启你的思考。

预测客户、运营和趋势

利用 AI 的预测能力进行需求预测、流线化运营、营销目标定位、预测趋势并影响未来产品的设计。电力公司利用 AI 预测电力需求，时尚设计师利用 AI 为接下来几年的秋季色彩提出建议，设备制造商利用 AI 预测机器何时会出现故障以便安排预警性维护。AI 预测能为你的企业做什么？

看得越多、理解越深、制订的决策越好

未来的超级传感器可以提升自动驾驶汽车的安全性，成为医学上的“下一个CT扫描”，或者为我们所有人提供第六乃至第七感官。超级传感器将使企业运营流线化，彻底改变人工界面，并颠覆未来的产品和服务。

每个公司都应该围绕超级传感器出现的可能性开展战略性探讨：确定你的公司可以如何使用超级传感器聚焦业务、实时获得对运营的洞察，并且利用这些洞察制订出高质量的数据驱动的商业决策。在谷歌 Soli 技术的启发下，思考可以如何为你的产品构建超级传感器以改善人机界面。通过超级传感器，你如何以新的方式了解你的客户？超级传感器还可以帮助你的企业提出什么其他新点子？

构建一个全面的数字语音战略

每个企业都应该有一个数字语音战略。语音平台为客户与品牌交互提供了一个新的方式，提升客户支撑能力，并且对使用双手执行工作，或在非传统办公条件下工作的员工有所帮助。

首先，确定语音平台在你的组织内的目标。找到一些领域，通过语音界面传递信息会提高员工的工作效率或促进其协同合作。了解你的品牌应该为现有客户创建怎样的会话能力，以及如何利用语音吸引新客户。思考可交互、可发声的线上广告将能扮演怎样的角色，比如，“点击并询问我有关最新款式的问题！”探索数字语音代理如何降低支撑成本并开创新的销售渠道。

客户总是想要更多选择。当品牌提供给我们更多选择时，他们尊重我们作为个体被承认的需求。消费者期望通过许多渠道与品牌进行交互：面对面、电话、网络、移动 App、社交媒体、虚拟现实、交互式增强现实对象、聊天机器人，等等。每个品牌都会提供对消费者来说有意义的、尽可能多的选择。一个语音界面对于你的企业来说是一扇新的大门，而语音代理则是你们公司品牌的大使。你必须像守护你的网站一样去守护大门。你还需要教导你的大使总是表现出最佳的一面。

企业需要训练它们的聊天机器人用一种与其品牌声音一致的“音调”进行交互。营销部门需要确定合适的设计参数：语音代理应该表现出的是随意还是正式的音调？平静高效的，抑或激情服务的音调？严肃的，抑或带着幽默的音调？迪士尼、哈雷·戴维森（译者注：著名机车品牌）和酩悦香槟（译者注：世界最大的香槟品牌）的语音代理听起来可是完全不同。

确定在哪里开发语音代理：企业自建、使用第三方架构，或基于现有的语音平台。谷歌、亚马逊、苹果及其他技术巨头支撑开发人员为自己的语音服务创建App。谷歌称这些App为“活动”，而亚马逊则称其为“技能”。品牌不同，购买的决策也不同。大多数品牌会在主流技术平台上建立语音代理。出于竞争或安全考虑，一些品牌可能选择建立专有语音代理嵌入在其App和网站中。银行可能出于安全原因更倾向于拥有他们自己的语音代理，美国银行的虚拟助理Erica就是一个很好的例子。

语音的未来将变得越来越宽广。今天的主流语音平台包括谷歌的Assistant（助手）、亚马逊的Alexa、提供在线服务的AOL（美国在线）和Compuserve（译者注：美国最大的在线信息服务机构之一）。互联网的崛起、开放的标准网页和浏览器打破了网络服务的壁垒，在线世界向每一个想要参与其中的人敞开大门。例如Open Voice Network（开放语音网络）正努力寻求建立类似于网页的HTML（超文本标记语言）的在线语音标准以构建它们自身的语音能力。

理解并消除偏见

当利用代表人类行为样例的数据对AI进行训练时，AI也会学习到反映在数据中的人类偏见。亚马逊每周要接受堆积如山的工作申请。为了对简历进行分类，亚马逊构建了试验性AI以把可以进入面试的候选者筛选出来。但是存在一个问题——根据路透社的一份报告，很显然亚马逊的AI对女性持有偏见，这与其编码方式毫无关系。AI所反映的是亚马逊招聘过程中以往存在的偏见。招聘经理的无意识偏见在AI的推荐中被编码，因此它学习到偏爱男性候选者。亚马逊在项目部署前取消了这个项目并审视其招聘过程。有的时候AI像是一面直视我们人性的镜子。

我们应该让AI达到比我们自己更高的标准，并且应该努力创建出不反映人类偏见的AI。新泽西州构建了一个AI，作为其废除保释担保系统计划的一个构成部分。现金保释成为美国审判系统的一部分已有几个世纪的历史，但因其惩罚的是更贫穷的被告而受到诟病。根据新泽西药物政策联盟在2013年的一个研究，新泽西监狱有75%的人都是等候审判的人，平均候审时间为314天。其中有大约40%的人支付不起2500美元或更少的保释金。根据新泽西州的法律规定，无论罪行是什么，只要交够足够的保释金，每个人都可以保释，所以富人总是可以免于进监狱，而保释担保人赚了很多钱。2017年1月，新泽西州以一个AI系统取代了其保释系统，AI系统可以对每一个被告创建一份公共安全评估（PSA）报告，法官使用这份PSA作为指导。PSA能够预测候审期间被告犯罪的可能性，无论他们是否会在他们的开庭日出现。新的系统使新泽西监狱候审人数减少了30%。训练AI使用的是300个司法管辖区的150万名前被告的信息。种族和性别信息被特意从训练数据中剔除。开发人员还剔除了被告的姓名、教育程度、就业状态、收入和家庭地址等全部信息。所有这些数据都是种族和性别的代表，可能会对一些人口统计群体不利。我们训练AI的方式在起作用。我们应该期望我们的AI道德、公正，而不带偏见。领导者必须确保其团队努力帮其创建的AI消除一切偏见。

采集今天的数据养育未来的AI

AI对数据有着格外的偏好。建立数据管道，采集当下的数据以训练未来的AI。你的AI战略指引着你的数据战略，你的数据战略指引着你的传感器战略、协同合作战略、招聘战略以及IT战略。想清楚你将需要什么数据以及从哪里获得这些数据。将这作为另一个“建造或购买”的战略性决策进行思考。数据存储相对比较便宜。你永远不知道隐藏在今天的数据中，有什么相关运营、客户、市场及其他的洞察将被明天的AI发现。每个企业都应该遵守所有数据隐私及数据保留的相关法律。但是，只要有可能，企业就应该采集和保存尽可能多的数据，尤其是那些来自机器运行、传感器和市场调研的资料。今天的数据是明天 AI 的燃料。

新产品和新服务开发

利用 AI 激发全部产品线的创新。利用语音和超级传感器提升并简化人工界面。创造新的价值，构建智能管理和自我维护的产品。利用生成式设计加速研究，进一步向前推进产品设计的边界并加速服务交付。将人类的才智与协作型 AI 结合，以创造和提供新的服务。

结语

20 世纪初，每个企业都不得不抓住电气化机会。20 世纪后期，每个企业都不得不理解并拥抱数字化技术。要保持企业竞争力，每个企业必须在企业运营的各个方面都建立人工智能的全面战略。没有例外，不得延迟。

第2章 传感器和物联网（IoT）

物联网（IoT）并非一个新概念。物联网一词最早由英国科技企业家Kevin Ashton在1999年提出，而其基本概念最初是在20世纪80年代初期有相关表述。物联网的广义概念也被冠以各种不同名称被传播：泛在计算、机器对机器（M2M）、万物互联、环境智能等。

虽然物联网已经存在一定的时间，但是21世纪20年代将是物联网被广泛应用的十年。接下来的十年间对于物联网的投入会让之前的全部部署都相形见绌。物联网将重构全球的每一个行业。它将实现企业流程的流线化、创造新价值、提升客户服务、提高基础设施的响应能力、降低维护成本、改变商业模型并加速流程自动化。

在发达国家，物联网已经开始改变几乎每一个企业、每一个城市和每一个家庭。最终，它将改变全球每一个人的生活。实现物联网所需的主要构成元素现在已经就绪：低成本的传感器、廉价计算、广泛可用的连接、云存储、低成本的微型电池、能源采集技术，以及将全部组件连接在一起的标准。

廉价的微型电脑与100万亿个传感器实现万物智能互连

支撑物联网的背后理念是，所有事物——包括基础设施、机器、电器、设备，可能最终还有人的身体——都将嵌入传感器并与数字智能相连接。连接的相机、汽车、智能恒温控制器、工业设备、智能交通信号、可穿戴设备、喷气发动机以及牙刷，这些全都是物联网的例子。

物联网建立了物理世界和数字世界之间的桥梁。信息流来来回回地穿过这座桥，由原子变成比特，又由比特变回原子。传感器帮助数字世界理解物理世界发生的事情，执行器则支撑数字世界在物理世界的行动。比如，当土壤干燥的时候，湿度传感器进行监测，然后打开一个连接的洒水器（执行器）。

物理世界和数字世界之间的这些连接，支撑我们创建智能的交互性物体，建造响应式基础设施以优化资源的利用，增强并实现业务运营的半自动化。

廉价的微型计算机改变万物互联经济

半导体公司数十年的巨额资本投入，已经铺平了普及物联网廉价的微型硅芯片生产的道路。如今，你可以花 5 美元买到一台计算机。Raspberry Pi Zero（树莓派零）有着和 20 世纪 90 年代中期花费数千美元的台式机一样的计算性能。2018 年，IBM 展示了它们宣称具备与英特尔 486 微处理器同等计算性能的实验芯片，英特尔 486 微处理器驱动的是 20 世纪 80 年代末和 90 年代初的价值 3000 美元的个人计算机。这些微型硅片比一粒盐还要小，IBM 宣称批量生产的成本不足 10 美分。

连接型计算智能如今已经变得廉价，因此我们可以将其加入到每个产品和每个基础设施中。智能和连接可以以接近零的边际成本进行集成。

万亿传感器将数字世界和物理世界连接

每年数十亿个传感器跟随着智能手机一起售出。一部智能手机都装有好多个传感器：跟踪运动的加速器和陀螺仪、跟踪位置的 GPS、近似传感器、话筒、磁力仪（指南针）以及两个或两个以上的相机。很多智能手机还包括气压传感器、温度和湿度传感器、心率传感器、手势传感器、指纹传感器、脸部识别传感器等。智能手机产业的规模经济已经压低了所有这些传感器的价格。

在未来十年，数万亿的廉价微型传感器将被部署。Steve Whalley 是半导体和传感器工业集团的前首席战略官及现任战略顾问，这个集团是对企业提出传感器未来发展建议的行业机构。Steve Whalley 也是我的老朋友。当我问 Steve 对于未来传感器需求的期望时，他告诉我，“在未来的十年中，传感器将经历高速发展，人们提供输入 AI 的数据，而 AI 提供真正的洞察和产品中的价值。5G 网络的部署为新产品提供更大带宽、更高速度和更低时延，这将在接下来的五年内引起传统传感器和新型传感器的暴增，开启‘智能万物’时代。”

企业软件公司 SAP 预计，到 2030 年全世界将有 100 万亿个传感器。这意味着地球上的每个人都将有超过 12 000 个传感器。

传感器帮助我们使世界成为“可编程的”。通过连接数字世界和物理世界，它们使得我们可以编写程序，当物理世界发生变化时，程序可以及时响应。程序还可以管理宝贵资源，使世界的运行更顺畅和高效。通过感应人类的行为，传感器帮助我们更积极地满足人类的需求和欲望。

物联网可以做什么

廉价且大量的计算和传感器可被用来创建智能连接型产品和响应式基础设施。可穿戴技术给予人们强大的超能力，对数万亿个传感器提供的数据进行分析，将提升企业决策能力并提高运营效率。物联网技术将带来产品和商业模式创新的爆发。

利用一套传感器关注你的企业

传感器是未来企业创新战略的基本构成部分。当我们感到有需要时，无论何时何地，传感器都能使我们以近实时的速度采取行动。在未来，我们将使用庞大的传感器网络去测算、管理和完善人类行动。传感器将提供有关每种事物的洞察，从当地的空气污染水平，到葡萄园的运作，再到桥梁的机械应力。有了对世界更多的了解后，我们便可以在需要解决问题的时候进行干预，从而完善事物运转的方式。

传感器可对物理世界进行测算，因此我们能利用数据制订更明智的决策。比如，英式和美式橄榄球教练利用嵌入护牙托中的加速测量器来了解撞击力的大小。来自护牙托的实时数据使得教练和医护人员能够评估脑震荡的风险并及时采取适当的措施。随着时间的推移，越来越多的数据能帮助研究人员增进他们对于撞击和脑震荡之间关系的了解。

一些传感器是哑的，一些传感器是智能的。传统的哑传感器包括加速测量器、温度传感器和陀螺仪，它们测算的是物理世界的一些信息，并将其转化为计算机可以理解的数字。比如，GPS 传感器输出描述经度和纬度的两个数字。话筒输出的是代表声音波形的数字流。智能传感器监测的事件和信息较传统传感器更为复杂。智能传感器利用内嵌式智能解读其采集到的信息。比如，智能相机是传统数字相机和图像识别软件的结合，后者能够解读其采集到的图像。零售商利用智能相机测算到店客流量以及其如何随时间变化而变化。城市利用智能相机在交通调查中计算汽车、卡车和货车的数量，这项单调费力的工作之前是由人来执行的。英特尔展示过一款智能相机，利用人工智能发现丢弃在火车站的行李。它能认出和跟踪人与行李，并建立两者之间的关系。如果一个人离开他的行李超过几秒钟，智能相机就会触发安全警报。部署在森林里的智能话筒能够获取电锯的声音，并向查找非法伐木行为的巡林人员发送警报短信及伐木人员的 GPS 坐标。

创建服务门户：智能物体创造新的收入流

未来，生活中的很多物体将变得比今天要智能得多。智能的连接型物体将创造经济价值，并为消费者和制造商提供重要收益。

当我们使一个物体兼具智能和连接性时，该物体就成为了一个“服务门户”，数字价值和服务可以通过它进行流动。当你将智能嵌入一个物体，该物体也就从一个简单的“哑”产品得以进化，并获得成为一个提供服务的产品的潜力。新的商业模式也就可以围绕这些智能连接型的物体进行构建。

关于这个概念的一个简单示例是一只智能连接的泰迪熊。很多孩子都有一只泰迪熊或类似的玩具伴随其成长。你可能仍然记得你最爱的毛公仔的名字。传统的（哑）泰迪熊的主要功能是为孩子提供舒适性。一个智能连接的熊则可能安装了一系列传感器：在它的眼睛里装了小相机，在它的耳朵里装了话筒，在它的嘴里装了扬声器。现在先把将产生的显而易见的隐私问题放置一边，我们过一会儿再来解决这个问题。首先聚焦于这将产生的全新可能。如果熊的相机采集到书页的图像，光学字符识别和文本转化语音软件将使得熊可以大声读出词语，我们的智能泰迪熊现在就可以给孩子读一本书了。对于父母与孩子的亲子关系来说，睡前故事是一个重要的交互。智能熊不能取代这个重要的交互，但是熊可以为孩子实现其父母不能做的一些事情。熊可以利用基于云的语言翻译算法将文本转换为另一种语言，可将英文写就的书用法语大声念给你的孩子听，或者用普通话，或者用阿拉伯语，或者任何你可能选择的语言，也许是克林贡语。孩子现在可以从熊那里习得新的语言。通过销售语言培训服务，熊成为一个服务的门户。

回到隐私问题。熊的相机系统可以用相机和字符识别软件设计成一个完全封闭的系统。图片不会被永久保存，封闭的相机子系统只输出文本，不输出图片，隐私也就完全能够得到保护。不过再次声明，这仅是一个思维练习，而非产品建议。

我们的熊现在可以教给孩子新的语言和技能，这能够提升他们的生活质量。父母不再只是购买一个产品，至少，他们购买的是通过熊提供的语言翻译服务。最终，如果他们的孩子一直坚持下去的话，父母购买的将是一个转变，一个将他们的孩子变为语言学家的转变。任何学经济专业的人都会解释说，当你沿着原始材料、组件、产品、服务、体验的传统层级进行升级，并最终实现转变，你的收入可以呈指数式增长。这个熊的示例展示了物联网技术的潜力，通过向客户展示更多价值和能力，IoT 技术可以帮助企业创造更多收入。

智能熊值多少钱？199 美元？499 美元？或更多？制造商不会将熊以 199 美元的价钱卖给你，而是可能将它以低得多的价格，例如 49 美元，卖给你。关键是：你得订购每个月 3.99 美元的英语阅读服务。至于语言服务，你可以选择另一个每个月 4.99 美元的囊括法语、德语、西班牙语和意大利语的欧洲语言包。而汉语、日语和阿拉伯语，可能每个月每门收费 1.99 美元。克林贡语则在你买了两个语言包后就可免费获得。你懂的，智能物体为定价模式创造了新的可能。

智能熊还能提供除读书以外一系列其他的服务。它可以为孩子播放天气预报，教他们简单的数学，或回答有关世界的简单问题。它可以跟踪孩子的语言和阅读能力随时间的发展。智能连接物可以成为多种服务的门户。

想想你可以通过你自己的服务门户向你的客户提供什么新服务、新体验。想想通过这种设备你可以触及哪些新客户。

最初用于解决一个问题而建立的服务门户，后面可以用来提供广泛的附加服务，这样才能实现初始投资的货币化。为智能物体建立早期阵地很重要。早期赢家可以通过销售系列服务并对其他服务收取费用来实现投资的货币化。比如，如果玩具公司费雪制造出一个很受欢迎的读书熊，他们可以向强生公司销售熊的接入服务。父母可以通过与熊对话订购一袋新的纸尿裤，而费雪还可以从中获取销售提成。智能熊还可以建立一个完整的 App 商店。苹果公司对所有入驻其 App 商店的 App 都要收取 30% 的费用。有远见的制造商也可以通过他们自己的服务门户创建类似的赚钱机器。

向你的客户销售接入服务可能是一个冒险的提议。它涉及信任和隐私的关键问题，当谈到孩子时，这总是一个特别敏感的话题。我选取智能熊的例子部分正是为了强调这个问题。任何开发智能物体的企业都应保护其客户的隐私，并且保证新服务的提供是在“选择加入”的基础上。客户应该始终拥有决定权。如果你提供的价值足够大、服务足够好，你要客户共享以获取价值回报的数据也是 100% 透明，客户一般会愿意签约的。然而但凡有任何条件不符合的话，你就是在自找麻烦。

智能熊的概念并非遥不可及。连接型玩具公司和认知型玩具公司都已经建立了成功的服务门户。Cognitoys Dinosaur（认知型玩具恐龙），就是为 5 ~ 9 岁年龄的孩子设计的教育型玩具。它既没有屏幕也没有相机，而只是一个名叫 Dino 的 8 英寸（约 20 厘米）高的塑料玩具，有一个带按钮的肚子。Dino 会讲故事、进行简单会话、讲适龄孩子的笑话、教简单数学、玩游戏，甚至能记住孩子最喜欢的颜色。如果Dino感觉到孩子在害怕或难过，它会鼓励他们去跟一个成人说，还会试图讲笑话让他们开心。它是一个令人印象深刻但比较简单的设备。如果你一锤砸向 Dino，你会从其碎片中发现一个按钮、一个话筒、一个扬声器，以及一个集成了 Wi-Fi 连接的简单的计算机。这些组件被包装在一块绿色的、恐龙形状的塑料中。硬件简单且廉价，材料成本可能也就不足 10 美元。Dino 的神奇不在其本身，所有存在于 IBM 的 Watson 认知型计算服务上的智能对话软件都建立在云上。认知型玩具投资极具扩展性，数字化价值规模扩展的边际成本接近 0。如果你提供的价值主体是数字化的，低边际成本和迅速大规模扩展仍将带来高利润，开发成本也就能快速收回。Dino 的数字化组件可以扩展到很多其他玩具：会讲话的消防车、会讲话的独角兽，或者会讲话的背包。

新的商业模式

智能连接型物体会改变商业模式。让我们回顾一下健康护理和保险业中的真实例子。

Beam Dental 公司制造了一款智能连接型牙刷，它能记录你刷牙的频次和有效性。对于你的口腔来说，它就像是 Fitbit（译者注：一家因提供记录器而闻名的美国科技公司）。这听上去可能是一个新型产品，但对于牙科保险来说却是颠覆性的。

牙齿健康情况良好的人，所需的昂贵的牙齿护理或治疗比较少，例如补牙、根管治疗和其他噩梦般的痛苦经历。因为 Beam Detal 可以远程监测每个病患的刷牙习惯、监督他们每天早晨和晚上正确地刷牙，所以 Beam Detal 知道哪些病患的牙科保险风险很低。降低的风险使得 Beam Detal 宣称可以提供较竞争对手低 10% ~25% 的牙科保险费用，这就是突破。Beam Dental 并不是将智能牙刷作为独立产品销售，而是将其作为整套牙齿健康服务的一部分，套餐服务还包括你可能需要的尽可能多的牙膏和牙线，以及通过一个同步 App 提供的个性化健康语音提醒。通过让客户增加使用预防性的牙齿护理服务，以降低客户风险为中心，

Beam Dental 已经建立起新的商业模式，这是牙科行业的革命。Beam Dental 的客户购买的是一整套系统的牙齿健康服务，包括智能牙刷、牙齿卫生用品、远程监测、保险和牙齿健康服务。你如何以新的方式重新包装你的产品？

Semioticons 是一家联合研究公司，正在开发一个名为 Wize Mirror（Wize 镜子）的家庭健康诊断产品。这个高科技的镜子装有多个传感器——包括 3D 扫描仪、多光谱相机和气敏传感器——可用来评估用户的总体健康状况。这种智能镜子通过监测面部表情，可以查看表现压力、焦虑或抑郁的信号。3D 扫描仪可以测量一个人的脸型并随时间变化不断进行跟踪，这可以作为判断体重增减的一个很好的指标。这种智能镜子也能观察肤色，判断脸色是否过于苍白、发黄或潮红。多光谱相机则可以测量心率和血液中的血红蛋白水平。气敏传感器可以测量呼吸以监测血糖水平、饮酒和抽烟情况。健康检查每次花费大约 1 分钟，最终结果会显示在镜子上，所以镜子也可充当一个屏幕。最后，镜子还会基于其观察，提供健康和生活方式的相关建议。

保险公司利用传感器测量风险而不是对风险进行建模分析。通常来说，汽车保险费用反映的是每个客户的驾驶记录、住址、性别、年龄、职业和汽车型号所体现出来的风险。基于这些数据，算法对于索赔的统计概率进行建模，并根据概率设定保费。快照器是一个小型的无线设备，可插入汽车标准连接器中，该连接器通常是在仪表盘下面靠近转向柱的地方，这个连接器可共享有关转向、加速和刹车的实时数据。快照器大概只有香烟盒的一半大小，可以监测你的驾驶习惯并测算驾驶员的风险，而不是基于历史统计数据进行风险建模。对于谨慎的司机保费可以降低，最高可便宜 30%。

American Family（美国家庭）是一家美国本土保险公司，与 Alphabet 公司的 Nest（鸟巢）部门结成联盟以更好地管理其保险风险。美国家庭公司为其家庭保险客户提供了 Nest Protect（居家保护）烟雾监测器。人们可以对这些烟雾监测器进行远程监测。那些定期替换烟雾监测器中的备用电池、保证烟雾监测服务持续续航的客户将获得较低的保险费。因为当美国家庭公司知道监测器处于良好工作状态，未监测到火灾的风险就更低。

服务门户可以构建一整套新的商业模式并提供数百万种令人振奋的全新服务。随着计算和连接服务价格的持续下降，更多智能连接物将进入我们的生活：连接洗衣机、药瓶、枕头、鞋、戒指、汽车、运动设备、酒瓶、订书机、狗项圈、收纳盒、停车计时表、垃圾桶，等等。

每个企业都应该考虑其服务门户战略。门户可以向客户、员工和业务合作伙伴提供服务。市场引领企业创建它们自己的门户，而跟随者可以与其他企业的门户签订服务协议。你们的服务门户战略是什么？企业过去没有创建这类门户并不是未来也不创建的理由。

考虑一系列范围很广的潜在智能物体。此范围的一端是 100% 的实体物体，它们没有数字足迹，即为“哑”物体。范围的另一个极端，是几乎 100% 数字化的物体。它们很少或完全没有实物形式，比如，报纸页面上印的一个 QR 码把你连接到一个 App、一个网页，或者其他种类的数字内容上。大多数智能物体位于整个范围的中间 2/3 的位置，一些更着重物理价值，其他一些则更着重数字价值。认知玩具恐龙（Cognitoys Dinosaur）更接近于范围的数字化一端，因为它的实物性质与其提供的价值几乎毫无关系。只要具备一个毛绒绒的蓝色立方体、一面镜子或任何吸引孩子的形式，认知玩具就可以执行它的功能。更接近范围中实物一端的智能物体，具备与其实物功能和形式密切相关的数字价值。比如，高端汽车目前使用的智能前照灯利用传感器和数字智能引导它们的光束绕过迎面而来的车辆。司机可以一直开着他们的远光灯，却不会让其他司机晃眼。这些智能前照灯的数字价值与它们的实物形式紧密关联。

我的朋友大卫·罗斯博士在麻省理工学院的媒体实验室工作。他的团队开发的一些物品就是将数字价值深深嵌入物体实体形式和功能中的绝佳表现示例。他称它们为“迷人的物品”。当天气预报报道会有雨时，一种连接型雨伞的伞柄就会发光。一种连接型皮夹钱包可以关联到主人的银行账户。当个人银行账户上的数额变少时，强度可变的合叶会使得钱包打开变得越来越难，这为人们的消费能力提供了及时、灵活的反馈。在这两种情况下，数字价值不仅提升了由物体提供的物理价值，而且与物体的功能相关联。

利用控制闭环构建响应式基础设施

物联网支撑我们构建智能基础设施。传感器采集源于物理世界的数据，来自这些传感器的输出在数字世界里被解读，再基于该解读采取相应行动。这个“感受、解读、行动”的过程发生在永无止境的闭环中，这被称为控制闭环。决策逻辑理解数据并决定是否应该采取一些行动。最终算法（可能是AI）、自动化机器（可能是机器人）或人类将采取相应行动。比如：

（1）算法触发电子购买订单的创建；

（2）指挥机器人将一个物体从一个地方移到另一个地方；

（3）餐厅侍者通过他的智能手表接收到一条指令，将食物从厨房送到3号桌。

通过这种方式，数字世界被赋予了超越物理世界的部分能力。它利用预先写好的由人类创建的规则制订相关决策。

让我们来了解一下物联网技术如何使花园洒水系统变得更加智能。洒水系统的运行并非基于简单的定时器，而是使用嵌入土壤中的湿度传感器。洒水系统中的一个小型计算机解读来自湿度传感器的数据，并将其与预先设定的阈值进行比较。当达到阈值水平时，就表示土壤太干燥需要浇水，计算机此时便激活洒水器。一个更智能的系统可以通过互联网与当地天气预报系统建立关联，只在预报无雨的时间内才触发洒水功能。

控制闭环可以非常简单，就像花园洒水系统一样，它们也可能非常复杂。复杂的控制闭环被用于生产线的自动化、核电站的控制以及大城市车流的优化。一些控制闭环，就像我们的洒水器，可能一天只需确定（导航）几次——开、关、开、关。其他的控制闭环则在一秒钟内发生数百次。无人机上的导航系统每秒钟测算其空中位置几百次，对其旋翼速度进行微调，以在大风条件下保持航向和速度。还有一些工业上的应用借助每秒数千次的控制闭环控制其应用运行。工业汽轮机测算内部条件，调整气体摄入和汽轮机速度，以优化燃料消耗及性能。

对很多物联网应用而言，控制闭环的优化很重要。每一次感知世界，然后制订决策，该决策通常是针对某种结果而试图进行的优化。一个看似简单，实则非常重要的问题是：我们优化的结果是什么？

洒水系统一般是围绕两个主要因素进行优化。

（1）最小化用水量；

（2）最优化土壤潮湿程度以促进植物的健康。

要对这些进行说明，让我们先来找点乐子，想象一个并不那么复杂的洒水系统。首先，优化洒水系统，将其对在花园中休闲或工作的人们的不便利性降至最低。我们很多人还记得在生活中的某一刻，当我们在美好的草地上晒着太阳放松，并开心地沉浸于自己的事情中时，却被不合时宜的洒水器洒了一身水而吓一大跳。一通咒骂之后，我们也冲到了安全的地方，我们不可避免地会想，是否有人为了针对我们在某处故意设计出这样的洒水系统。一个简单的设计可能是让洒水器只在夜晚洒水。一个更好的系统是，使用智能相机感知是否有人在花园中。而一个终极系统是架设相机在花园中或无人机上，然后利用图像识别技术了解哪种类别的植物种在哪里。浇水系统将对每株植物的浇灌方式进行优化，并且持续不断地监测植物健康。

这个例子是为了说明控制闭环可以变得如你所愿的那么复杂、精细，其关键在于确定你想优化的最终结果是什么。

生产力和效率之外：在更高层面优化你的企业

近三四十年，企业利用计算机优化其生产力和效率。计算机可以提高办公效率、使工厂变得更高效，并通过为企业流程引入精准性和可重复性而使质量得以提升。从自动化和传统的客户端 - 服务器计算可获得的大多数生产力收益已经实现。余下的任何改进都有待逐步进行，而不太可能是革命性的。

在未来的十年中，物联网与云计算、区块链技术以及人工智能一道，将带来企业流程的提升和产品创新上的重大突破。自动化将进一步提高生产力、效率和可持续性。物联网的能力所及范围早超过传统的客户端 – 服务器计算。物联网为数字世界和物理世界之间创建了更紧密的连接。我们将数字化与实体连接得越紧密，从呈指数级增长的数字世界流向我们所居住的物理世界的价值和能力就越大。

我们所优化的东西正在真正起作用。通过物联网，系统工程师可以为他们所建立的自动化的 IT 系统设置更高目标。我们会在本书第 7 章总结自动化的战略和理念时全面探讨这个内容。

利用分析制订更高质量的决策

强大的计算机可以接收、采集来自各种不同来源的大量复杂信息。算法从数据中确定模式并据此做出明智决策。通常这些模式非常复杂，或者它们散布在海量的数据宝藏中难以为人类所看见。发现这些模式并帮助我们理解复杂数据的这一类软件被称为分析。分析是揭示物联网和企业流程自动化全部价值的关键。

分析指导着很多企业的运营。它可以用来设计选举活动、制定 Netflix 和 Spotify 的推荐列表、评估信用价值，并对航线和酒店进行定价。在未来十年中，通过人工智能的涡轮增压，分析将成为很多企业运营幕后的“大脑”。智能传感器将实时理解企业中正在发生的事情，分析工具则将对此做出回应，并制订出由数据驱动的更快速、更明智的决策。

了解分析的四种类别

分析有四大类，每一类回答一种完全不同的问题。这些问题是：“发生了什么？”“为什么会发生？”“还可能发生什么？”以及“我们应该做什么？”。这些问题的答案具有巨大的商业价值。让我们探讨一下每一类分析，以便反过来了解如何利用不同类别的分析，使企业运行得更平稳和高效。

描述性分析

描述性分析解析的是历史数据，帮助我们了解“发生了什么？”。它们通常对复杂系统的运营提供洞察：城市交通网络的车流、喷气式飞机引擎的性能，或者一个大型呼叫中心的运营。描述性分析将原始数据转化为信息和洞察，帮助人们制订决策，比如突出显示高峰时期的车流量和事故高发地点，帮助城市规划人员重新设计立交桥并改善公共安全。

诊断性分析

诊断性分析较描述性分析挖掘得更深，帮助人们回答问题“为什么会发生？”。数字营销人员使用诊断性分析对社交媒体数据——发帖、分享、喜欢、发推、转发和提及——进行分析，以发现之前的营销活动中哪条信息、哪个渠道或哪个活动策略表现最好。

物流公司利用诊断性分析了解其运输效率。UPS（美国联合包裹运送服务公司）利用诊断性分析对它们卡车司机所走路线的效率进行分析。它们发现，卡车左拐次数越少的路线通常具备越高的效率。因此，UPS 的路线图软件现在都是选择那些左拐次数最少的路线。

预测性分析

预测性分析帮助你了解“可能发生什么？”。这个软件利用有关过去的经验数据，试图预测出接下来可能会发生什么。预测性分析有很多强大的商业应用。餐厅连锁店利用预测性分析预测出每间餐厅每小时内的繁忙程度。这些洞察可以指导人员数量和排班的安排。这些分析的显性数据源包括历史需求模式和每年活动日历。

餐厅通常在情人节、圣帕特里克节比较忙，但是在斋月、大斋节期间或年初的周二晚上往往比较安静。预测性分析将天气预报因素纳入考量，并搜索社交媒体和网络以了解附近娱乐场所的活动安排，最终将活动与之前的需求高峰进行关联。

预测性分析是要发现隐藏在海量数据下人们的行为模式。沃尔玛利用预测性分析将当地天气数据与它们每一个店的销售数据进行相关分析。沃尔玛数据科学家发现在特定天气条件下，人们会来到商店购买浆果。分析软件发现每当天气晴朗、有太阳和微风，且气温低于 80°F（27℃）时，浆果需求量会激增。沃尔玛基于这个洞察采取行动，每当预测将出现这些天气条件时，就将浆果放在显眼位置并且加强广告宣传。它减少了在不适宜天气条件下的库存。令人难以置信的是，沃尔玛发现浆果销量在同样的商店内增长了两倍。要知道，在零售业实现 10% 的销售增长就是大事件，而 300% 的提升则应该算作纪念碑式事件了。沃尔玛的分析软件也发现人们更可能在风较大、无雨、暖和但不热的时候购买牛排。而搅碎的牛肉，大概是用来做汉堡的，则在温度更高一点、小风和基本晴朗的天气里卖得更好。当确定了这些天气预报条件时，沃尔玛便自动触发有关汉堡包的广告投放。这导致碎牛肉销量提升高达 18%。利用预测性分析了解人类行为中的微妙模式，对于诸如沃尔玛这样的大型零售商的销售影响巨大。

规范性分析

规范性分析建立在前面所有分析层次之上，回答“我们应该做什么？”这个问题。因其开始将决策变为软件，所以这可能是所有四类分析中最强大的一种分析。在未来十年中，通过获取大量数据，规范性分析将可以高效地制订出大量的决策，以支撑我们所生活的这个世界。企业利用规范性分析帮助它们设计产品、制定价格、疏通业务流程，并通过指导员工下一步该完成什么任务而优化员工的工作效率和有效性。意大利最大的银行联合信贷银行（UniCredit）就利用规范性分析制订更好的贷款决策并优化其资产。石油和天然气公司利用规范性分析帮助它们决定在哪里操作液压碎裂以及如何优化液压碎裂流程。一个拥有 15 家医院、6300 位员工、服务 120 万客户的健康护理公司 Aurora，对过去十年的临床治疗数据和病患治疗结果进行分析，以便基于对病患的诊断和病史提供接近实时的治疗推荐。因此，Aurora 不仅能够提升健康护理成效，而且能降低 10% 的重新住院率，每年可节省 600 万美元（来源：Dataflog）。

每个企业都应该有一个分析战略，并利用分析帮助自己在每一个业务流程中制订更高质量的决策。

人联网：可穿戴和可听见设备

物联网技术应用于人时，可以帮助我们提升能力，并量化我们的个人健康和行为。流行的可穿戴技术更聚焦在健康和健身活动测算，并建立回馈闭环，鼓励健康行为。

除了手腕，可穿戴技术还将扩展到我们的头部、耳朵里、手指上，最终扩展到我们的躯干中。第 5 章会探讨增强现实和虚拟现实的头戴式设备，所以我们在此先略过。

可听设备是适合放在耳朵上或耳朵里的智能连接设备。一些无线耳机已经连接到语音助理服务中。未来的可听设备将合并话筒和耳机，增强我们的听力。智能可听设备可以处理声音，并对其进行优化，应用个性化的音频均衡（低音、高音和中音），过滤掉噪声，由此在嘈杂环境中保护好我们的耳朵。智能噪声消除技术可以实现的一个功能是，我们可以有选择性地消除我们不想听到的声音：婴儿在商场里的哭声、办公室空调的隆隆声或者地铁的呼啸声，同时保留我们不想错过的声音。可听设备还能在我们需要时提升我们的听力：急救人员对于求救者的监听、猎人对动物的追逐、跟踪坏人的执法，或者在房间后排的人听取音量不足的公共演讲者的演讲。可穿戴设备还可以提供最后 10s 内声音的回放能力，以防你错过什么，或者编辑亲友的语音。谁不想自己的老板的声音像达斯·维德呢？可听设备还可以近乎实时地翻译语言。Waverly 实验室的 Pilot 的入耳式无线耳机可以近乎实时地翻译 16 种语言，其准确度令人吃惊。

对于那些在吵闹的演唱会上曾经发现需要对身边的人扯着嗓子叫的人来说，可听设备提供了连接到个人音频网络的可能。可以临时组成私人音频网络，用耳朵里的骨传导话筒采集语音，并将其传递给朋友，无论舞台上的死亡金属乐队的音量有多大，朋友都能听到你说话。这样，在超市中的组队行动也会变得更为容易。“嘿，亲爱的，请拿些面包和火腿，然后跟我在谷物食品区会面。”

一些可听设备会对来自我们耳朵的生物特征信息进行测算，采集心率、血压、体温、心电图甚至血氧水平。可穿戴加速计量仪可以测算运动和行为。生物计量器则可被用于身份验证和安全性保证。你的心律、步态以及耳朵形状所形成的独一无二的特征可用于接入设备和服务的身份验证，就像苹果手表让你登录 MacBook 一样。NEC（日本电气股份有限公司）宣称它们可以对声波在耳道中的反射进行测算，并由此确定每个人耳朵独一无二的形状，准确率大于99%。当与其他生物计量签名合并，则能进一步提升准确率，对于需要连续身份验证的安全应用来说，这可以提供新的根信任。可以跟密码说再见了。

在未来十年内，柔性衬底上部署打印传感器和电子设备将为可穿戴和医疗设备开创新的平台。相比之下，未来的可穿戴设备会使得今天的产品看起来很古怪。MindX 的研究人员正在努力研发智能读心眼镜，通过对眼睛运动和脑波的感知，了解你在看哪里以及你在想什么。它们可能对于执行可视化搜索特别有用，可以为其提供新的界面。Sana 已经开发出即将由 FDA（美国食品药品监督管理局）认证的智能眼罩，通过利用声音和光调节脑波，促进放松并消除慢性疼痛。眼罩在一个闭环生物反馈系统中监测大脑活动，戴上仅仅 16 分钟后就可学会如何减轻或消除疼痛。治疗纤维肌痛症、神经病理性疼痛、肿瘤疼痛、阿片类药物滥用障碍和严重疼痛的临床试验正在进行中。

未来的可穿戴设备合并了先进材料、传感器和人工智能执行超级感知，这将重新定义可穿戴设备的边界。

对企业实时关注并制定传感器战略

每个企业都应该有一个全面的传感器战略。建立自动化战略的第一步是建立传感器战略。如果你尚未制定传感器战略，那么现在就着手去办。同时也要时刻关注企业运营，并采集自动化或半自动化决策所需的数据。

利用传感器监测重要的商业事件可以帮助你近乎实时地对其采取行动，同时加速运营并满足客户。几个世纪以来，挂在商店门上的铃铛被用于提醒店主注意客户的到来。现代的传感器则可以监测需要即时关注的重要商业事件：一个餐厅内一位客户的饮料杯空了、闪电引发一场火灾，或推特上的一场公关灾难。

中国的星巴克使用店内的 Wi-Fi 热点作为传感器。Wi-Fi 热点通常在电波中寻找想要连接它们的设备，即使是没有连接的设备，Wi-Fi 热点也可以捕捉到相关信息。星巴克利用 Wi-Fi 热点计算它能“看到”的手机数量。大多数人只有一个手机，所以手机数量就很好地代表了特定时间店中的顾客数量。星巴克利用这个信息控制店里的音乐系统。当店内很安静的时候，店员播放更放松的音乐，鼓励客户停留更长时间并可能购买第二杯饮料或一块蛋糕。当店内很繁忙时，店员会加快音乐的节奏，提高音量，希望人们吃完东西就走。这种方法已经对星巴克的业务产生实质性影响。

通过恰当的传感器战略，大多数商业事件都是可以被监测到的。尽可能多地监测商业事件——有关客户的事件、运营事件、与员工相关的事件——从而使你的企业更具响应性、更高效。

第3章 自动化机器——机器人、合作机器人、无人机和自动驾驶汽车

人工智能所赋能的机器将在几乎所有的产业部门与人类一同工作。它们将重构工作模式，并从根本上改变我们的交通系统。

自动化机器是什么，为什么如此重要

严格来说，自动化机器只是AI的另一个应用，但是考虑到它们对社会的巨大影响，值得我们用单独的一章来阐述。

自动化机器——机器人、无人机和自动驾驶车辆——利用复杂、精细的传感器和数字智能，对它们如何穿过世界并与之互动制订了明智的决策。AI赋予机器代理自主决策的能力。

自动化机器以多种形状、多种尺寸和多种形态现身。其中一些自动化机器刚好可放于手掌之中，另外一些却具有一栋建筑的规模。一些在原地保持不动，一些有轮子，一些有“胳膊”和“腿”，一些能飞，还有一些可以装载货物或搭载乘客。

现代机器人利用AI智能感知并适应它们所处的环境，它们能绕过障碍物、抓住一个球或者在一条拥挤的街道上安全驾驶。协作式机器人，也被称为“合作

机器人”，是特别为与人类一起安全工作而设计的。自主车辆，或者俗称的自动驾驶汽车，也就是有轮子和空间搭载人或货物的机器人。

飞行机器人，通常被称为无人机，现在也大多是由遥控器操作驾驶。AI 将充斥着我们的天空，还将出现各种各样的全自动驾驶无人机，而其中的一些将大到可容纳人类乘坐。

机器人、合作机器人、无人机、乘客无人机以及自动化汽车、自动化轮船和自动化飞机，都是全自动化机器的子类别。下一个十年之后，我们的世界将拥有数百万辆自动化机器，很多现在已经存在了。亚马逊仓库里的机器人不知疲惫地工作，无人机在医院之间传送待移植的器官，而自动驾驶汽车则沿着高速公路缓慢、安全地行驶着。

机器人可以做什么

机器人（Robot）这个术语由约瑟夫·恰佩克（Josef Čapek）在 20 世纪 20 年代首次提出。它来源于斯拉夫语“robota”一词，意为受驱使的劳动力。20 世纪 50 年代有一个视频《空想家》（“Visionary”）表现的就是机器人游走在 20 世纪 80 年代到 20 世纪 90 年代的中产阶级家庭中，清洁、整理和端送饮料。

令人难过的是，这一愿景从未实现过，我仍然还没有一个机器人管家替我端上我的马提尼。与此相反，20 世纪的大部分时间中，机器人都被局限在科幻小说里。最多，它们被迫从事工厂中的重复性、制造性工作，并被困在笼子里。为了让工人得到保护，看不见的工业机器人在钢铁安全护栏后面辛勤地劳作着。

机器人逃离它们的笼子，安全地分享我们的世界

机器视觉将机器人从笼子里解放了出来。高级视觉及其他感知能力使得智能机器人较传统的“哑”机器人有能力执行更复杂、精细的任务。因为有 AI 赋能，智能机器人可以感知并在它们所处环境中穿行。它们可以采取绕行的方式避开障碍物，这意味着它们可以和人类安全共存于同一空间中，这使得它们的有用性剧增。

我们正进入一个全新的机器人黄金时代。现在机器人可以在游轮上调制鸡尾酒、翻转汉堡、教人们跳社交舞、在药房分发药物、帮人泊车、建造房子和摘收水果。

一家奶牛牧场或种植农场在19世纪需要雇佣数百人才能运转，但是现在只需几个人就可以了。在21世纪，先进的机器人和人工智能将持续实现食物生产的自动化。农场的狗有了新的队友——机器人和无人机。一些农活仍然是劳动力密集型的。20世纪的机械化适合小麦、玉米、大麦、燕麦、豆类和棉花等农作物的收割，因为这些农作物的成熟期一致，因此可以一次性对全部农作物进行收割。一些植物成长速度不一样，因此只能等成熟了再收割。大多数水果比较娇嫩，需要一个一个进行判断以确定其是否成熟，是否可以采摘。因此，大多数水果和绿叶蔬菜仍然需由人工采摘收获。因为采摘水果的人类劳动力紧缺，农场主转向具备强大机器视觉的精细机器人。

一些初创公司——包括英国的Dogtooth、比利时的Octinion、Harvest CROO robotics以及Agrobot——都在试图制造可以采摘草莓的机器人。Juan Bravo是Agrobot公司的CEO和创始人，他告诉我，“设计一个在农场工作的机器人很容易，挑战在于要让它成本收益高、简单、稳定和可靠。”Robocrop的机器人会采摘覆盆子。机器人通过观察水果周围的树冠来评估其成熟度，然后轻轻地从树上将其摘取，而不让它擦伤。水果采摘机器人可以全天候工作，重要的是，它们还乐于在晚间工作。水果，尤其是如草莓这样的软浆果，最好是在晚间收获，这时候气温更低，可以减少水果的擦伤。Sweeper的机器人可以采摘胡椒，而FFRobotics and Abundant机器人公司制造了可以采摘苹果的机器。植物育种家正在努力研发更容易让机器人进行收割的植株，比如，佛罗里达大学的研究人员已经培育出一棵树，它具备的巨大敞开式树冠和长在长树枝上的苹果更便于机器人采摘。

瑞士初创公司ecoRobotix正在销售一款全自动农场机器人，它由安装在背部的大块太阳能板供给动力。这种机器人利用GPS和计算机视觉，可以每天巡视田地长达12小时，而无须专门人员操作。它漫步于田野间，识别并清除杂草，有时使用一点点除草剂定向直喷，有时则使用旋转切割工具。ecoRobotix宣称它们的机器人使用的除草剂量是传统方式的1/20，而这改善了土壤健康，作物中因为没有除草剂残留而提升了产量。

世界上一些最受推崇的农业机器（其具有黄绿相间的明亮色调）制造商，如约翰迪尔公司，已经开始投入巨资在智能连接的半自动化农场设备的开发上。它们的自动跟踪通用 200 系统可以驾驶一辆综合了收割和喷洒能力的拖拉机，这使得农民们可以花更多时间监测和控制设备的运行，而非自行驾驶。例如，他们此时可以设置种子种植的深度，或微调正在进行的作物施肥量。

对于人类和机器在田地中应该如何合作，约翰迪尔公司有一个很棒的想法。我曾经与约翰迪尔公司的嵌入式解决方案战略负责人 Joel Hergenreter 有过谈话。他告诉我，约翰迪尔认为人机连接是农业的核心，正如同在两百年前，农民、犁和马之间的关系是农业的核心一样。约翰迪尔计划制造能够成为农民信任伙伴的机器：它们缓解农民压力、帮助其收获更多的农作物以及更好地管理土地。约翰迪尔相信农民具有独特的人类“传感器”，并在努力持续构建人类与机器智能之间强有力的合作伙伴关系。一个经验丰富的农民可以坐在农场设备的驾驶室里，利用他们的嗅觉、视觉、听觉以及心灵感应监测正在发生的一切。约翰迪尔想要制造的设备，能够更多地关注农民，就像农民关注设备那样。这种思考人机共生的方式非常棒，它应该对其他任何创新者都有所启发。

当收割作物时，联合收割机必须定期卸货。而每次停下来卸货的时候，也就浪费了时间和金钱。约翰迪尔设计了一个系统，让联合收割机边收割边卸货。当拖拉机开到接近联合收割机的地方时，联合收割机可以自动控制拖拉机，配好速，并将拖拉机的拖车与自己对齐，以接收农作物。联合收割机无须停下就可卸载收割好的作物。当拖车满了，拖拉机就被放开，与联合收割机分离。操作人员驾驶拖拉机离开，去往卸货点。在大型农场，几台拖拉机和拖车将同时服务一台持续运转的联合收割机，这样它就能在收获季节连续不断地工作。

毫不夸张地说，大多数农场系统最终都能实现自动化，朝着这个方向的第一步已经迈出。英国一个名为“万顷良田解放双手”（Hands-Free Hectare）的研究项目，成功地收获了 1 公顷（10 000 平方米）的大麦。这个项目的特别之处在于，它们完全使用自动化车辆和无人机，种植、照料和收获了 4.5 吨的大麦。在整个成长周期中，人类的手未触及过这些作物。这个团队的目标是为了展示无须借助越来越大型的农场机械，仅仅是通过拥抱自动化、开放科技和标准化农场设备，农业也可以实现规模化生产。重型机械会把土壤压实，破坏土壤健康并延缓植物成长。这个研究团队展望了高解析力的精准农业，精准农业中，每一株植物都得到了它们所需的、个性化的精准照料，这最终优化了植株生长，增加了作物收成。为庆祝他们的胜利，研究人员用收获的大麦酿造啤酒。

大型机器人正在被开发用于对可再生能源实现电网级的存储。软银向初创公司 Energy Vault 投资 1.1 亿美元，后者计划制造自动化搬砖吊车。这种吊车可以搬起 35 吨复合砖，并将电力作为势能进行存储。机器人可以放下砖块以发动发电机，并在有需要的时候将电力重新充回电网。每座摩天大楼规模的塔具有高达 80MW·h 的电力存储量，可供 4 ~ 8MW 的设备持续用电 8 ~ 16 小时，这足以给 5000 个家庭供电。

机器人会令一些工作实现自动化，尤其那些重复、单调和危险的工作。但是在可预见的未来，人类仍将在物理世界中占据重要地位。机器人仍有显著局限性，一些局限性会随着时间被克服，但并非全部。

提升机器人的灵巧性是最为人所知的困难挑战。OpenAI 的研究人员试图通过强化学习的方式，训练机器人用手操控一个彩色立方体。他们首先创建了一个数字模拟仿真，对手和立方体的实体进行建模，这包括手的确切实体模型、手指关节的接合、地心引力、立方体的重量、材料的摩擦力等。研究人员接着训练一个神经网络，对模拟机器人的手指进行操控，并赋予 AI 相应目标，操控立方体进入所希望的方向。在模拟过程中，AI 控制机器人的手指关节，努力达成目标。当其成功了，AI 就能得到奖励。而对于诸如立方体跌落这样的错误，则给一个负激励。这种奖励功能可以作为神经网络的一个输入。AI 还在努力不断地增加奖励功能。一旦机器人的手成功地指向立方体，就又赋予它一个新的目标——一个随机选择的新的方向。在整个模拟过程中，AI 一直在不断练习并学习。在整个训练过程中，研究人员会随机改变模拟环境的关键变量：重力强度、立方体质量、手的起始位置，诸如此类。本质上每一个变量的组合在模拟环境中创建了稍有不同的“现实”：物理规则的一个新版本。在每一个不同的“现实”中，AI 都将学习如何达到目标。随着时间推移，对于这些环境条件的变化，AI 变得越来越具可塑性。

如果放在现实当中，研究人员相当于训练了一个真正的机器人约一百年。一旦训练完成，研究人员便立刻将 AI 从模拟系统中分离出来，并将其与真实物理的手相连接。AI 立即获得了令人印象深刻的结果。对于 AI 来说，现实物理环境是模拟环境的另外一种变体。AI 具备足够的可塑性来适应新的动态环境，而不会因模拟的物理环境和现实环境之间的差异而感到困惑。AI 的可塑性很强，因此当立方体被圆柱体所替代时，它也能够立即适应。OpenAI 的研究人员表示，虽然提升机器人的灵活性仍颇具挑战性，但是在未来的十年间，AI 借助强化学习的方式，很有可能带来显著进步。

尽管有这些进步，人类的灵活性仍然领先机器人数光年。人类的手是不可思议的。27 块骨头、34 块肌肉、数百万个神经末梢、与其他手指相对方向的拇指以及精细的运动控制，使得我们可以很容易地抓握和操纵细微的物体。我们的手是不可思议的进化壮举，机器人的灵活性根本无法与之媲美。

无人机充斥着我们的天空，并从事起实际工作

除了在你家屋顶拍很酷的照片之外，无人机还可以做更多其他的事情。最近的技术进步——超高效电力发动机、高能电池、低成本传感器和精密飞行控制系统——已经使无人机成为许多产业部门可负担的强有力工具。无人机可以调查建筑工地、对田地喷洒杀虫剂、检查设备、绘制考古挖掘地图、灭火、植树、检查堤坝、寄送包裹、检查桥梁和抢救生命。无人机已经成为 21 世纪的新型劳动力。

无人机的规格大小、样式和功能差异很大，其中一些强大到能从海中拉起一个成年人，另一些拥有可与世界互动的“胳膊”，还有一些可向作物喷洒液体。最微型的无人机经常被用于暗中监测，而最大型的无人机大到足够同时运载数位乘客。大多数无人机使用 4 个或更多旋翼进行机动飞行和悬停，另外一些使用固定机翼设计，以利用更少的燃料飞行更长的距离。乘客无人机会使用更多旋翼以

增加安全性。

在中国，维修人员利用喷火无人机清理高压电线的碎片，这便于清除麻烦的碎片，同时免去了高风险的攀爬。现在，这些无人机由地面工人控制。由于具备机器视觉和连接的优势，无人机即将摆脱工人们的远程控制，而最终实现完全自动化。在未来，可能有自动化无人机群组依赖电力线而存在、执行可视化检查、提醒电力公司相关问题，并自动处理碎片。

自动化无人机有很多有意义的应用。一个保安无人机小分队可以对一片区域进行巡逻，发现入侵者、偷猎者或安全隐患。当这些自动化无人机的电池电量变低时，它们会退回电源处。它们结队工作，以确保在任何指定时间至少有一架无人机在执勤。

农业无人机检查作物和土壤健康，并在田地中辛勤劳作。由无人机实施的农药喷洒，速度比传统方式快大约 5 倍。利用 GPS 定位和 3D 相机的精准控制可以优化飞行线路，并以预定高度飞行，这样，无论土地的地形和作物的高度如何，都可以确保下面的作物被均匀喷洒到农药。同时，杀虫剂和肥料的用量更少，既省钱又能降低化学物质的残留。

总部在西雅图的 DroneSeed 公司，生产的就是精准林业无人机。火灾或收获之后，它们的无人机在再造林区种植小树苗。对于难以企及的区域，比如陡峭的山腰，无人机尤其有用。每架大型无人机可装载 57 磅（约 25 千克）种子。它们向地面喷射种子，就像飞行着的彩蛋喷射枪。每颗种子都被密封在一个小的营养胶囊中，当种子进入土壤后，胶囊能保护种子，并在它开始生长时为之提供营养。DroneSeed 的愿景是通过自动化实现再造林的规模化扩张。DroneSeed 的目标是提出一种解决方案，恢复在上一个十年中大量被破坏的森林。森林遭到破坏是全球变暖的一个重要因素。种植数百万棵的树木可以吸收大气中的碳，这是应对气候变化的重要手段之一。DroneSeed 公司声称，一个熟练的植树人员一天可在约 2 英亩（约 0.008 平方千米）的土地上种植 800 棵树，而一个操作员可操控 15 架无人机，仅仅一天就可以完成相当于 360 个人种植树木的工作量。

中国的华科尔公司则生产针对高层建筑灭火的无人机，它们的“ZHUN”无人机对于着火的高楼发射阻燃泡沫和灭火“导弹”以扑灭火焰。地面灭火人员控制无人机，使其迅速提供相应的火势遏制措施。未来，灭火无人机将实现自动化操控，与灭火人员合作完成任务。

最终，我们需要一个全球空中交通管控系统来管理无人机和机器人运行时的交通秩序，5G 网络对此可能起到关键的支撑作用。

自动驾驶车辆打破了僵局

自动驾驶车辆将改变人类的出行方式、提升安全性、增加可达范围、降低成本并将汽车从产品转变为服务。AI 将控制所有形式的交通工具，从个人运输工具到汽车、飞机、无人机和轮船。我们将在第 11 章探索自动驾驶车辆的影响。

自动驾驶车辆将改变城市的面貌，改变物流行业，并使一些人失去工作。自动驾驶车辆还将创建一个新的平台，这个新平台可以提供新的服务，并在这个过程中创建新的公司和新的就业机会。

自动化启用战略

自动化、半自动化和“提升人类工作”

当 AI 强化了机器人、无人机及其他自动化机器的能力，它们将逐步为人类减轻体力劳动的负担。每一个企业都应该密切关注自动化机器的发展轨迹，寻求与企业运营的战略结合点，并为任何危险、重复性的体力工作创建相应的自动化战略。

在机器人的灵活性和能力可与人类匹敌之前，AI 和机器人仍需努力。从近期和中期来看，在那些需要对物体或工具进行精细实物操作的工作中，人类还将保持对机器人的领先优势。更长远地看，灵活性将不再是人类的独有能力，人们应该据此进行他们的职业规划。

大多数自动化涉及商业流程的半自动化。除了利用自动化取代人类工作之外，半自动化的目标是构建人机合作关系、改善人类的工作。成功的商业自动化项目可以使员工投身更高层面的工作，为公司创造更大的价值，并且从事更令人满意的工作。在第 7 章回顾自动化的相关内容时，我们将对此观点进行更深入的探讨。

第4章 分布式记账和区块链

人们最初认为区块链技术有些深奥难懂，且仅在诸如比特币这样深奥的加密"数字货币"的基础上才有用。然而，现在区块链已经成为这个时代最引人注目的新技术之一。区块链具备颠覆当前的现状、重构整个产业经济的能力。换言之，区块链很重要。

区块链为什么很重要

区块链技术有助于降低交易成本、提高可追溯性、保护数据和资产、增强透明性，促进新价值创造并构建新的激励和资助模型。区块链对于每一家企业都具有深远意义。

区块链将催生新的产品、新的服务，或许还有新的行业。它将改变从健康护理记录到房地产交易的每件事情，触及从数字投票站到集装箱运输的每样东西。区块链将改变金融服务模式，并在交易中省略掉中介和经纪人。这些中介可能是你现有的供应商或客户，一些可能就在你们公司内部工作。甚至，他们中没准就有一个你。

我经常将区块链技术的兴起与 HTML（超文本标记语言）进行比较，它们都是开启网络革命、点燃互联网时代的技术。虽然它们的技术形式各异，区块链却具备类似 HTML 的影响力和市场渗透力。强大的基础性技术假以时日定能让人感受到其影响。世界上第一个网页于 1991 年 8 月 6 日上线，新的行业巨头开始出现是在几年之后：雅虎出现于 1994 年、eBay 出现于 1995 年、谷歌出现于 1996 年，而脸书直到 2004 年才出现。现在，一家公司的生存运营不可脱离于网络的存在。网络现已涵盖超过 40 亿用户，其创造的价值高达数万亿美元。报纸上充斥着大型零售商倒闭的故事，而创建于 1994 年的亚马逊，却使得杰夫·贝佐斯成为全球最富有的人。HTML 改变了数十亿人交流、学习、游戏、购买、工作和赚钱的方式。如果没有 HTML，也就不会有 Pinterest、Wikipedia 或者 YouTube。Netflix 可能仍然还在通过邮件向你寄送蓝光光碟。网络创造了数以亿计的工作岗位，并推动 IT 行业成为价值 5 万亿美元的全球产业。当蒂姆·伯纳斯 - 李最初创建 HTML 时，他可能并没有想到他将发动一场不可思议的创新。区块链技术具有类似的潜力，它将支撑结构性转型并颠覆产业巨头。

区块链的信任与交易的关系，有点类似于 HTML 的信息与网络的关系。就像 HTML 一样，区块链技术的影响力将不断稳步上升，直到它最终成为每个企业运营中的关键组成部分。强大的企业，包括大型老牌的互联网公司，将可能从根本上被撼动。区块链出现已超过十年，但要判定区块链技术最终有多大颠覆性依然为时过早。早期的开发人员是从点击一个线上杂志开始工作的，但他们也会被 Skype、Kayak、PayPal 和 Dropbox 搞得晕头转向。

我们学习增强现实和飞行汽车，是因为我们应该学习。就和之前的 HTML 一样，区块链技术位列于“枯燥但重要”的类别。你不需要了解区块链工作的相关细节，但是你应该理解区块链可以让什么成为可能。

区块链 101

区块链技术是分布式记账技术（DLT）的一个实例。因为区块链是应用最广泛的 DLT，所以全书中我们都会用术语区块链作为 DLT 的代表。

在本章的最后，我们将简要探讨一下区块链之外其他类型的 DLT。

区块链是什么？

简单来说，区块链就是一个存储信息的复杂数据库。这个数据库之所以特别，是因为它是很难更改的，这意味着一旦你将信息放入，它就很难改变。存入区块链的信息是一个时间戳，所以你会知道它添加进去的时间。

区块链充当的是电子协议机器的角色。它为多个人或多个组织提供一个程序化的方式，对于什么为真达成一致认识。这个真相可能是有关谁欠谁多少钱，在一个供应链上货物放置何处，或者是否对物业有抵押留置权。

区块链可以存储金融交易数据、健康护理记录、货运清单、结婚证书、房产证——任何必须以可信方式进行记录的数据类型。区块链给我们提供了一种数字化方式，在不可信的世界中构建真相和信任。

分布式和去中心化

区块链以分布式记账的方式进行记录存储。在财务设置中，记账可能记录的是在特定日期和时间，一笔钱从某人 A 转到某人 B 的账户。区块链并不存在某个唯一的、集中式的数据存储。区块链网络中的每一个参与者都对所有数据保存一个本地版本。数据去中心化地分布在网络的所有“节点”上，而这种大量的冗余正是使得区块链几乎不可能被破解的原因之一。这种方法的代价也使区块链成为低效的信息存储方式。区块链中的信息分区块存储，这些区块通过链接到一起形成链。到现在为止，更细心的读者可能已经知道“区块链”的这个名字的由来了。区块之间的链是通过利用军用级加密技术而形成的。现在让我们进一步深入了解，如果这对于你来说意义不大，你可以直接跳到下一部分，了解如何使用区块链解决商业问题。

永恒和真相

当要将一个新的数据区块添加到区块链的末尾时，所有连接到区块链网络的计算机就都竞相解决复杂的加密谜题。谜题的解决方案称为散列，被用于以安全的方式将新的数据区块链接到链的末尾。要解决这些谜题需要大量的计算能力——这是特意这样设计的。只有当网络上有足够多的算力同意加密谜题的解决方案，即同意散列时，新的区块才会被添加至链中。这个过程被称为共识机制，它可以阻止任何人或组织将虚假信息添加到区块链中。在本章更前面，我提到区块链充当的是“协议机器”的角色。共识机制涉及协议机器运行中繁忙的计算工作，它使得共识能够建立在真相之上，并让信息以可信任的方式进行存储。这个过程有点深奥，可能很难理解，但这正是以电子方式构建真相的方法核心。不同的区块链有不同的共识机制。一些针对交易速度——这意味着每一秒都可能有更多区块被添加进链中——而进行优化，还有一些是为更高的安全性而进行优化。

当区块被添加到链中后，其所涉及的过程有点像是编织，至少我是这么认为的。每个区块的散列绑定回前一个区块，类似于编织中的后一针与前一针的链接。如果你漏掉了一针，并且没有立刻意识到自己的失误，那么你将不得不拆开已经织的所有针，补上漏掉的那一针，重做你的工作。如果一个邪恶的角色想要改变区块链中某个地方存储的数据，他们只需要“拆开”将各区块链接在一起的军用级密码，进行更改，然后在下一个数据区块加到链之前重构所有的区块和散列。即使坏家伙能够聚集足够的计算能力做到这些，他们也会被区块链的共识机制和分布式特性打败。区块链网络中的每一个节点都拥有它自己的区块链数据副本。要改变区块链中存储的数据，需要同时破解区块链网络中的大部分计算机、对所有数据完美地重新计算所有的密码，并在任何人注意到之前完成这些任务。因此，存储在区块链中的数据几乎不可能破解。信息可以被信任，那么它就为我们提供了一种建立并保存真相的数字化方法。

加密数字货币、代币、敏捷合同和分布式 App

区块链技术就像所有的技术一样，随着时间不断演变，并不断增加新的特性和能力。最初的区块链创建是为了支撑比特币加密“数字货币”。它是一种简单的分布式记账，功能有限。第一代的区块链的设计纯粹是服务于“数字货币”的加密及支付。我们可以将它们看作区块链 1.0。

第二代区块链技术（也称区块链 2.0 技术）则增加了被称为敏捷合同的新特性。敏捷合同采集协议中的商业规则，包括交易细节和处罚，作为计算机代码存储在区块链中。当预先约定的条件得以满足时，这种代码会自动运行，并最终自动执行合约义务。敏捷合同从商业流程中移除了中介，因此加速了商业运营。区块链公司利用敏捷合同构建被称为 DApp 的分布式 App，稍后我们将对此进行简单介绍。

第三代区块链（也称区块链 3.0 技术）具备提升交易速度、减少能源消耗的新特性，这使得它更容易创建分布式 App（DApp）。区块链 3.0 技术为开发人员提供了一个高度可扩展的平台来构建强大的应用程序。第三代区块链的例子包括 EOS、Aion、Tron 和 Cardano。

让我们更详细地探讨一下加密“数字货币”、代币、敏捷合同和 DApp。

加密“数字货币”和代币

加密“数字货币”，比如比特币、莱特币和狗币，都是使用加密技术来保证其底层操作的虚拟货币。高度安全性使它们很难被伪造。每一个加密货币都建立在相关区块链的顶部，它存储了加密货币每笔交易的详细信息。每个持有加密货币的人或组织的账户余额，连同所有支付和交易的完整历史记录，都被存储在链中。

当向区块链添加新的数据块时，区块链上的计算机节点通过解决困难的加密谜题来保护数据。这个过程既费时又费力。为了奖励节点的参与，解开加密谜题并创建散列的第一个节点会由网络给予一小笔数量的加密货币。这种加密货币又被称为代币。在比特币区块链中，代币即为比特币。在以太坊区块链中，那些代币被称为以太币。这种激励加快了网络的交易速度。因为只有解决问题的第一个节点可以获得回报，所以破解代码的竞赛持续进行着——这个过程被称为挖矿。一些节点参与到区块链网络中，其目的纯粹是为了获得开采代币的回报。

这里存在一个重要的二元性。加密货币存在于区块链的顶部，而区块链的功能得以由加密货币的奖励支撑。

敏捷合同

典型的合同是一份由法律强制执行的书面合约，而敏捷合同则是一份存储在区块链上、由代码强制执行的合约。

第二代和第三代区块链平台，比如以太坊（Ethereum）、Neo和超级账本（HyperLedger），都包含敏捷合同的能力。商业规则或合同逻辑可作为代码嵌入其中。一旦满足条件，敏捷合同就会自动执行合约。自动合约包括的实例如下。

（1）一旦购买了房产所需的保险，一笔抵押贷款就有了资金；

（2）一旦买主取得产权证书，钱就从房屋买家转移到售家；

（3）当支付被接受后，区块股份的所有权也就被转移了。

敏捷合同通过将合同的有效性和执行转化为简单的计算机代码，从而加速并简化了交易。长期来看，这将减少甚至移除对于为合同流程提升信任的第三方的需求，这包括公证员、经纪人、票据交换员、代管和产权保险人员等。

总部设在伦敦的法律技术公司Mattereum建立了一个平台，它利用法律强制执行的敏捷合同对实物资产的销售、租赁或分割进行管理。Mattereum对律师、软件开发人员和投资人William Shatner之间的关系进行协同。刚在旅游经纪公司Priceline获得成功后，Shatner便被所有区块链和加密相关的事情所吸引。Mattereum公司的目标是在敏捷合同和真实法律合同之间架起一座桥梁。它们想要建立被它们称为“合约互联网”所需的基础设施系统。Mattereum的办法是建立资产的法律所有权，这个概念在全球几乎所有司法管辖区都是通用的。Mattereum平台建立了一个托管链，并利用敏捷合同从一个实体向另一个实体转移资产的所有权。这个方法便于解决法律纠纷。托管链的方法可以支撑全球的所有供应链。

分布式App（DApp）

先进区块链所包括的性能，使它更容易创建分布式App，通常被称为DApp。比如以太坊区块链平台隐藏了分布式记账的复杂性，使得企业能够聚焦于创建应用。在本章，我们会探讨一些DApp的实例。

在缺乏信任的世界构建真相

区块链可以在互不相识的双方之间建立信任。今天的绝大多数财务交易都涉及中介：银行处理支付账单、托管公司持有待处理交易的资金、票据交换所处理股票的买卖。这些中介验证买方和卖方的身份和可信度，以降低交易出现计划之外的风险。他们撮合交易，并缓解陌生人之间信任缺乏的问题。

中介在这个过程中赚了很多钱。抵押贷款经纪人、股票经纪人、保险经纪人、证券交易所、信用卡公司以及产权公司获得报酬，是为了给交易带来一定程度的安全性。这种"信托业"通过充当可信任的第三方和担保人，在任何需要信任的地方建立信任，从而降低了交易风险。在区块链技术的世界里，信任以电子化方式建立。这降低了信托业的价值。那些只是单纯为交易增加信任、而不提供其他价值的实体，在未来或将不再被需要。

区块链技术的关键应用

区块链技术可以加速交易、实现运营去中心化、重构市场激励机制、改变行为、促进安全、保护隐私、启用新的合作模式、创建新的担保、提升透明度和可追溯性。让我们来总结一下区块链技术的一些主要应用。

能源交易

能源就像其他任何东西一样可用于交易。基于区块链的平台就是为了在发电厂、消费者和能源存储设施等各种不同实体之间实现能源交易。如果发电厂生产出可再生能源，它们就能获得一定的碳信用额。电网是互相连接的巨大电线和变电站网络，它们将消费者与发电站连接到一起，但没有办法保证你购买的电力来自可再生能源。信用则可被用于跟踪可再生能源产生的电量，以及谁买了这些电。这些信用在美国被称为可再生能源证书（REC），在欧洲被称为原产地保证（GO），在新兴市场称为国际可再生能源证书（I-REC），在加利福尼亚州则被称为低碳燃料标准（LCFS），它们都可在区块链上跟踪和交易。“电网+”向产消者（prosumer）——既是能源生产者也是能源消费者——提供能源管理。一个产消者具有的太阳能电池板和家用储能电池生产出的电可能超过白天所能使用的电量，但是晚上却要从当地电力局购买电。“电网+”系统每15分钟进行一次电力定价协商，并利用实时价格波动进行电的智能购买和销售。当价格低时它向电池充电，当价格高时，则将电销售给电网。在电动汽车充电站，区块链可以处理安全计量和支付。与“电网+”通过出售电力赚钱一样，未来的电动汽车（本质上是轮子上的巨大电池）只要连接到充电网络，都可以通过买卖电力为车主赚钱。P2P能源交易平台使得产消者可以互相之间直接进行能源交易。PowerLedger为P2P能源交易、需求管理和碳信用跟踪建立了各种不同的系统。它们的电源端口产品是基于区块链的充电站平台。

其他基于区块链的能源公司还包括Leapfrog Power（Leap）、OMEGA Grid和LO3 energy，Leapfrog Power鼓励消费者改变能源使用的时间，OMEGA Grid鼓励大家使用清洁能源，LO3 energy利用它们的Exergy平台优化能源网格和微电网的运营。LO3 energy是第一家基于区块链建立的微电网的公司。

共享经济App

La’Zooz和Arcade City是基于区块链的共享汽车平台。La’Zooz的目的并不是要与Lyft和Uber竞争，而是通过对乘客和已经在往相同方向走的司机进行匹配从而提高现有道路设施的承运容量。司机和乘客都将因其良好行为被奖励Zooz代币。Arcade City则希望颠覆全球共享经济的每一个角落，它们声称自己对于共享汽车的初次尝试使其司机收入、司机保持率以及成本效益达到了行业的领先水平。它们计划深入拓展房屋共享、货运、承包、合约和咨询等领域。AirBNB、VRBO、Lyft、Uber和DoorDash等公司都应该对其保持密切的关注。

媒体权利

英国歌手和歌曲创作者Imogen Heap是一个创新型的天才音乐艺术家。Heap

利用先进的前沿技术创作音乐，她的音乐得到其他音乐艺术家的广泛采用。比如，Jason Derulo 在他的《你说呢》（*Whatcha Say*）这首歌曲中就使用了来自 Heap 的《捉迷藏》（*Hide and Seek*）单曲的一个采样。

Mycelia（菌丝网络系统）是 Heap 的音乐交易平台，这使得艺术家们更容易与粉丝分享他们的作品、保护版权，并接受对他们音乐的直接付费。平台将每一个艺术家的信息保存在“创作护照”中，这里列举了他们的作品、商业合作者、付费机制、确认书及其他相关元数据。确认书描述了当音乐被采样并应用于其他作品时，艺术家希望如何得到补偿。Heap 微妙暗示道，她希望所有的采样都能获得一部分补偿。

区块链平台使得粉丝可以直接从艺术家处购买音乐，而无须向平台、发行商或唱片公司付费。Ujo 和 Musicoin 两家音乐公司利用区块链简化了数字版权管理，去除了中介服务（包括流媒体服务），并实现粉丝的直接付费。

供应链

区块链可以确认货品的原产地、认证其真实性并减少供应链中的伪造、盗窃和欺诈。它们帮助消费者考虑产品的可持续性和来源等情况，并基于此做出更明智的购买决策。未来的供应链还可以跟踪产品制造所需的能源、水及其他资源的数量。它们还将跟踪碳排放、废弃物以及商品公平贸易状态。我们将在第 13 章进一步对此进行探讨。

预测和对冲

区块链支撑去中心化的全球化的预测市场，这些市场利用群众的智慧对世界做出预测。业界领导者——Augur、Stox 和 Gnosis——帮助人们预测任何他们想预测的事情：选举结果、天气、股票、赛事比分、货币汇率、奥斯卡获得者、技术发布等。Augur 将其平台定义为去中心化的预言机，人们可以用它来创建特定的预测市场。

预测市场被用于风险对冲。比如，你可能对你不希望其发生的一件低概率事件押了一个小注。如果它确实发生了，你就因正确预测（不希望发生的）事件的正面影响而抵减损失。类似地，航空公司可能对冲燃料市场价的上涨；货币交易人员可能对冲汇率波动；酿酒商可能对冲导致葡萄收成减产和质量下降的恶劣天气和生长条件。

保险业

很多保险公司的保单通过纸张进行处理，索赔细节通过电话收集，结算速度非常缓慢，系统容易遭受欺诈。美国每年的保险欺诈成本是400亿美元（来源：FBI），这损失相当于每个美国人平均每年增加保费约700美元。欺诈人员对于一项损失提出多次索赔；经纪人出售他们从不申报的保单并将保费收入囊中，这种做法被称为“转移”。

基于区块链的共享索赔数据库可以协调保险公司，共同努力发现可疑的索赔和运作模式。经纪人伪造不了写在区块链上的保单，这消除了“转移”。通过简化信息流，区块链加速了索赔处理过程。

Etherisc（一个保险平台）使用敏捷合同编制航空保险保单，并计划下一步将其扩展到飓风和农作物保险。InsureX将保险商、再保险商和经纪人聚集到一起，移除现有模式中的中介层，以形成一种替代的保险市场。Insurwave是在2018年发布的基于区块链的船舶保险项目。这是A.P. Møller- Maersk、微软、Willis Towers Watson、EY及其他船运巨头公司之间的合作项目，Insurwave承保船舶和货物。它实时采集有关船舶位置、船舶状况以及安全状况等信息。当船舶进入高风险区域，比如战区，平台便自动将其纳入承保并计算定价。Insurwave在其运营的前12个月中，处理了1000多艘商船和50万单自动化交易。

去中心化平台

区块链网络的去中心化特性使其创建了大量应用，这些应用以远低于传统集中式云服务的价格提供去中心化技术的服务，例如存储和计算。

去中心化存储

客户信任基于云的存储服务——微软的 Azure、亚马逊的网络服务 AWS、Dropbox——能够将数据存储在安全、集中的地方。去中心化的云存储服务——Filecoin、MaidSafe、Sia、Internxt、IPFS、Fortknoxster 和 Storj——利用区块链网络的分布式特性，重塑云存储服务。AirBNB 帮助你出租多余房间，去中心化存储公司则帮助你出租硬盘上的多余空间，以获得加密货币的回报。分布式存储经整合，成为高可用性的、安全的云存储服务。数据在区块链上加密并在多个计算机中存储。Sia 将其数据存储了 3 份，分布在多达 50 台主机上。这确保了客户总可获得未被泄露的数据。去中心化的存储成本远低于传统的云存储服务，通常只是后者价格的一半，有的时候甚至远低于一半。

去中心化计算

Golem、Sparc、Gridcoin、SONM 和 iExec 提供去中心化的计算资源，这些计算资源经整合可创造出强大的虚拟超级计算机。经过加密货币付费后的主机能够提供处理能力。总部在波兰的 Golem，主要对计算机生成图像（CGI）渲染、数学计算、DNA 分析、医疗研究和机器学习进行优化。SONM 则专注于超级计算应用的 docker 容器。Gridcoin——一个建立在加州大学伯克利分校的开源项目——对于来自 SETI（搜寻地外智慧）研究所的信号进行解码。而 iExec 专注于科学研究、密码学、3D 渲染、金融和机器学习。Sparc 使用一种全新的运行物理模拟的方法，具有浏览器兼容性，这样通过在用户计算机上执行微计算，网站就可以产生收入，而无须展示任何广告。

社交媒体

Steemit、Diaspora、Kik、Minds、Props 和 Sapien 提供基于区块链的社交媒体平台。这些网络使得人们分享信息的同时还能保持对于自己个人数据的控制。大部分社交媒体平台通过定位广告来将用户货币化（就如同脸书做的那样），而

Steemit 付费给用户，让他们在自己的网络上发布高质量的内容，并奖励那些发布热门内容或分享内容较早的用户。DTube、Flixxo 和 Synereo 使用类似的方式发布视频内容。

数字化投票

区块链帮助建立选民身份、减少选民欺诈、消除选民压制并提高民主的可达范围。对于选民来说，投票变得越来越透明和容易，而选举变得更易于审查、难以操控，计票也不会有损隐私和安全。有的网站宣称它们将用区块链完善监管和打击腐败。Followmyvote 推广安全线上投票，而无须投票人去实地投票站投票。在 Democracy Earth 这个平台上，你可以将投票委托给朋友、同事或其他你所信任的某方面专家。

政府服务

寻求政府服务通常涉及大量的文书和排队等候。而区块链可以提升政府运行效率和透明度。数字信息在政府部门之间安全共享，这可以提升效率。爱沙尼亚可能是全球最高级的数字化社会，该国在区块链上存储了与健康、司法、立法、安全和商业代码系统相关的国家数据。爱沙尼亚政府计划拓展区块链的应用，例如利用区块链存储健康记录、促进网络安全并创建数据大使馆。数据大使馆是放置于其他国家的政府数据的安全副本，以保证数据的灵活性和数字化的连续性。爱沙尼亚的首个数据大使馆于 2019 年在卢森堡开幕。迪拜政府计划到 2020 年将其所有文档转移到区块链上，并在区块链上开展全部大型交易。

健康护理

健康护理记录作为受到高度监管的敏感个人信息，必须被安全存储。当你去医生办公室的时候，你曾多少次在不同的表格中填写相同的信息？区块链为电子健康护理记录的存储提供了安全的基础，提供者能够方便分享它们，同时还能保持高度隐私。一份唯一的、可携带的、准确的健康护理记录可以提升诊断的速度和准确性，并使得数据更易于在病人和临床医生之间共享。区块链使得病人和医院数据更难被破解，减少了勒索软件的攻击威胁。

新闻报刊业

总部在荷兰的 Blendle 是一个要成为“新闻业的 Spotify（一个正版流媒体音乐服务平台）”的区块链平台，它同时也是一个一站式浏览来自主要报纸和杂志的付费文章的商店。Blendle 与《纽约时报》《经济学人》《时代》《金融时报》《名利场》《华尔街日报》以及许多其他高级出版商签署了协议，这些出版商通常将其内容置于付费壁垒之外。Blendle 希望能够轻松地获取高质量的报刊内容，而无须支付太过昂贵的订阅费。Blendle 拥有 100 多万用户，其中有一半用户年龄在 35 岁以下，这些用户可能不愿意以其他方式为报刊付费。Blendle 的编辑们精选出最佳文章使人们可以通过网络和每日电子邮件阅读。算法基于一个用户的阅读历史将其选择个性化，于是用户持续接收到分析、调研报告、背景简报和访谈等的摘要。要看每篇文章，读者只需付很少的费用。每篇文章都有全额退款保证，如果你觉得一篇文章不值它的价格，你可以要求退款。

对于新闻业来说，最大、最新的挑战是假新闻的兴起。未来，区块链技术可能有助于应对错误信息和虚假信息。区块链可以对信息打时间戳并进行认证。可以创建一个不可更改的事实数据库，每个事实都被连接到其认证源。当围绕认证过的事实和信息进行创作时，文章就可被认证。消费者因此可以对一篇新闻报道中被引用的任何信息追溯回可信任的来源，并基于可验证的理据评价该文章。

区块链的未来

较老版本的区块链无法升级到有能力处理当前的分布式应用需求。它们要消耗太多的电力，而且它们并不是为联合其他区块链平台一起协同工作而设计的。这也是迄今为止区块链发展缓慢的重要原因。让我们一起来回顾一下第三代区块链的发展史。

满足21世纪20年代需求的可扩展性和速度

最初的比特币区块链每秒可处理约 4 单交易（4tps），第二代区块链以太坊的处理能力大概是 15tps，而架构方面的先进策略在未来还可为此带来大幅度的提升。此外，PayPal 处理能力为大概 400tps，而 Visa 网络在圣诞高峰期处理能力可高达 60 000tps。一些公司的应用需要每秒数百万次交易的支撑能力。比如，当其贯穿一个复杂的供应链时，一个系统要同时对数百万个产品进行跟踪。每当一个商品经过物流过程中的某一个步骤，就需对数据进行一次记录。第三代区块链可以存储大量的分布式数据，并且每秒可以处理数万甚至数十万次交易。有一些区块链目标设置在 100 万 tps 乃至更高，这些区块链较传统区块链执行的是不同的数据机制。第三代区块链看起来不像是链，而更像是高度互联的网络。

互相可操作性支撑快速价值创造

第三代区块链可以相互对话以安全共享数据。比如，支撑抵押贷款平台的区块链能够与另一个存有借贷方财务和身份信息的区块链，以及另外一个存有诸如产权、留置权、规划许可、物业税和销售历史等物业信息的区块链进行交互。

可持续性：不对地球造成伤害的数据完整性

早期区块链的主要缺点之一是它们的耗能问题：用蛮力解决加密货币的问题需要能力强大的计算机每天 24 小时不停地运转，以及消耗数量惊人的电力。据估计，一笔比特币交易消耗的电力相当于 4 个普通美国家庭一天所消耗的电力。

第三代区块链运用新的方法，取消了采矿的方法，显著减少了运算所需要的计算能力。

超越区块链之外

一些新的区块链已经不再是链了。为加快交易速度并减少电力消耗，超越传统区块链的新的分布式记账技术（DLT）已经出现。这些 DLT 利用了新的拓扑结构，包括被称为有向非循环图（DAG）的结构等。这些方法的细节超出了本书的范围，但是你可以将 DAG 想象成多维网络，与之相对应的，则是区块链的一维链。这些新的结构加快了运算速度并提升了安全性。一些新的“DAG 链”平台的例子包括 Hedera Hashgraph、IOTA、Nano、ByteBall 和 Dexon。IOTA 每秒可以处理大约 1000 单交易。Hedera Hashgraph 声称它们的平台每秒可以处理 10 万单交易。

区块链启用战略

技术的重要性不同，其中一些技术较另一些要更具潜力得多。作为战略规划者和未来学家，我明白要对这些超级技术保持警惕。网络、移动、人工智能和区块链全都是超级技术的典范。区块链对于几乎任何一个市场都具有重要战略意义，因此对于任何一个企业也是一样。

区块链技术将改变人们的支付方式、运营跟踪方式、供应链管理方式、资金筹集方式以及你同其他人的合作方式。区块链将帮助你降低风险并保护资产和数据安全。区块链将为竞争对手提供新的发射台，从那里发动对你的攻击，但同时也为你提供战胜对手所需的能力。

创建数字化来源，加速审计，增强透明度，并建立保管链

区块链促使企业运营变得更透明，这有助于追溯与加速审计。区块链还使跟踪产品并证明其产地变得更方便，因此我们可以回答许多重要问题，例如：“它从哪里来？”“是由谁制造的？”“它安全吗？”“它被妥善运输和保存了吗？”“这个是我付款购买的产品吗？”以及“这个产品背后的故事是什么？”等。消费者需要这些问题被一一解答，因此每个企业都应该做好准备去应对。

减少交易摩擦，去除中介并提供有竞争力的支付

区块链技术将造就胜利者和失败者。它们可以建立陌生人之间的信任，移除对于比如清算所、经纪人和产权公司等第三方验证者的需求。那些以增加安全性和信任名义却增加交易摩擦的公司将最终成为失败者，而那些收取高昂市场门槛费的公司也可能成为失败者。分布式电子商务和共享经济平台将挑战当前的行业巨头。囤积数据并对市场执行集中化控制的公司也可能被去中心化的后来者所挑战，因为后者不需要通过售卖客户数据来创造收入。

胜利者则将是那些利用区块链技术简化组织内或组织间数据流，并从价值链中移除中介的公司。企业将利用区块链加速运营和降低成本，以变得更具竞争力。终极胜利者则将是消费者，他们体验到了更安全、更便利、成本更低、更快捷的交易和服务。

第5章 虚拟现实、增强现实和混合现实

它们是什么，为什么重要

虚拟现实、增强现实和混合现实（VR、AR和MR）为我们提供了激动人心的新方式让我们与数字信息和服务进行交互以及彼此互动。在虚拟现实中，我们可以潜身进入到数字世界，来到一些新的地方。利用增强现实和混合现实，我们可以邀请数字物体、数字信息和服务入驻我们的物理空间。这些技术建立了连接物理世界和数字世界之间的桥梁，使得我们可以在这两个世界之间随意往来。它们为我们提供了连接数字内容的新方式和编辑我们自己视觉感知的能力。一旦成熟，这些技术将对世界产生深远影响，其影响力甚至会超过智能手机。

理解现实的光谱：虚拟、增强以及混合

虚拟现实、增强现实和混合现实存在于同一光谱上，光谱的一端是物理世界，另一端则是虚拟现实。VR（虚拟现实）耳机让我们沉浸在100%的数字世界中。被物理世界隔离的用户感觉像是被传送到了另一个地方。增强现实和混合现实体验则处于光谱的中间地带，介于物理现实和虚拟现实之间。在增强现实中，数字信息和内容覆盖于用户对于现实世界的视野之上。用户依然保持着与物理世界的连接，这使得AR（增强现实）在现实世界的应用中更加有用。混合现实——

有时也被称为混杂或融合现实——是增强现实的更复杂版本。在这里，数字内容与物理世界交互作用。比如，一个数字人物穿过一张咖啡桌时可能出现在桌上所置玻璃杯的后面。要令人信服地展现这个场景，计算机必须就物理世界（包括物体的形状和位置等）以及房间的照明条件建立较复杂的理解。这是一个很难解决的问题，因此也解释了为什么混合现实要花更长的时间才能进入市场。一旦加以完善，MR（混合现实）将永远改变我们对于数字世界的理解。

虽然 MR 并不同于较复杂的 AR 形式，但是“增强现实”正越来越成为一个包罗万象的词汇，而这也包含混合现实体验。为了简洁起见，我将在本书的剩余部分使用缩写，将 AR 和 MR 体验都一概简称为 AR。

增强现实是新的显示器

如果人工智能是新的计算机、区块链是新的网络，那么增强现实就是新的显示器。通过 AR，数字化信息将不再局限于书桌和墙上的矩形屏幕之中。在一块画布上，我们将混合数字化信息、物体和场景，而这增强了我们对于世界的认知。我们还将通过 AR 定制我们个人的视觉认知，并逐渐以喜爱的方式观看世界。我们最终可以说服别人允许我们增强他们对于我们的感知，这样他们将以我们期冀的方式看待我们。我们在过去所认识的显示器以后将变成虚拟的，一些虚拟的显示将是个人专属的，只对一个人可见，而其他的显示则是公开可共享的。随着时间的推移，虚拟现实经过物理世界的渲染，可能减少对于物理显示器的需求。你的下一个 150 英寸的电视可能是来自一个 App 商店的 99 美分的 App。AR 可以允许你放置一个电视在你房间的任何一个平面之上，包括你床上的天花板，接着通过一个简单手势，可以缩放到任何你喜欢的尺寸。厨房里的浮动显示器可以显示你正在烹饪的菜谱。当然，这种对类似电视的虚拟显示器的想象展现的也是一种老式的思维方式。

早期的电视节目只不过是人们在演播室中对着话筒讲话的电视广播。人们花了很长时间才抛弃老式思维，创建了新的电视节目范式，这与 AR 媒体是类似的。经过一段时间，内容创作者们将利用 AR 全息图像挣脱平面矩形显示器的束缚，对这种媒介进行充分使用。

手势和语音是新的键盘和鼠标

随着新型计算方式的出现，新型界面也诞生了。AR 平台被设计用于与物理世界的交互。这是一种将双手空出来的计算方法。键盘、鼠标甚至触屏界面都是不适用的。AR 系统主要是利用手势和语音界面来控制交互。这使得 AR 适用于整个工人群体，对于人工群体来说，之前几代的计算技术都与他们毫不相干。

免提、免点击的计算：对于另外80%的计算方法

大概 80% 的工人既不是在传统的办公环境下工作，也不是在他们可以利用诸如手提电脑、平板电脑或智能手机等传统计算设备的岗位上工作。这些人通常利用他们的双手工作，或者在快速移动的流动性环境中工作：想想零售助理、建筑工人和外科医生。这些人并没有从数字化技术已经带给其他人的生产力和效益提升中受益。AR 耳机使得用户可以在不用双手的情况下保持与物理世界的连接，却仍能获得数字价值。这些设备具备巨大的市场潜力。它们提供“为我们其余的人计算”的平台，为全部工人提供了价值。

它们可以做什么

虚拟现实和增强现实很快将超越新奇应用、游戏而变成真正提升生产力和促进工作转型的基本工具。体验将持续得到提升。在光学器件、显示、软件、图形硬件、传感器和无线网络等方面的进步将使体验变得更真实、图像保真度更高、场景细节更完美并且价格更低廉。

虚拟现实：超越游戏

VR 游戏提供了浸入式体验。如果你曾经看到过一些人玩例如 Beat Saber 之类的游戏，你就知道场景有多么真实。来自 NetFlix、Hulu、HBO 以及其他内容提供商的 VR 应用让你置身于一个虚拟家庭剧场，欣赏巨型虚拟屏幕上的内容。

当人们坐在狭窄的飞机座椅上时，虽说没有爆米花，但这种体验仍是对大屏幕的不错的替代品。

除了游戏之外，VR 还用于培训、设计、仿真、医疗诊断、传媒以及教育等领域。一个好的 VR 体验使观看者完全沉浸于他们正在体验的场景中，这种感觉被称为“沉浸式”，正是因此 VR 才变得如此让人心动。你感觉就像是你的意识被传送到一个完全不同的现实中，有时甚至如同去了一个全新的宇宙。VR 使你能够穿越时空并探索只存在于电脑中的、全新的现实世界。也正是这种沉浸式的特性，可被用于提供数字化诊疗和体验式教育。

数字化诊疗：PTSD、病痛管理、自闭症、截瘫和蜘蛛恐惧

VR 可被用于治疗创伤后应激障碍（PTSD）患者。在咨询师的指导下，病人被重新置入安全受控环境中的模拟战争场景内。被掩藏的、艰难的记忆得以解锁，训练有素的医生支持并帮助病人应对这些痛苦的记忆。

VR 暴露疗法帮助人们克服一系列的慢性恐惧：恐高、恐拥挤、恐飞行、恐蜘蛛，甚至可能是终极恐惧——例如飞行的蜘蛛！VR 帮助坐在牙医座椅上的病人平静下来，以治疗焦虑和指导放松。Cedars-Sinai 医疗中心的医生在 Applied-VR 的协助下建立了数字化疗法：通过转移病人的注意力来缓解疼痛。在杜克大学和圣保罗大学的研究中，慢性脊髓损伤的病人沉浸于治疗性 VR 模拟场景中，旨在促进病人下肢运动。病人戴着脑机接口（BMI）、外骨骼和 VR 头盔，这能够向他们展示模拟双腿的图像。由 BMI 感知的想法控制着外骨骼。当病人通过他们的想法移动外骨骼的腿时，他们也能看到自己的虚拟腿在 VR 中移动，病人得以迅速学习用 BMI 控制外骨骼。值得注意的是，在看到他们的虚拟腿在 VR 中移动的过程中，病人大脑皮层和脊髓中的未受损神经之间会建立通路。通过广泛训练，一旦 BMI 和外骨骼被移除，一些病人将重新获得对其双腿的有限控制力和感知。

逃离教室的体验式教育

因其“瞬移”用户穿越时空的能力，VR 成为教育、模拟和体验式培训的绝佳工具。Verizon（威瑞森电信）、Chipotle（一家墨西哥风味的餐饮公司）、Tyson Food（泰森食品）、JetBlue（捷蓝航空）和 Fidelity Investment（富达投资）等公司都在使用 VR 培训员工。沃尔玛利用 VR 培训客服、收银和仓库员工。在让新员工面对真实客户之前，沃尔玛在一个模拟环境中培训他们，以便不同门店之间的客户服务总能保持一致。员工们认为，正是由于接受了 VR 的培训，他们才能够快速冷静地应对沃尔玛的 Dayton 商店在 2019 年发生的枪杀惨案——他们接受的 VR 培训可能挽救了生命。

Talespin（一家 VR 培训解决方案公司）出售一款 VR 模拟器，训练领导者如何应对艰难的工作状况，包括如何解雇员工。领导者面对一个 AI 驱动的虚拟人进行练习，虚拟人能够对谈话做出现实反应并表达情感。这个模拟设计的目的是开发领导者的情商和同情心，并帮助他们避免常见的陷阱。

一些足球队，如纽约喷气机队和亚利桑那红雀队，也利用 VR 进行传统的训练。VR 尤其有助于帮助那些受了伤的队员，他们需要休养，因此不得不离开场地一段时间。STRIVR 创建了 VR 软件帮助团队制订比赛计划并在比赛前进行重复练习。当队员处于压力下时，这种心理训练可以提升队员的场上响应速度。

OramaVR 为外科医生创建体验式培训。OramaVR 宣称，通过协助外科医生在精细的模拟环境中进行新的外科手术，他们的 VR 培训可以改善患者的状态、减少差错并缩短培训时间。

真正的突破在增强现实

虽然 VR 很有用，但它仍有巨大的局限性：当用户使用 VR 的时候，就不得不与物理世界断开连接。而增强现实能够一直保持用户与物理世界的连接并与数字价值相融合，所以它的实用性更强。AR 较 VR 更适用于企业的工作环境。

3D 世界的 3D 计算

数十年来，二维计算机显示器通过二维应用向我们展示二维信息，即使三维模型也是在平面屏幕上展示。而增强现实改变了这一切。AR 应用以最自然的形式展示人类使用的信息，即最恰当的三维空间形式。

复杂的项目计划、数据及其他信息可以以 3D 的形式进行可视化操作。电力和管道系统规划可以被叠加于建筑之上，这样建筑工作者就无须花费时间解读 2D 规划再将其投射到 3D 空间中。产品设计师和工程师可以即时观看他们最新的作品。AR 确实是一个突破性技术，它将对很多行业的生产力发展产生促进作用。

增强现实工作者

下一个十年，增强现实工人的工作场所将产生改变。随着 AR 的出现，我们将创建“综合型工作者”——一个集合了数字化智能、人类智慧以及人类身体的综合体。AR 系统将在工作者的视野中展示相关信息——对于工厂产品线工作者来说即是产品线性能统计数据，对于一位外科医生来说即为覆盖在病人身上的 X 射线和 CT 扫描图像。复杂精密的 AR 系统可以监测工作人员的行为，并一步步地指导他们的工作。这本质上就是提供实时培训。

贝尔定律穿透了镜子

五十多年前，摩尔定律成功预测了硅芯片能力的指数级发展变化规律：每两年集成电路上可以容纳的晶体管数目便增加一倍，并将会转化为更快、更廉价、更节能的计算能力。

计算世界还有一个更不为人所知的定律是贝尔定律，由戈登 • 贝尔于 1972 年提出。这个定律观察到，大概每十年，计算机价格和尺寸都会经历缩减，从而创造出全新的计算方式。贝尔定律和摩尔定律（两者均为观察结果而并非真正的定律）高度相关。从 20 世纪 60 年代房间大小的主机变成 70 年代冰箱大小的微计算机，最终又被 80 年代的 PC（个人计算机）成功替代。到了 90 年代，PC 缩小成手提电脑。到了 21 世纪，又出现了平板电脑和智能手机。有人说，物联网

（IoT）将持续这个趋势。通常来说，每一种新的计算方式的实体大小和重量约是上一代计算方式的 10%。

贝尔认为，每一种新的接替的计算方式都会带来新的编程平台、新的网络和新的界面。带有键盘和鼠标以及 Windows 操作系统的个人计算机被基于 iOS 和 Android 的、主要由触碰和语音控制的智能手机所取代。

AR 和 VR 适用于贝尔定律吗？它们符合大多数条件：新的用户界面、新的操作系统、新的开发模式，以及将连接到新的 5G 网络。但是 VR 或 AR 的耳机大小和重量还达不到智能手机的 10%，至少短期内无法实现。

贝尔定律的未来不是渐进式地接近零尺寸大小的计算设备，而是相反，直接穿越物理的局限性，进入一个虚拟世界。这有点像是穿越一个事件视界（event horizon），或穿越镜子（如图 5.1 所示）。

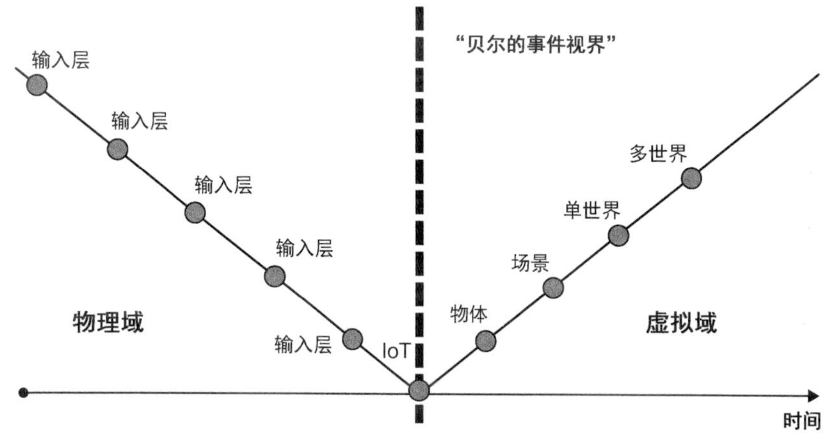

图 5.1　未来贝尔定律将如何应用

早期的增强现实设备强大到能将一个或多个虚拟物体置入用户的视野。随着时间的推移，计算能力的改善将使这些物体看起来更逼真，而且它们可以与物理世界进行更逼真的交互。

对于 AR 来说，下一个突破性的里程碑是能够增强全部现实场景的能力。通过这种能力，人们得以编辑他们的感知并选择自己想看的东西。房间窗外的风景可以是阿尔卑斯山景，可以是沙滩、珊瑚礁，甚至可以是外太空。想像一下当位置和风景变得不再那么重要了，房地产价格会受到多大影响。沿着街道走，无论天气如何，天空将一直是蓝色的，人行道上的危险可以被凸显，广告图像可以被拦截并被个人照片取代。要实现全场景 AR 看起来还需要至少十年，所以下一次能力飞跃跟贝尔定律的时间表是一致的。超越增强全场景之外的下一步将是完全增强的世界。我提出这个看法，是以此作为一种全新的方式来思考计算能力的持续进步将如何出现在我们的生活中。与越来越小、越来越廉价的实体计算机相反，没准未来的计算能力会是虚拟的、更细致、更逼真的基础设施，并且能以更大规模进行呈现。

VR 和 AR 启用战略

VR 和 AR 技术尚未成熟，而 AR 也还没为进入黄金时代做好准备。这些技术将对未来工作具有深远的影响，以至于从今天开始开展试点、获得反馈并建立企业运营转型战略显得如此重要。想象一下，在移动技术部署上获得多年领先的优势，将具备多大的价值。所以，让我们利用目前新兴的 VR 和 AR 技术，为 21 世纪 20 年代 AR 和 VR 将产生的重大影响做好准备吧。

创造兼具人类和机器智能的综合型AR工作人员

任何自动化规划都应该包括增强能力规划，这个规划不是要用机器代替人，恰恰相反，而是要利用机器增强人的能力。每个企业都将需要劳动力增强战略。尝试利用 AI 和数据分析支撑决策的制订，以及利用庞大的知识云存储补充员工的知识。考虑将 AR 界面作为沟通上下文信息、指导或指挥员工的方式，增强员工的能力。

对于很多企业来说，最重要的挑战是寻找、雇佣和训练员工，以使他们能够可靠地开展工作。对于劳动力短缺或高流失率的行业来说，向实时 AR 培训的转变颇具吸引力。覆盖在员工视野中的指示应该清晰可见，要向员工显示接下来做什么。AR 耳机中的机器视觉能力可以跟踪员工的进度。当员工执行任务时，系统可以跟踪、了解工作是否正确完成。然后系统就会向员工展示下一个任务。这样，员工可以在第一天就开始学习一项新的工作，没准可以在工作的第一个小时就开始学习。

随着时间推移，员工需要来自 AR 系统的指导越来越少，只在不熟悉的情况下才要使用它。想象一下一个戴着 AR 耳机的机器人维修工人现场学习如何诊断和维修一个故障机器人的情景。如果经维修的机器人之后依然出现问题，管控人员可以检查工作上的差错。如果出现差错，可以再给予额外的培训，或者升级 AR 软件以提升指导质量。如果没有出现差错，可以将维修过程录像用于免除维修公司的责任。

创建有助于协作和加速决策的企业应用

增强现实系统赋予了员工超能力。员工获得与同事建立连接和协作的新型方式。AR 将海量信息置于员工的指尖，并以易于使用的自然方式进行展示，这加速了理解和决策的过程。

帮助复杂计划或数据实现可视化

增强现实将信息和可视化覆盖于物理世界之上。比如，当消防员巡览一栋着火的大厦时，热感相机信息会覆盖在消防员的视野中。建筑规划图被呈现在消防人员的显示屏上，他们可以通过"你在此"的点看到自己在建筑中的位置。项目经理不再通过平面的二维甘特图观看一个复杂的项目计划，而是可以步入一个可延展的彩色编码的三维模型中，亲自进行操作和探索。农场主穿过他们的田野，看着经彩色编码的无人机调查数据覆盖在他们的作物之上，这使得他们很容易定位标识出枯死病的潜在区域。工程师审查复杂的三维设计模型，并查看位于几千千米之外的合作者留下的评论，每一条评论都与模型上的具体位置相关联。这些评论混杂着文本、视频以及对于设计更改建议的动画展示。增强现实完全涵盖了人类与生俱来的视觉能力。

引入远程专家迅速解决问题

我们并不是总有答案。有时我们需要来自具备专业知识的、有经验的合作者的帮助。AR 系统使得专家能够向工作人员提供远程支持，无论工作人员是在维护涡轮机抑或在给病人做外科手术。浮起的视频窗口使得工作人员可以看到专家，同样地，专家透过工作人员的视角看到某个场景，并对其进行注释和提出建议："在这里加压""松开这 3 个螺丝，然后放开这个线束"。AR 耳机远优于传统语音和视频电话，通过它，远程专家也得以可视化地评估状况并进行可视化沟通。

英国开发人员 Black Marble 对一种专门服务于犯罪场景的 AR 系统进行试验，贝德福德郡警察局对整个系统进行了评估。概念验证最终将成为 Black Marble 的 tuServ 协作平台的一部分。该应用程序运行在微软的 HoloLens 平台上，并在三维空间中绘制犯罪现场。警察使用 AR 耳机采集数字证据而无须破坏犯罪现场。全息证据标记出证据的三维位置，保存了宝贵的空间信息，同时也可以将数字照片和音频笔记记录下来以对场景添加注释。回到警察总局的高级警官将使用基于 HoloLens 的指挥和控制应用功能远程查看犯罪现场、跟踪警官位置，并且查看事件的进展。这使他们能够利用可获取的最新信息制订明智的决策并指导行动。虽然这个能力在目前尚处于概念验证阶段，但它表明了未来增强三维工作流的可能性。如果犯罪场景已经被清除，调查人员也可以回归犯罪现场，虚拟地查看可视化证据和标识。因为犯罪现场被保存在三维空间中，检察官和辩护律师也可以对犯罪现场有更好的了解。

对情境敏感的AR：避免将我们的世界变成类似Vegas的感官冲击

还有什么比在视野中直接呈现信息更好？在视野中呈现出更多的信息！——从未有人如此说过。如果 AR 眼镜变成下一个智能手机，我们可能就得将我们的视觉感知拱手相让给 App 开发的相关人员和市场人员。无论我们在哪里观看，弹窗广告都可能成为个性化的虚拟广告牌。不受控的视觉计算平台将充斥着引人注目的动画、内容和其他分散注意力的东西。这并不是消费者愿意看到的世界。

AR 界面需要理解用户所处的情境，并仅仅展示与当前相关的数字化信息和层面。突发新闻提醒可能只适合于当你坐在公交车回家的路上，而不适合于当你与老板交谈或给孩子讲睡前故事的时候。在 AR 眼镜能够理解并尊重用户当前所处的情境之前，它们不可能获得广泛的成功。企业应用则不一样。AR 的 App 开发人员需要关注视觉过载问题，并对平台力量表现出适当的尊重。

第6章 万物互连：5G网络和卫星星座

过去约十年间，我们已经深刻理解了连接的好处。当我们将手机转换到飞行模式时，手机就失去了大部分功能。连接使我们可以访问到海量的信息、与我们所关心的人们建立联系，并使我们能够利用云的惊人能力。

不能连接是一个巨大的劣势。虽然现在全球超过一半的人口都可以上网了，但是仍然有数十亿人不能获得那些我们认为理所当然的服务，包括金融服务。对于这数十亿的人来说，他们要脱离贫穷，使生活得以改善，储蓄、支付和获得信用的能力至关重要。因此连接非常重要。

对于身处东南亚的农民来说，互联网连接意味着与信息的对接，而信息就是力量。农民需要知道种植哪些作物、什么时候种植以及如何提高作物的收成。最重要的是，农民需要知道他们的作物在交易市场上的价格变动情况。当将作物销售给中间商时，互联网连接帮助农民立足于强势位置进行谈判，否则，中间商总是想赚更多的钱。互联网连接支撑着人们对世界和文化的更多了解，并提升他们的教育水平。比如 YouTube 网站蕴含着大量高质量的教学材料，所有的一切都是免费可得。无论你们是在看有关机器学习的课程，还是在学习如何成为一个企业家，抑或在了解如何建造一个风力发电站为你的村庄带来电力，互联网连接都可以赋予你们强大的能力。

但是，将人们与互联网建立连接只是故事的一部分。就像我们在第 2 章所叙述的，连接的基础设施、汽车及其他连接到互联网的东西都将带来巨大利益。我们连接到的事物越多、我们与之连接的速度越快，我们就可以为人类创造更大的价值。在十年之内我们会以极速将所有人、事物连接起来。

5G——远不止是更快的手机

最新的连接技术是5G网络。5G网络提供的不仅仅是更快的数据传输速率，它将支撑重要的全新应用，并使得数字通信更为可靠，尤其是在拥挤的城市地区。

多一个G!

正如你所期望的，5G网络比4G LTE网络更快。而5G网络究竟有多快？运营商承诺5G网络的数据传输速率将较4G LTE网络快10～100倍。理论上说，4G LTE网络的最高数据传输速率可达到300 Mbit/s，下载速度可达到10～30Mbit/s，在网络流量负荷大的时间段，下载速度还会更低。未来5G网络的蜂窝数据传输速度可达到1～10Gbit/s，没准还要更高。通常下载速度可达到2～3Gbit/s，速度快到用几秒钟就可以下载一部高清电影。这意味着5G相较于4G LTE和现有有线宽带网络的速度有了显著提升。5G网络响应速度更快，更可靠，扩展性更好，更安全。

低时延支撑新的应用

5G网络一个主要优势是它的低时延。很多引人注目的应用需要或受益于低时延的网络连接，例如远程医疗、智能制造、流媒体虚拟现实以及增强现实。

时延是指一个设备（比如一部智能手机）从对网络上的数据发出请求（比如谷歌的搜索请求）到设备开始接收数据（搜索结果）之间所经历的时间。整个时延由以下几个部分构成：你的请求通过无线连接从设备传输到蜂窝移动基站的时间、从基站传输到谷歌服务器的时间、服务器执行请求并通过数据响应的时间，最后就是数据通过基站一路前进回到你的设备的时间。网络时延只是全部时延的一部分。

虽然全部时延取决于服务器有多快和响应速度如何，以及数据通过有线主干互联网在服务器和基站之间移动有多迅速，但设备和基站之间的时延通常是构成总体时延的最大组成部分。通过大幅降低来去基站的时延，就可降低总体时延。4G LTE 上的网络时延随着用户的位置和网络提供商而改变，平均时延为 40 ~ 60 ms，有时会超过 100 ms，并且不能保证特定的最大延迟。需要低时延的应用并不能在 4G LTE 网络上可靠运行。在 5G 网络上，时延可保证低至 1 ~2 ms。这完全改变了游戏规则，因此可以支撑很多激动人心的新应用。

5G 网络提供的低时延和高数据传输速率，使得较以前更廉价、更轻便以及更长电池寿命的设备连接成为可能。这可以通过将更多的设备计算能力移到云上，或移到网络边缘来实现。

想象一下，一架具备避免撞击的机载机器视觉系统的联网送货无人机，经导航飞向目的地，并最终在客户的前院安全降落。运行视觉、导航以及控制系统的计算机运行通常被置于无人机之上。但是，4G LTE 连接既不够快也不够可靠，不能将算力安全分流到云上，同时，计算机还需要很重的电池来供电，增加了无人机的成本和重量。

而 5G 网络改变了这一切。更快、更可靠的 5G 连接可支撑对云联网无人机的安全远程控制。来自无人机摄像机的视频流向云中，机器视觉算法处理视频，实现实时决策的制订，并回以飞行指令。云联网的无人机将使用耗能很少的、简单的机载计算机。电池能量主要集中在飞机旋翼上，这可以拓展无人机的飞行范围，并延长其飞行时间。无人机的制造也很便宜。支撑 100 架无人机的云计算成本远低于在每架无人机上配备强有力的计算机的成本。

通过 5G 的云分流，工程师可以以非常低廉的成本对几乎所有设备添加“智能”功能，这改变了从机器人到智能洗衣机的经济学。但这种向简单廉价设备的转变具有潜在的安全隐患。较低成本的计算设备通常伴随着轻量级的安全能力，这增加了计算设备遭受破坏的风险。即使对于低端配件，工程师也需要督促供应商提供端到端的解决方案。

电话掉线很烦人，重要任务数据连接的掉线则可能带来灾难。下一代机器人、自动驾驶汽车以及智能物体都需要实时连接以保持全部的产品能力。5G 网络针对高可塑性和高可用性而设计，这使得将其用于重要任务的应用成为可能。

连接工厂、连接医院、连接城市：车联网和人联网

5G 网络可以赋予很多行业新的能力，并引入新的经济模式。让我们来看几个例子。

灵活工厂

生产工程师连接设备使用的是高速、可靠、低时延的 5G 网络，而不再是一团电缆线。工厂变得灵活了许多：如果不再需要考虑网络布线，重新安装和重新组织生产线的生产流或将一条产品线转换成新产品，就会容易得多。机器仍然需要电力，但是至少有一套电缆已经不再需要。在工业 4.0 的制造业世界中，万事万物都将被连接，工厂需要的是灵活性，因此这可是一件大事。

远程医疗和远程手术

互联网使得商业得以打破时间和空间障碍。比如，流媒体让我们可以在任何时间、地点观看我们所想观看的任何东西。5G 网络的即时响应性将使远程医疗成为普遍现实，帮助医生对远在百里甚至千里之外的病人进行治疗。远程医疗并不是一个新的创意，但很久以来一直为基础设备所局限。然而，通过 5G 连接，远程医疗可以给患者提供一系列服务，包括由医生远程执行的机器人手术。我的妻子就是一位医师助理，她辅助的医生就常在专科手术中使用一个外科机器人。医生站在手术室的一端，操作控制面板；而患者则和我的妻子、机器人一同位于手术室的另一端。5G 网络在此仅仅是扩大了外科医生和病人间的可能距离。

车联网

5G 网络在车对车（V2V）的通信中将扮演的未来角色仍然有待讨论。一些人认为 5G 网络上的 V2V 永远不可能发生，因为汽车总会发现自己身处网络覆盖不好的区域。而另一些人认为 5G 网络可用于汽车之间沟通交通状况。当一个孩子追赶一个误飞入街道的飞盘并导致一辆联网的汽车呼啸着停下时，后面的所有汽车都会收到即时提醒，避免连环撞车。

流媒体：游戏和增强现实耳机

5G 网络的低时延可以支撑流媒体视频游戏服务的崭新生成模式。最新的多玩家 twitch 视频游戏要求瞬时响应，迟滞的网络连接会带来不好的游戏体验。移动游戏玩家会爱上 5G 网络连接的快速响应。苹果对于 Apple Arcade 采取的是一个更保守的做法：下载游戏而不是将它们流媒体化。5G 可能成为我们所知游戏机的终结者。更可能的是，5G 将赋能新的游戏控制台的生成，通过云端的新增计算能力，赋予控制台高性能的算力。

增强现实代表着人机界面的未来，无论是在家还是在工作场所。早期的 AR 耳机令人印象深刻，但是要为大众接受、采用，需要提升 AR 耳机体验并达到主流价位。这两个方面都可以通过 5G 实现。

早期的增强现实耳机笨重且功能有限。目前，大多数 AR 耳机公司尚无法最小化高性能计算以将其置入耳机内，而结果就是采用电线从耳机连接到背部计算包的笨重设计，这些局限性使得增强现实目前处于边缘状态。

戴着增强现实耳机时，每次你移动头部，耳机都会快速感知运动并更新展示，这一点很重要。如果做不到这一点的话，当你移动头部时，数字物体就会颤抖并四处滑动。这不仅会打破幻觉，而且将导致恶心反应。如果图像更新的帧率下降到每秒 90 帧以下，用户立刻会感到眩晕。在眼镜中置入足够的算力，它们就可以以每秒超过 90 帧的速率呈现两幅高分辨率的图像（每只眼睛各一幅），这是一项严峻的设计挑战。

利用类似于快递无人机的方法，AR 耳机设计人员将通过 5G 网络的低时延将算力分流到云上，以降低成本、延长电池寿命和提升性能。AT&T 宣称已经在其 5G 基站内部建立了高性能图形处理能力。这种边缘计算能力很可能是未来建造低成本、轻量级 AR 耳机的关键。

5G 网络的结构

新的 5G 网络与旧的 4G LTE 网络有着不同的拓扑结构。为了达到惊人的传输速度，5G 网络使用了由许多小单元格组成的密集网络。这种方式使得 5G 网络比 4G LTE 网络更具扩展性。在人口密集的地区，4G LTE 网络的性能往往会大幅下降，因此无法满足这些地区的需求。在人口密集地区部署许多小单元格，可以使 5G 网络运营商扩大网络容量，并使之与人口密度相匹配。虽然 4G LTE 标准中有针对小单元格的规范，但 5G 的设计本身具备更强的可扩展性，即使在业务量繁忙的地区，也能产生更强的信号和更高的数据传输速率。

5G 网络蕴含着巨大的希望，好得让人难以置信。它如何实现快速的数据传输速率、低时延、高可扩展性、高可靠性、更好的安全性和更低的功耗？简单的答案是，它不可能做到。仅仅一个网络不可能同时实现所有这些事情，其中一些目标甚至是相悖的。例如，极快的数据传输速率和耗电极低的数据传输两个目标并不兼容。

三大应用场景

5G 网络有三大应用场景，如下。

（1）增强型移动宽带（eMBB），旨在满足诸如智能手机、笔记本电脑、机顶盒、游戏机、超高清电视和流媒体、VR/AR 等设备的高数据传输速率和高流量需求，对于它们来说，4K、8K、16K 和 360° 流媒体视频是正常的标准。经过优化，eMBB 可以提供高达 10 Gbit/s 的快速数据传输。

（2）超可靠低时延通信（URLLC），旨在为时延敏感的关键任务型应用提供全网端到端低时延、超快速响应的连接。这类应用包括工厂自动化、智能电网和远程手术（外科医生需要能够使用触觉技术“感觉”远程物体）。URLLC 经过优化，延迟时间仅为 5 ms 或更少，可用性为 99.9999%，具备高可靠性。

（3）大规模机器类型通信（mMTC），是为低功耗的嵌入式应用而设计的，如联网停车计时器、智能农业和联网医疗监视器，其数据传输速率并不重要，但低功耗连接是至关重要的。mMTC 结合了两种不同的方法，即低功耗广域网（LPWAN）和窄带物联网（NB-IoT）。mMTC 牺牲了数据传输速率（最大速率为 100 kbit/s），以优化其对高密度设备、远程通信和超长电池寿命的支持。

eMBB、URLLC 和 mMTC 等可以为人们提供满足任何既定应用需求所需的大部分功能组合，这离不开 5G 网络的一项关键技术，即“网络切片”。

网络切片

切片允许网络运营商将其网络切分为多个虚拟片，每片都可以根据特定客户端或用户组的需求进行功能优化。运营商将这些虚拟片的接入权出租给客户，即租户。

租赁可以按短期、中期或长期进行安排。一个城市可能会为一个网络切片签订长期租约，以安全连接所有基础设施——交通信号、垃圾桶、停车计时器等。一个体育场可能为一个网络切片签订短期租约，这个网络切片专门用于播放高清视频和优化体育场内限定区域范围的媒体运营。每次活动期间，合同只生效数小时。一个警察部门可能需要一个高度安全的网络切片来共享汽车和警察的位置数据、传送随身相机中的视频，等等。医院网络可以租用一个安全网络切片，在这个切片上共享符合 HIPPA 规定的数据，以遵守隐私法。

我们什么时候可以体验5G?

网络基础设施升级需要大量投资，而 5G 网络的全球建设则需要数年时间。什么时候可以首次使用 5G 取决于你住在哪里。大多数人应该在 2025 年就能获得 5G 网络覆盖，如果生活在大城市，则要快得多。要接入 5G 网络，需要新的电话、路由器和连接设备——5G 连接的汽车、洗衣机和停车收费器。5G 在农村地区的覆盖将晚于城市。

连接的星球：到达下一个 40 亿人口

虽然世界上超过一半的人口现在都在上网，但数十亿人是断断续续地使用低带宽进行连接，或压根还没有连接。有几家公司正在研究用卫星星座的方式来解决这个问题。它们的目标是使地球上任何地方都能实现高速通信。

卫星星座

自 20 世纪 60 年代以来，人们一直将卫星用于通信。未来十年，更多的通信卫星将被送入轨道，这比以往任何时候发射的卫星都要多。低轨道卫星通过缩短信号往返地球的距离来减少通信时延。但是，这一方法也有其短处：卫星离地球越近，它在地球表面覆盖的面积就越小，它在轨道上运行的速度也就必须越快。

一群新的企业家正在竞相建立卫星星座，利用成千上万颗小卫星组成一个不断变化的拼接网络，将数据从地球上的一个点移动到另一个点。这些网络可以将飞机、游轮和汽车连接到互联网上。更重要的是，它们将为目前处于离线状态的数十亿人带来低成本的宽带互联网。

英国通信公司一网（OneWeb）与软银（SoftBank）、高通（Qualcomm）、空客（Airbus）、理查德·布兰森（Richard Branson）、卢旺达政府等合作，计划推出一个由 648 颗卫星组成的网络。到 21 世纪 20 年代中期，卫星数目可能升至 2000 颗。模块化设计和规模化生产的装配线使 OneWeb 公司每天可以制造两颗卫星，并将成本保持在较低水平。卫星将在 1200 千米的高空轨道上运行，通过一组地面网关将各用户连接起来。OneWeb 提供的初始下载速度为 500 Mbit/s，时延为 30 ms。OneWeb 有一个明确的目标是，到 2022 年将所有未联网的学校连接起来，到 2027 年消除所谓的数字鸿沟。

埃隆·马斯克的太空探索技术公司（SpaceX）则利用它们的 Starlink 项目与 OneWeb 竞争。最终，SpaceX 计划将创建一个由大约 3 万颗低轨道卫星组成的星座，每颗卫星都有一个迷你冰箱那么大。在地面上，还需要一个比萨盒大小的天线接收信号。卫星将在离地高度 335 ~ 1325 千米的壳体内运行，以千兆比特的速度提供全球网络覆盖。卫星在网状网络中运行，通过激光将数据由一个网络传递到另一个网络，以此进行通信。光在真空中的传播速度要比在玻璃光纤中快得多，因此 Starlink 相比传统的地面光纤能提供更快的点对点通信。纽约、伦敦、东京和上海等主要金融中心的交易部门对此的兴趣估计尤为强烈，毕竟在高速的自动化交易市场中，每一毫秒都很重要。SpaceX 公司断言，金融巨头支付数十亿美元就可将其数据中心和交易平台之间的时延降低 10 ms 甚至更多。SpaceX 应该会在 21 世纪 20 年代初建成初始网络并将其投入运营。

亚马逊计划建造一个由 3236 颗近地轨道卫星组成的卫星星座，该计划被称为“柯伊伯计划”（Project Kuiper）。据推测，它将由杰夫·贝佐斯的蓝色起源太空公司进行发布。

SES 网络公司将与波音公司合作建立 O3B mPOWER 卫星网络，其卫星将在 8000 千米的中地球轨道上运行。O3B 代表“其他 30 亿”（“other 3 billion”），它指的是这个网络的目标受众。最初的 16 颗卫星网络已为小岛国和通信基础设施薄弱的国家带来了网络连接。到 2021 年，现有的 O3B 网络将通过 7 颗新卫星进行升级，建成 O3B mPOWER 卫星网络，旨在提高速度和灵活性，包括每秒数万亿比特的数据传输速率。其他卫星星座计划由 Telesat 和 LeoSat 推出，它们专注于企业市场，并计划提供 10 Gbit/s 的网络连接。高带宽、低成本的全球通信将在十年内广泛应用。

气球网络

发射卫星进入轨道，成本并不低廉。Loon 公司（一家 Alphabet 公司，之前被称为谷歌的 Loon 项目），采取了一种不同于其他公司的方法。Loon 公司计划建立一个平流层气球网络，通过互联网将连接接入服务不足的社区。

长 15 米、宽 12 米的巨大太阳能气球漂浮在离地面 20 千米的地方。这一有利位置使得它们能够对 5000 平方英里（1 英里≈ 1.6093 千米）的区域内提供速率达 10Mbit/s 的 4G LTE 连接。这些气球间隔 100 千米，以网状网络相互连接。一个高度自动化、精准复杂的导航系统使用机器学习和太阳能泵来对气球添加或释放空气。这使得气球可以上下移动，因此获得推动气球向理想方向移动的气流。

Loon 公司已经在现实条件下对其技术进行了几次成功的测试。2017 年 9 月，飓风玛利亚摧毁了波多黎各的通信和电力基础设施。Loon 公司推出了 5 个气球，并与 AT&T 和 T-Mobile 合作，为 20 多万波多黎各人提供基本的短信和互联网接入服务。在通信基础设施被一系列洪水和山体滑坡摧毁后，Loon 公司还利用它们的气球为秘鲁建立了紧急通信连接。在全球卫星网络为地球的每一个角落提供高速、随时可用的连接之前，Loon 公司的气球网络将在连接还未连接的事物方面发挥重要的作用。

对于未来创新、经济发展和大量重要的服务来说，连接至关重要。随着 5G 网络、卫星星座和气球网络的快速发展，未来十年，人们会看到全球连接的重大进步。超快的速度、激动人心的新应用，以及数十亿人的思想将被连接在一起。这十年，将是激动人心的十年。

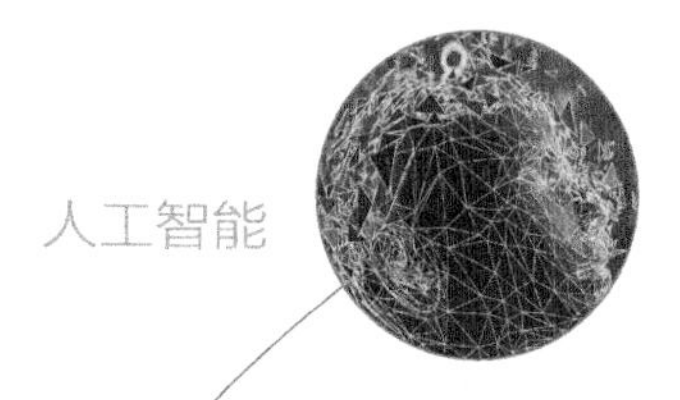

第二部分

PART 2

帮助企业适应和繁荣的关键概念

人工智能
物联网
自动化机器
区块链
AR/VR
5G
5G

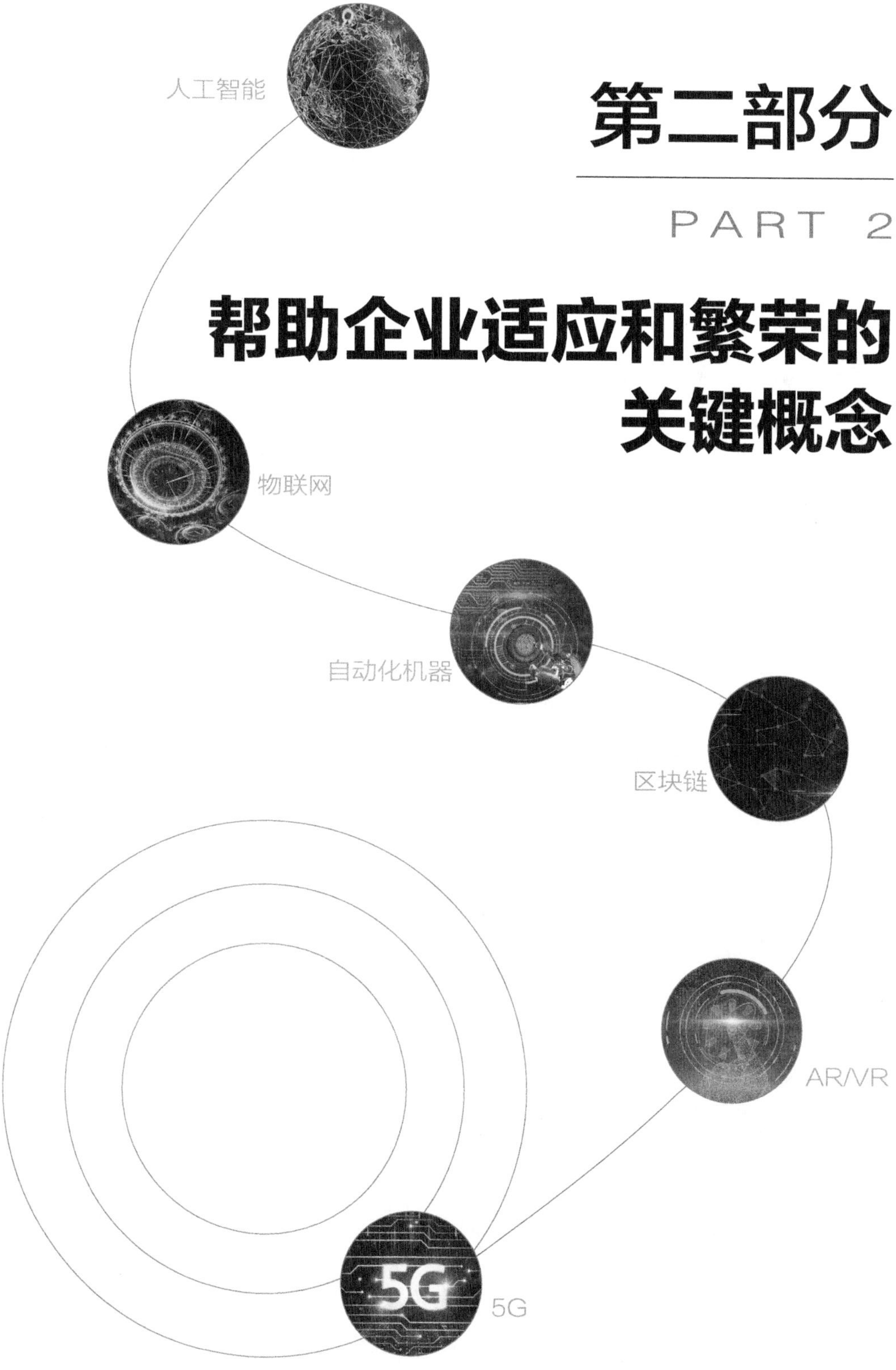

第7章 制定与企业目标一致的自动化战略

数字化革命改变了每一个产业部门。在过去的四十年里，企业部署电脑以提高生产力和运营效率、降低成本，并借此以新的方式与客户建立连接。为了保持竞争力，企业接受了一波又一波的计算创新：大型机、小型机、个人电脑、多媒体个人电脑、互联网、移动设备和云计算。办公室配置了电子表格、文字处理、电子邮件、CRM、ERP 等各种企业软件。制造商安装了计算机控制设备、计算机辅助设计和机器人技术。在其他如农业、零售业、酒店业、建筑业以及一定程度上的健康护理等行业，上述技术的采纳程度却仍比较有限，因为这些行业的大部分工作依然是体力性质的。

未来十年，每个行业的每家企业都必须采用新技术，以保持竞争领先地位。这也包括以前对技术采用较晚的行业和企业。每个行业都将重新思考它们该如何运作、如何服务客户，以及如何创造价值。每一家企业，包括你的企业，都需要制定新的战略，打破旧的剧本，挑战长期以来的准则。

自动化不可避免：确保做法正确

AI 和高级机器人将实现更多体力劳动和知识工作的自动化。为了保持竞争力，每个组织都会将每个业务流程实现自动化或半自动化。技术将增强和拓展员工的能力、提高人类的工作水平。

一场自动化的“海啸”即将来临。因为会采用新的经营模式，成功的公司会花时间去理解、确认并保留那些定义它们品牌的核心业务元素。这不仅需要有关你对所支持东西的理解，也需要对有关其他事务的理解。企业将被下一波数字化变革彻底重塑，因此它们需要知道，在进步的趋动下，什么该抓住、什么该放手。对于公司人文目标的深刻理解，是数字化转型战略最好的驱动力。每个企业面临的问题都是如何使用自动化来提高企业面向客户的人性化程度。一家高档餐厅可能将后厨的一些工作实现自动化，但不会取代由服务员提供的高端服务。

每个公司都需要一个清晰的自动化理念。在开始部署新技术的艰难工作之前，理解并就高级目标达成一致是至关重要的。作为一个品牌，你是谁？你最终要达到什么目标？技术可以如何帮助你更有效地抵达目标？

这个世界上大多数顶级公司都有一个明确的人文目标，聚焦并指导它们努力的方向。可口可乐寻求“让人精神振奋”。迪士尼的目标是“让人快乐”。对西南航空来说，则是“让飞行大众化”。对于耐克来说，它是“为世界上的每一位运动员带来创新和灵感”。这些公司将它们的业务流程、企业文化和管理重点结合在一起，完美遵照、执行它们的核心目标。根据企业目标制订战略计划，并传达企业价值观。

目标和利润

这些公司的领导者专注于满足客户需求并遵照他们的核心目标而非财务结果发布指令。公司的目标不只是赚钱。正如 Simon Sinek（黄金圈法则提出者）所指出的，强大的财务指标是出色运营的结果，但它可能违背你的核心的人文目标。这可能让一些商人难以接受，尤其是那些在金融行业工作的人，所以我要再说一遍：利润不是公司存在的唯一理由。如果赚钱真的是你公司的唯一目标，你就会成为一个贩毒集团。但你并不是一个贩毒集团，这意味着你的企业在寻求实现其他一些更高的目标。一个清晰的企业目标，结合强有力的业务流程执行，会带来出色的业务结果。

清晰目标 + 强有力执行 = 结果（利润）

这与诺贝尔经济学家 Milton Friedman 的正统观点相悖。Friedman 认为，企业唯一的社会责任就是“从事旨在增加利润的活动”。然而，目标导向型企业总是比那些单纯聚焦于利润的企业表现更好。《亲爱的公司》（*Firms of Endearment*）一书指出，在使命感和人本主义原则的驱动下，30 家公司将客户和员工放在首位，置于对股东的考虑因素之前，最终它们的股市绩效是平均水平的 8 倍。这些公司还有更高的生产率和更低的人员流动率。

大型企业已经注意到了这一点，即公司需要兼顾可持续性运营以及股东以外的其他利益相关者。2019 年 8 月，由摩根大通（JPMorgan Chase）首席执行官 Jamie Dimon 主持的商业圆桌会议（Business Roundtable）发表了一份声明，更新了其对企业目标的看法。这份声明似乎承认了许多对于公司更新要求的呼声，以创建分别被描述为“有良知的”“富有同情心的”“可持续的”“包容的”或“共享价值的”不同的公司。该声明由 181 家大公司的首席执行官签署，承诺向客户提供价值，对员工进行投资，公平和合乎道德地与供应商进行交易，支持社区，并为股东创造长期价值。这种目标和利润的再平衡是一项大事件，它承认了消费者对不平等加剧的担忧。公众似乎对此表示赞同：64% 的美国人认为企业的主要目标应该是“让世界变得更美好”（来源：财富）。

除了明确的企业目标，每个公司还应该有一个明确阐述的愿景和任务，任务阐述了公司为实现其目标所要做的日常工作，而愿景解释了如果公司成功地执行它们的任务并实现它们的目标，世界将会成为什么样子。

当企业部署 AI 的时候，领导者需要专注于自己的核心人文目标，并与每位员工进行清晰理性的沟通。目标就像员工的北极星一样，指引他们训练、部署和与 AI 一起工作。AI 从历史数据和过往行为中学习，并由此反映人类的偏见和价值观。如果你的员工不完全符合你的目标、任务、愿景和价值观，你的 AI 也不可能完全符合。当心无意识的偏见。一有机会就强化你的愿景和价值观。向员工解释自动化将如何帮助他们达到你的目标，并加速实现愿景的能力。如果你成功地讲述了这个故事，员工将会接受自动化并帮助你在整个组织中部署它。

未来十年，自动化将被广泛用于业务流程的优化执行中。自动化技术——人工智能、自动化机器、增强现实和物联网，以区块链平台和5G网络为支撑——对于每一家希望完美遵照其企业目标进行执行的公司来说都至关重要。

成功的秘诀

接下来的二十年中，对于企业成功来说，不可战胜的秘诀如下。

一个明确的核心目标，由受过良好培训的、具有高度激励性、充满激情的员工完美执行。他们相信自己的使命、认为自己的贡献有价值，并拥有部署周全的自动化技术的支持。

高机能团队由自动化技术和人才之间的强力协作构成。未来最强大的团队将使用自动化来增强人类的才能、提升人类工作、最大化人类的劳动效率，从而使蕴含在公司品牌中的人性达到最大化。

投入时间为组织设定明确的人文目标并进行沟通的企业领导者，以及能够将这一目标转化为能较好实现的半自动化业务流程的经理，将成为市场赢家。

示例

让我们来举几个例子，看看企业如何利用自动化来升级它们的产品供给，并围绕更高级的目标来集结其组织。其中一些例子在本书的其他部分将有更详细的描述。

（1）从卖衣服到卖信心。服装商店不再仅仅是卖衣服，而是致力于为客户设计成功的造型。服装商店在试衣间部署物联网和分析工具并提供自动造型服务。

（2）从日托到人际关系的转变。一家宠物日托公司致力于帮助宠物主人与宠物保持良好的关系。它们不仅提供了一个安全的环境，让主人放心地离开他们的宠物，也会像家人一样对待宠物，使其全天与主人保持连接，并帮助主人维护宠物健康和改善宠物习惯。物联网技术、摄像头和数字设备让主人可以随时查看他们的小狗，帮助他们保持连接感。一个全面的数字仪表盘则讲述狗狗一天的经历：与它们交往的狗狗有哪些、它们如何吃喝玩睡。公司还提供半自动化干预，帮助狗狗变得更社会化、更活跃，或帮助它们进行减肥。

（3）安全和规模化定制。一家制造公司利用自动化来确保工人的安全，并通过定制恰好满足客户需求的产品来取悦每一位客户。传感器会关闭危险的机器，或在工人们靠得太近时转换成机器人。“工业 4.0”的规模化定制能力使公司能够以规模化生产的价格生产出千人千面的产品。

提升目标：利用 IoT 的紧密性解决更高层次的商业问题

在未来十年，企业领导者需要做出很多艰难的选择。机器人、AI 和其他的技术进步将使更多任务实现自动化。一直以来企业使用技术是为了提高效率、促进生产力和降低成本。这些目标仍然有效，但企业不该局限于此。下一波数字技术使紧密的网络 – 物理连接成为可能，这为企业提供了超越这些传统目标的能力。企业能够并且必须建立比提高运营效率更高的目标。

AI、传感器、IoT、AR 和自动化机器的强大组合，解决了以前不可能解决的问题。下一代自动化技术的巨大能力可能会压倒一切，一旦发生这种状况，人们就会退回自己的舒适区。那些只耕作熟悉领域的公司可能会将自己的不足暴露给其他竞争对手。利用自动化优化正确的目标对于保持竞争力来说至关重要。对于每一次自动化的能力投入，领导者都应该退后一步，深呼吸，并问自己一个简单的问题：我们真正要优化的是什么？在落实之前，我们需要理解其背后的哲学原理。

目标层次

自动化项目的商业目标层次如图 7.1 所示。目标层次中的每一层都代表一组更高级的目标，围绕这些目标可以进行自动化项目的优化。

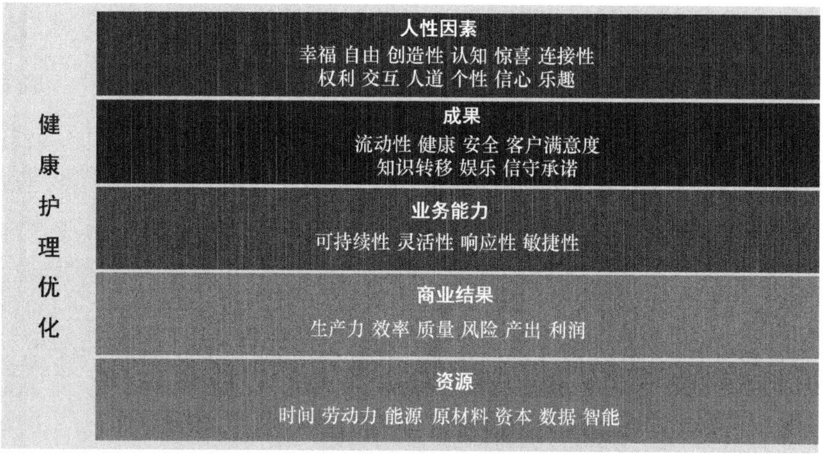

健康护理优化

人性因素
幸福 自由 创造性 认知 惊喜 连接性
权利 交互 人道 个性 信心 乐趣

成果
流动性 健康 安全 客户满意度
知识转移 娱乐 信守承诺

业务能力
可持续性 灵活性 响应性 敏捷性

商业结果
生产力 效率 质量 风险 产出 利润

资源
时间 劳动力 能源 原材料 资本 数据 智能

图 7.1 自动化项目的商业目标层次

当你审视这个目标层次时，您可能会选择其他方式对这些优化点进行分组。没关系，这并不是一个详尽的列表，你可以用你的方式来设定更富有意义的目标。这个目标层次作为通用指南可以帮助你提升你的思维水平。以下是对目标层次中每一个层次的阐述。

资源

大多数自动化的实现都寻求资源使用量的最小化，以实现更高层次的目标。例如，优化劳动力的使用、提高生产力和利润率。“材料”一词包括从织物、钢材到水和肥料的一切事物。人工智能则陷入了一个奇怪的中间地带，它几乎可以同时被视为资本和劳动力。随着人工智能成为每一个企业的重要资源，它的使用将与劳动力和资本一道得到优化。

商业结果

每个成功的企业都会密切关注其关键业务指标，并通过提高劳动生产力、生产效率、产品质量和产量寻求对收入和利润的优化。没有哪个企业喜欢惊喜，所以它们也会尽量最小化风险以限制不确定性。注意：通过优化目标并认真管理资源的使用，业务结果通常也会变得更好。

业务能力

自动化将构建更强大的业务能力。更强大的业务能力来自对业务流程的改进、企业文化的加强和强有力的管控。区块链技术可以对半自动化提供帮助并确保强有力的监控。企业应该利用技术预测客户需求，并在客户意识到其需求之前满足他们。建立可持续的运营会满足客户对可持续性的期望，同时也有助于控制成本和确保企业的长期生命力。在快速变化的市场中，敏捷性和灵活性是成功的关键。企业将需要转移重点，快速进入新的市场。

成果

成果是更高层次的目标，也是企业目标的精华。不要将其与业务结果相混淆，业务结果是企业目标执行良好的结果。健康护理机构优化积极的健康结果；工厂优化保障工人安全的措施和客户满意度；交通规划者努力提升人们的流动性，提高货品、服务和废弃物在城市中的流通速度；大学希望学生收获更多的知识；一个戏剧团体为提升娱乐价值而优化演出；物流公司努力遵守交付承诺。

人性因素

位于成果上面的是一组极其重要的业务优化目标，这些目标与改善人文状况有关。迪士尼使用自动化来调整它们的运作，以促进人类的幸福。而这终究是其作为一家公司所明确阐述的任务。Adobe 和 Autodesk 通过利用自动化来释放人类的创造力。非营利组织可能会设定其目标为人们增加获得水、教育和医疗等关键资源或服务的机会。社交网络公司和粉丝俱乐部可能会努力优化人际关系。活动策划公司则利用自动化来增强人际网络。

根据我的经验，你可以启动的优化层次越高，你的影响力就越大，你将获得的商业成果也就越好。将鼓舞人心的大胆愿景清晰地传达给员工、客户、供应商和股东，也就为公司最终实现这些愿景提供了最佳机会。

获得快速胜利，但始终保持高目标

在获得快速成功并尽早造成影响的过程中——尤其当你正试图获得未来的资金时——有很多事情是值得一提的。实施一些小的、低层次的项目将给你带来短期成功并形成良好的势头。一旦你证明了团队的执行能力，提高目标，并迅速转向更高层次的目标，推进你的影响力。你可以运作的层次越高，你创造的价值就越高，你的品牌就会越强大，最终你将享有越多的竞争优势。

为了阐述这个想法，让我们来看一下农业自动化。田地是一个动态的环境，有些田地土壤含水量太低，而另外一些则含水量太高；有些需要化肥，有些则不需要。以资源管理为重点，农民使用无人机调查田地，并建立土壤和作物健康的数字地图。农民根据无人机的指引，喷洒或浇灌田地的特定区域。这减少了水和化学品的使用。为了提升优化层次，农民寻求利用 IoT、AI 和自动化机器来提高整体农业的生产力（业务结果），使其运营更具可持续性（业务能力）、增强牲畜的健康(成果），并满足客户的需求。客户会更乐意购买新鲜安全的商品。为了实现这个顶级目标，记录在区块链上的传感器数据可以讲述农产品是如何种植、加工、包装和运输的故事。食品产地信息可以增强消费者的信心，将食品安全问题降到最低，并改善了公众健康。

如果领导者不能定期进行沟通的话，便很容易偏离核心任务。正如一位朋友曾经告诉我的那样，深水地平线（Deepwater Horizon）钻井平台爆炸的灾难之所以发生，是因为一群石油公司高管聚在一起，他们想，“管它呢，我们要不惜一切代价赚钱。”英国石油公司（BP）高管聚焦于错误的商业指标：极尽所能地缩短钻探 1 万英尺（3048 米）的时间。这种聚焦提高了运营效率，减少了时间和金钱，但它也花费了 BP 200 亿美元，并在美国墨西哥湾沿岸造成了一场生态灾难。我们试图优化什么，以及我们的目标是什么，这些都很重要。

构建人 / 机合作关系促进生产力，提升质量和员工敬业度

未来的劳动力将融合人类智慧和数字智能。AI、机器人和其他自动化机器将成为队友。成功的企业将创建高机能团队，在人类和非人类员工之间构建强有力的合作关系，作为提升人类工作，促进员工敬业度，提高质量、效率和客户服务的方式。

新的多样性：人类和非人类一起团队合作

工作场所的多样性对一个高机能的组织而言至关重要。多元化的视角、广泛的生活经验和丰富的文化背景使一个组织变得强大。多样性限制了“集体思维”的可能性，并将匹配客户多样性的机会最大化。当你的组织具有类似的特征时，理解客户的需求会更加容易。除了满足政府规定的多样化目标之外，建立具有不同年龄、性别、种族、文化和经验的团队也是一种很好的商业意识。

在不久的将来，团队将需要增加一个新的多样性维度，即人类和非人类一起工作。未来的高机能团队将人类的智慧和灵巧与机器智能和机器人的力量结合起来。有些团队成员是纯人类，有些则是纯机器，而其他团队成员将是人类和机器智能的增强型混合体。所有这些聚合在一起，成为一个交付一流成果的高效能团队。

尽管你的组织可能有所不同，但大多数企业一般有三到五个主要的业务流程（比如一个销售流程、一个制造流程等）。对于组织中的每个业务流程，尽可能详细地列出需要执行的所有任务；绘制出信息和数据如何生成并从一个任务传递到另一个任务的流程图；确定相应的交接点和触发器，以确定一个任务如何并且何时交接到下一个任务。传感器在这里可以发挥重要的作用。现在还需要问一个棘手的问题：在既定条件下，哪些任务适合由人类完成，哪些任务适合由机器人完成，以及哪些任务适合由软件算法和 AI 完成。

知道何时使用资源池中的每一个资源：人、机器人和人工智能

要决定哪些任务应该分流到 AI 和机器人，我们必须了解人、机器人和 AI 的

相对优势。在技术能力迅速发展的背景下，这是一个不断变化的目标。让我们分别来看看三者的优点。

（1）人有很强的解决问题的能力，包括想象力、规划能力和创造力。人类有能力进行复杂的批判性思考。他们可以产生并检验新想法，并从整体上考虑项目和情境，这表现出系统级的思维。有些人具备创业技能。许多人都拥有高度发展的情商和社交技能，包括领导技能（激励他人的能力）和影响力（说服他人的能力）。其他基本的社交技能还包括人际沟通、团队合作和同理心。人类的好奇心和适应能力使我们的很多特质更加完善，这些特质将继续使我们区别于机器。有很多任务只有人类才能完成，我们还没有完全失业。

（2）机器人（以及无人机）最适合从事需要力量和耐力的重复性体力活。机器人工作时间长，工作速度通常比人类快，不会请病假，可以在晚上工作，也不会提出工人的赔偿金要求。机器人天生适合嘈杂、不舒适和危险的环境。

（3）人工智能和其他算法。数字语音代理可能适合简单的交互，例如，通过电话接受订单，并且随着技术的改进，数字语言代理还可以处理包括客户支持等与其他客户交互的任务。人工智能也非常适合寻找模式和进行洞察的工作，包括诊断或预测等。此外，AI 通常比人类更擅长处理精细和复杂的数据。对准确性或瞬间响应要求较高的业务流程，也应该考虑使用软件算法。计算机可以计算出精确的结果，并且比人类的反应速度快得多。对于一些任务来说，人类的判断可能是受欢迎的、不可分割的组成部分，但消除人类偏见的数据驱动型决策则可能是其他任务所需要的。软件，通常基于 AI 之上，对于那些必须消除人类偏见的任务而言是一个很好的选择。AI 还可以为人类的创造力提供有用的助推，探索数千种设计方案，帮助工作人员在高效的协同创作过程中推进创意边界。

一旦将业务流程解析为任务，并将这些任务分配给人类、算法和机器人，下一个挑战就是构建计划，使数字智能能够理解物理环境中正在发生的事情。这要求在整个业务流程中安装传感器，以便将物理活动反映到数字世界中，从而创建一个联网的物理系统。这样，人类、AI 和机器人的工作才能够实现恰当的协同。

零售业示例：半自动更衣室

为了说明建立人机合作关系的概念，我们先看一个来自零售业的例子。大多数人都要购物，很多人要么在零售业工作，要么曾经在零售业工作过，所以这个例子对于大多数读者来说应该是熟悉的。

在这个场景中，人类劳动力将和简单的机器智能协同工作。传感器从物理世界采集信息，这样就可将任务传递给数字世界。移动设备或可穿戴设备会为人类工作者提供接口界面。

首先，让我们回顾一下作为基准的非自动化体验。想象你来到一家高档服装店。你仔细查看陈列、找到想试穿的衣服，然后直奔试衣间。销售店员会拦住你，取走商品，带你到一个开放的房间，然后小心翼翼地把衣服摆出来让你试穿。“多好的服务！”你想。在店员整理物品的时候，他会安静地记录下你选择物品的尺寸和颜色，并试图对你的个人风格有所了解。一旦你安心待在试衣间里，店员就会跑回商店，为你拿来更多的物品，让你试穿，并希望你购买。在零售业，这种努力可以提升“购物篮数量”（更多的商品）和“转化率”（让你购买）。对于你来说，这感觉像是一个增值的“造型服务”。对于商店来说，这是一个销售更多产品的机会。

为了表现出色，销售店员必须：（1）具备良好的时尚感；（2）准确记住你的尺寸和你挑选的衣服；（3）知道商店的库存，包括哪些产品有库存，以及它们放在哪里。这对店员来说是一个挑战：很少有人有能力识别并迎合另一个人的时尚感。在一个快速发展的大型商店里，店员难免会犯错。对于他们来说，知道哪些商品有存货很难，而且定位商品位置需要时间。在他们回来之前，你很可能已经离开了试衣间。机会就流失了。

流程的半自动化将帮助销售店员提供高质量、高效和保持一致的服务，从而提升购物篮数量和转化率。这一点最好在不损害商店店员和购物者之间人际关系的条件下达成。

许多制造商在产品上添加 RFID（射频识别）标签，以监控货品在供应链上的流动。在半自动试衣间里，RFID 传感器将读取每件衣服上的 RFID 标签，以确定它们的尺寸、颜色和款式。商店的数字智能系统现在可以准确地知道你把哪些衣服带进了试衣间。Wi-Fi 嗅探器会读取你手机的唯一物理地址，也即 MAC 地址。嗅探器从这些信息中无法分辨出你是谁，而只知道你手机所处的位置。通过对已知的 MAC 地址列表进行检查，零售商可以确定之前你是否曾访问过（或更准确地说，你的手机是否曾访问过）这家商店。接着，零售商将对照与该手机相关的购买记录以了解你的购买历史，并更好地了解你的个人风格。如果你之前已经在你的手机上下载了商店的 App，并将其链接到商店的某个账户上（该账户选择接受商店的隐私政策），零售商也能识别出你是谁。这使得他们可以了解之前你所表现出来的偏好。你可能对天然纤维过敏、不喜欢穿条纹，或者非常喜欢绿色和黑色。

商店数字智能系统现在知道哪些商品在试衣间，同时还知道有关你的一些客户信息。分析软件会参考一个由商店时装设计师创建的“搭配”数据库，以获得有关衣服、鞋子、配饰等物品的建议——当这些物品与你试衣间里的物品组合在一起时，它就会创造出一套时髦的造型。该软件检查库存以剔除缺货商品，并查看商店货架图（标明产品位置的地图）来定位商店中的商品。接着，它会确定这些地点之间的最短路径，并向商店店员的移动设备或可穿戴设备发送一个提货地图。店员在地图的指引下，快速在商店行动、提取商品，并把商品送到你面前。店员的敏捷和视觉能力意味着，提取货品并把它们拿到试衣间的工作，最好还是由人类而不是机器人来完成。为了获得更好的体验，零售商可能会在试衣间的屏幕上展示建议的产品。围绕所选定商品而创建的建议服饰的照片或计算机生成的图片，可能会为一些缺乏时尚感的人带来价值。

在半自动化流程中，出售商品的选择、库存检查和货架图搜索都被转换为数字智能。商店店员仍要执行重要的人工任务：与顾客保持联系，并就服装外观提供令人鼓舞的反馈。这种人机合作的结果是为客户提供高质量的服务。这种方式使得零售商的销售额实现最大化，并使店员每小时可以服务更多客户，借此提升了在职销售店员的薪酬。自动化的结果是客户赢、店员赢、零售商也赢。即使是时尚感差的店员现在也能提供很好的服务。本质上，商店时装设计师的时尚直觉被编码到软件中，任何店员都可以向客户提供高度一致的体验。这种一致性更容易传达强大品牌的承诺。

在前面描述的场景中，有些读者可能会有关于隐私的疑问。这些都是合理的顾虑，隐私永远应该得到尊重。一些考量如下。

（1）手机的自动 Wi-Fi 识别以及查找商品购买历史，与之前帮助过你的店员认出你并回忆起你以前购买的商品并没有什么不同。

（2）如果你选择下载商店 App，并激活一个商店账户，这本质上就是“选择加入”，所以商店才知道你是谁。

（3）因为提供个人信息，消费者希望得到补偿。购物者应该得到一些东西作为被识别到的回报——在这种情况下——例如得到更完善的个人造型服务。

也就是说，隐私问题必须作为任何自动化项目的关键考虑因素。公司应该告知人们他们的个人数据会被如何使用，并总是邀请他们选择加入一个更完善的服务，而不是只给出他们选择退出的选项。

你的CIO和CHRO刚成为最好的朋友

领导者们将很快领导一支混合的劳动力队伍：数字智能和人类智能的协同，以团队的方式进行紧密的合作。数字助理、协同式 AI、机器人和无人机将成为队友。开发这样的劳动力，提高生产力，加强企业文化，重构或以其他方式部署新的劳动力战略，都必然涉及 HR（人力资源）和 IT 部门，因为这些部门都负责劳动力的关键构成部分——人类智能和数字智能。整个混合的劳动力队伍必须与组织的核心目标保持一致，并被激励执行任务。随着 AI 和机器人技术的不断进步，这种融合看起来是自然且必不可少的。

赋能员工，提升他们的工作，保持品牌中的人性

技术应该强化人类的能力。精心设计且考虑周全的自动化都将优化人类的工作，使人们发现自己的工作更有意义、更令人满意、更具回报。

任何主要的自动化工作都应该在项目前端囊括经验丰富的设计人员，以了解公司的内在人性在业务流程内部增值的重要步骤在哪里。如果对于人们在哪里增加价值的认识不足，可能会导致业务流程的过度自动化，从而破坏市场的差异，并降低公司传递品牌承诺和目标的能力。执行良好的自动化项目则将支持并增强业务流程中的人性，而不是限制或移除它。半自动试衣间保留了我们在购物体验中所期待的所有人与人之间的寻常互动。商店店员的友好、乐于助人和快速服务正是体验的差异化所在。

以周全的方式通向自动化的重要性

企业可能会禁不住诱惑地在整个运营中部署 AI，以此来降低劳动力成本、提升效率和增加利润。然而，领导者应该谨慎行事、避免过度。过度的自动化只会剥夺人类给品牌带来的宝贵差异化。考虑一下行业中每个品牌将自动化发挥到极致的后果。如果我们假设所有公司获得资本和技术的途径都相似，那么合乎逻辑的结论便是，每家公司看起来都一样。差异化仅限于规模、市场触及范围和品牌历史资产。如果每家公司都向客户提供相同水平的服务和能力，那么无差异的产品就会成为一种商品，每个人都想要争取最低价。这对它们所服务的企业客户抑或公众客户来说，都不会是一件有益的事情。

有想法的领导重视长期发展，并会采取平衡的方法实现自动化。组织必须保持成本竞争力并支持员工，这样他们才能向客户提供不断提升的体验——螺旋上升，而非下降。

正如我在 2013 年的 TED 演讲中所讨论的，机器必须最终让我们成为更好的人类，同时也应该让我们的公司成为更好的公司。每个公司都应该回顾自己的目标，并明确界定成为一个更好的公司对它们而言意味着什么。部署与你的价值观完全一致的自动化，加快核心目标的实现。

第8章 数据最后通牒：作为业务创新燃料的数据

对于每家公司的未来来说，数据都至关重要。它将提高决策的质量并加速决策的制订、为未来的 AI 提供输入、促成定制化和个性化的实现、创造新的收入流，并升级公司的产品。每家公司时至今日都是一家科技公司，同时也是一家数据公司，即便它们还没有想明白怎么做。不利用数据来提高运营效率、创造新的产品和服务、改善客户体验、开辟新渠道的公司，必将会落后。它们将与柯达（Kodak）、聚友网（MySpace）、施乐（Xerox）、雅虎（Yahoo）、西尔斯（Sears）、黑莓（BlackBerry）和百视达（Blockbuster）一样，作为因未能创新导致衰落的公司而被人们记住。

利用数据形成相应的投资和规划，哪家公司拥有更多更好的数据，哪家公司就会赢得胜利。

数据的战略重要性：数据驱动决策、AI 和无障碍体验

现在每家公司都是一家数据公司。数据已经成为每个企业的命脉，对于其未来的成功至关重要。对于商业模式创新和产品差异化来说，数据是原材料、是点燃未来人工智能的燃料。数据为运营优化提供了所需的洞察力。数据可以支撑业

务的决策。数据可以让你比客户更了解他们自己。如果没有数据的采集、准备和分析，现代企业就不可能保持竞争力。数据就是力量。

数据驱动型决策，不再基于直觉

到目前为止，每家公司都应该利用数据做出其大部分的业务决策。无视数据的决策只是基于经验的猜测，但在一些行业，这仍然是被接受的做法。员工凭借其直觉制订重要决策。他们利用自己的直觉和经验制订出他们所能制订的最高质量的决策。

服装公司的首席时装设计师可能提前两年以上，对服装的颜色和款式制订相关决策。如果他们的正确率超过 50%，他们就会被称为英雄。很多年来，时装设计师们派遣“酷猎人”到城市的热点区域——时尚的纽约酒吧、高端的巴黎餐馆、东京的购物中心——去弄清楚那些时尚的人在穿什么，并由此判断时尚下一步可能的走向。诸如拼趣（Pinterest）等社交媒体网站的兴起，为时装设计师提供了一个新的信息源。人工智能对来自社交媒体和其他视觉来源的数以百万计的图像进行处理，以发现模式、共性和趋势，并做出预判。对于服装公司来说，这种新能力至关重要。对于 Zara 和 H&M 这样的快时尚品牌来说，从设计到上架的交付时间已经缩短至六周以内。速度和准确性意味着基本的生存能力。

人类的大脑是为高效决策而设计的。对于大多数决策来说，我们的大脑使用捷径式或启发式（经验法则）方法。虽然这些方法通常很有效，但人类的决策过程会受到认知偏差和启发式错误的困扰，这会导致错误的决策。人类并不善于消化庞大复杂的数据集以及寻求相关关系和洞见。复杂精细的分析软件则通常可以制订更高质量、更快速的决策，这些软件往往带有 AI 为其赋能。

以下是每个商业领袖都应该思考的两个重要问题：

（1）通过提供数据作为信息支撑，可以提升哪些商业决策的制订？

（2）我们必须开发什么新的数据源，才能支撑数据驱动型决策的制订？

这两个问题经常能够引发有关传感器策略、社交媒体策略、数据清理策略、数据安全策略和数据“采集与购买”策略的讨论。它们也会带来关于如何整合或统一当前遍布整个组织的、割裂的数据仓库的探讨。

人机资源自动化协同处理

未来的劳动力将是人和机器的混合，以团队的形式共同工作。部分任务由人执行，部分任务由机器人执行，部分任务则由 AI 执行。

随着企业重新设计它们的流程以实现自动化，它们在物理世界和数字世界之间架起了桥梁。AI 生活在数字世界，人类生存于物理世界，而机器人则跨越两个世界存在——一部分是数字智能，另一部分是实体存在。为了让这三个元素有效协同工作，数据必须在物理世界和数字世界之间来回流动。就像接力赛跑中的接力棒一样，数据进行任务之间的接力，它们一个接一个地执行，有时则采取并行的方式。传感器采集数据，这样物理事件的模型可以在数字世界中建立。这个模型，连同运营数据，可以用于实现物理和数字资源之间的行动协同。

填满AI贪婪的胃口

AI，至少从当今流行的深度学习平台形式来看，需要大量的输入数据来进行训练。虽然收益递减定律仍然适用，但一般而言，训练数据越多，数据的质量越高，AI 的能力就越强。

2017 年，谷歌宣布它们决定在全部产品线和全部业务运营中采用“AI 优先”战略来拥抱人工智能。当各个公司开始追随谷歌的领导、自上而下地采用 AI，它们便逐渐发现数据接入已成为一项战略任务。数据输入进 AI，而 AI 驱动竞争力。明确将来你需要什么数据。尽你所能，（合法和合乎道德地）采集和存储可以获取的任何数据。如果不能自己采集数据，那就结成联盟或者开发需要的产品工具。今天的数据将赋能明天的 AI，明天的 AI 则将成为你下一场竞争中的重要盟友。

利用数据交付客户所需：定制化与个性化

在一个拥有 75 亿人口的拥挤世界里，我们都希望别人感受到自己的与众不同。消费者希望品牌尊重他们的独特性，并帮助他们管理个人忙碌的生活。他们与那些花时间了解他们并为他们节省时间的品牌建立关系。

人们想要自己决定购买什么产品。此外，人们还通过购物来表达自己。在这个选择丰富的时代，购物者渴望拥有定制产品的能力。贴在手机和笔记本电脑上的印花贴纸和封皮就是这种渴望的一种表达，但这并不能完全满足人们的需求。

市场人员有时会混淆定制和个性化。通过定制，产品、服务或体验设计的某些方面由客户控制。当你在星巴克点一杯中杯摩卡拿铁咖啡，要求双倍浓缩、多加奶泡以及添加香草末——这就是定制。个性化描述了由卖家而不是由买家做出选择的场景。通过对顾客先前的行为和所表达的偏好进行观察，卖家以此为信息支撑做出选择。个性化有让人们高兴和节省时间的能力。网飞（Netflix）和声田（Spotify）分析你以前的媒体习惯，并做出个性化的推荐设计，旨在简化并辅助你的决策过程。个性化以数据为输入，而定制化则以数据方式进行表达。数据是尊重客户独特性并为其提供无障碍体验的关键。

产品、服务和体验定制

消费者可以定制三明治、改变手机的外观和感觉，并定制匡威的鞋子。在未来的十年里，定制将会出现在生活的方方面面并成为人们的一种期待。要提供定制化的产品或服务，首先必须通过数据了解客户的偏好。有些客户既没有时间也没有意愿定制所有的东西，所以为了让客户生活得更轻松，考虑周到的默认设置和易于使用的界面至关重要。

利用个性化创建无摩擦体验

消费者很忙，有时不愿意耗费太多时间和精力在选择产品和服务上。品牌可以做一些事情让他们的生活变得更轻松，这是值得欣慰的（也是值得期待的）。例如，可以对客户数据进行分析，从而对客户的偏好做出预测。如果你有 95% 的自信已经知道答案，为何还向客户询问（需要他们花费时间和精力来回答的）问题？通过准确预测需求和需要，或提出明智建议来节省消费者的时间，个性化必将使客户感到开心。例如，一款个性化的星巴克 App 会记录：在冬季你只点摩卡拿铁、在春季只点中杯热绿茶、在夏季只点超大杯冰咖啡、在万圣节前后只点一些南瓜味怪味饮料。该 App 将根据一年中的时节来推出最具定制化的菜单选项。同样地，服务也可以个性化。一些抵押贷款公司使用 CRM（客户关系管理）来跟踪客户会优先选择什么样的方式联系他们的经纪人，例如，打电话、发电子邮件或短信，并指导经纪人，在客户有一个不错的再融资利率时使用与首选通信方式同样的方式进行联系。

消费者是易变的。他们忠实于品牌，直到他们在别的地方获得一些更好的体验——也许只是完成任务时少单击一次鼠标。个性化能消除体验中的摩擦、让用户感到愉悦，也消除了更换品牌的理由。

创造新的数据价值

每家公司都应该寻求采集、提炼和使用数据的方法，以创造新的价值。数据也可以货币化，以便用于提升产品质量。

通过将洞察货币化从而将数据转化为金钱

人们常把数据比作石油，因为在经过提炼之前，数据的用处不大。石油被提炼成汽油、航空燃料、沥青、塑料和其他各种油基产品。数据被提炼成信息、知识和智慧。原始数据描述的是有关世界的观察、信号或事实。就其本身而言，它缺乏上下文，因此相当无用。而信息需要通过检查数据内部的关系并运用上下文解读来获得，它们往往回答了例如“谁”“何时”“什么”和“在哪里”等问题。进一步的理解在于通过发现内部信息的模式来创造知识，知识通常回答的是有关“如何”和“为什么”的问题。智慧则来自于运用经验和正确的判断来对知识进行整合和评估，以理解一个系统的组织原理，并对最好的、最道德的或最有益的行动方案有深刻的洞察。未来的人工智能可能会冒险进入这一领域，但目前这还是人类独有的能力。

数据可以通过货币化来创造价值。一种简单的方法是采集内部运营、产品和客户使用数据，并推导出可用于提升运营效率和未来产品设计的洞察。数据也可以转化为有价值的信息，对外实现货币化。汽车制造商可以使用加速计和 GPS 传感器收集有关路面质量的数据，然后以展示路面坑洼位置地图的形式卖给地方政府。安装在自动驾驶汽车上的摄像头可以绘制城市中开放停车位的地图，这些信息将被卖给泊车助手应用程序。杂货商使用会员卡来收集有关购物的数据，他们把这些数据卖给消费品公司，这些公司渴望了解人们的购物习惯是如何随时间变化而变化的。针对外部销售而收集的数据驱动型洞察，也可以用于指导内部决策。当看到葡萄坚果麦片的销量很低时，英国杂货商塞恩斯伯里（Sainsbury's）可能会考虑停止销售这款商品，但会员卡数据分析表明，葡萄坚果麦片主要由高消费的忠诚客户购买。利用这个洞察，Sainsbury's 决定继续销售葡萄坚果麦片，尽管其销量不高。

提升产品：从产品到服务，再从体验到转变

企业创造的价值越多，获得的回报越多。金工车间的工作是把钢板加工成小零件；餐馆的工作是把食材变成一顿在愉悦环境中享用的美食；旅游提供商把交通和住宿服务结合起来，为你提供度假服务；美国减肥品牌 WW（前身为 Weight Watchers）提供现成的膳食、饮食计划以及激励机制来帮助客户减肥。每个例子都展示了在一个重要分层结构中的一个步骤：从原材料到产品，从产品到服务，从服务到体验，最终从体验到转变。分层结构中的每一层都创造了额外的价值，消费者愿意为这些价值支付额外的费用。

传感器、数据和加工处理可以提升产品质量并升级价值层次。让我们来看看传感器和数据如何优化小狗日托服务。

（1）服务水平提升。RFID 阅读器利用置于狗项圈上的 RFID 标签来跟踪每只狗的位置。项圈里的话筒记录狗叫的频率，加速计记录狗的活动：跑步、走路、蹲坐和睡觉。食物碗和饮水碗中的传感器可以测量每只宠物的进食量和饮水量。这些数据被用于构建一个新的远程监测服务，作为白银级服务进行市场推

广。一个 App 可以向狗主人显示狗狗的活动水平、与其他狗的社交情况，以及食物摄入量等。

（2）创造体验。传感器、信息处理和上下文的提供将产生一种新的体验。将狗狗的数据与具备同样设施的其他宠物进行对比，便于主人观察它与其他狗相比有多活跃、合群、吵闹或贪吃。该设备也会显示狗狗朋友的名字和照片，并根据狗狗与每个朋友玩耍的时间进行亲密度排序。藏在宠物玩具里以及放置于设施周围的摄像头，会对狗狗的一天自动编辑 1 分钟的视频摘要，显示它的重要表现。相关数据源自 RFID 阅读器、项圈加速计和机器视觉系统。狗狗的实时视频可以作为网络流提供给它的主人。有了这些令人叹服的体验，宠物主人会觉得通过这些设施使自己和宠物以及宠物的日常生活连接更紧密了。这种体验作为黄金级别的服务被出售。

（3）加快步入转变。白金服务则包括一个转变——一个对于一只超重或体重不足、吵闹或反社会的宠物所需的干预。带有集成 RFID 读取器的感知式食品分配器会限制正节食的动物的食物供应。训练员会检查宠物的社交得分，执行必要的干预，并使用传感器数据不断跟踪其进展情况。这些数据作为进展的证明和转变的证据将被提交给宠物的主人。

通过使用传感器收集数据，使用计算资源处理数据，并按照数据采取行动，我们将简单的产品——狗项圈、食物碗和宠物玩具——提升到提供服务、体验和转变。在每个层面上，宠物主人都可能会为他们获得的新增价值支付更多的钱。

数据螺旋：利用摩尔定律创造价值增长层次

工程师们使用今天的计算机芯片设计未来的计算机芯片，从而使摩尔定律半个多世纪以来一直在发挥作用。这些新芯片继而又被用于启发下一代的芯片设计，以此类推。这种计算性能的持续提升使我们所有人都受益匪浅。新的硬件让我们可以运行更复杂、需求更高的软件；新的软件为更快的芯片创造了市场。世界从此发生改变。

与摩尔定律相对应的新定律已经出现了：这一次，一切都与数据有关。它是这样工作的：创建一个服务，同时在交付服务的过程中自动采集数据。这些数据被用于构建一个在以前不可能实现的更复杂的新服务。该服务还会采集另一组更复杂细致的数据，并形成价值创造的上行螺旋。在螺旋的每一个转折处，服务都变得更优质和更紧密，所采集的数据集都变得更大、更复杂且更具价值。

像谷歌、亚马逊、百度和脸书这样的公司一直在构建数据螺旋。让我们来看一个来自谷歌的例子。支撑谷歌地图和谷歌地球的基础数据集是卫星图像、拓扑数据（获取道路的形状和交叉连接）和位置数据。谷歌将这些数据打包以创建它们的地图服务。这些“免费”服务在使用时会采集个人数据。谷歌会记录你在谷歌地图上的每一次搜索，并在你使用 App 时跟踪你的位置。这些个人数据可被用来提供新的、更精细、更有价值的服务。

通过分析你的位置，谷歌计算出你在什么地方居住和工作、你在哪里买食品杂货、你的孩子在哪里上学，并获得有关你个人兴趣的洞察。根据你的位置数据，谷歌计算出你的驾驶速度和方向。通过聚合这些数据谷歌可以构建精确的流量模型，交通服务将被添加到谷歌地图和谷歌 Waze 服务的导航功能中。

交通数据与来自谷歌日历的数据相结合，增强谷歌助手的功能，在当前的交通状况下，对于什么时候应该出发前往下一个约会地点，它可以提供有用的建议。因为谷歌助手更具价值，人们会经常地使用它，并将其用于家居控制和语音搜索等更广泛的任务中。采集到的语音数据可用于训练谷歌 AI。具备谷歌语音助手功能的谷歌家庭产品包括一个显示个人照片屏保的屏幕。谷歌鼓励你上传个人照片到谷歌照片，这样你就可以欣赏到个人照片在你的厨房餐台上旋转。谷歌使用这些照片来训练它们的 AI。谷歌创造了许多价值与数据共同上升的螺旋结构。数据越多，价值越高；同样地，价值越高，数据越多。

当谷歌意识到采集个人位置数据的核心价值、计算出获取数据的最佳方式是提供免费地图服务时，这种数据螺旋就开启了。在 2004 年，谷歌还没有地图数据，因此它们收购了两家公司：Keyhole Inc（现谷歌地球），以及 Where 2（现谷歌地图）。据传当时两家公司的总收购价不到 4500 万美元——非常划算。

像谷歌这样精明的公司十分了解投资购买或构建有价值的数据集的战略重要性。谷歌为其街道地图服务采集图像付出了巨大努力，因为它知道街道地图会帮它在未来采集到更多、更具价值的数据。

提示一下，数据螺旋不是非得围绕个人数据而建立，它也可以围绕企业可能需要的任何数据集来构建。美国联合包裹运送服务公司（UPS）和联邦快递（Fedex）利用司机的导航数据优化了送货路线。UPS 估计，它们的 ORION 路径选择系统为它们节省了 1000 万加仑（1 美制加仑≈ 3.785 4 升）的汽油，并使它们的司机每年减少了 1 亿英里（1 英里≈ 1.609 3 千米）的路程。优步（Uber）和美国网约车平台（Lyft）利用定位、导航和交通服务来创造价值并在此过程中采集乘客数据。Waymo 自动驾驶汽车使用谷歌地图导航，其激光雷达和雷达传感器同时采集街道布局的高保真地图数据。特斯拉的汽车在由人类车主驾驶时，会绘制详细的道路网络地图，利用这个数据训练并改进它的自动驾驶系统。螺旋无处不在。

随着最初的摩尔定律开始停滞，数据螺旋上升的“新摩尔定律”方兴未艾。在 20 世纪 80 年代、20 世纪 90 年代和 21 世纪初，利用摩尔定律的公司创造了巨大的价值。未来十年利用数据螺旋的公司也会取得类似的成功。你的公司可以构建什么样的服务来为你提供具备更高价值的服务和更丰富的数据源？你的数据螺旋策略又是什么？

第9章 未来的工作：有何期待并如何“防范机器人”

技术一直在改变工作。随着企业开始部署本书中所讲述的技术，工作场所也将迅速面临发展、演变。为了了解未来的工作，回顾一下过去技术是如何改变工作的将大有裨益。

工作的历史：从体力时代到知识时代

在工业革命初期，大多数人靠在土地上劳作为生。1790 年，约 90% 的美国人都从事着农业活动（资料来源：美国农业部）。劳动者的价值由他们一天中所能做的体力劳动数量来衡量，其中最重要的因素是力气、耐力和技法。

工业革命促使人们离开田地，进入工厂和办公室。今天，只有不到 3% 的工作属于农业（来源：美国农业部）。西欧大部分国家、加拿大、韩国、日本、以色列、阿根廷、澳大利亚和其他工业化国家的情况与此类似。人类已经创造了许多机器，蒸汽机、机动化、电气化、生产线和计算机控制促进了生产并创造了巨大的财富。机器使大多数体力劳动商品化，使得许多体力型劳动转变为知识型工作。

在知识时代，工作者的价值是通过他们的经验、知识、创造力、认知能力及利用个人网络完成工作的能力来进行评估。今天的大多数知识型工作在 18 世纪 90 年代是不可想象的。数以百万计的人现在以网页设计师、药剂师和派对策划人的身份谋生。生活的平均水平显著提高，人们寿命更长、更健康。虽然有些人仍从事着体力劳动，例如建筑工人、卡车司机、门卫、仓库看护人员、制造业技术人员、行李搬运工等，但他们中的很多人都有工具和机器相辅助。

下一个时代的工作：增强型工作

机器把我们带入了知识时代。随着人工智能的出现，我们正在创造智能机器。这些智能机器将从根本上重塑工作。

AI将一些知识型工作以及更多的体力劳动实现商品化

强大的人工智能已经在做一些知识型工作，它们可以进行诊断、决策制订并拥有了其他以往只由人类拥有的能力。具有强大的传感器并由 AI 控制的自动机器，将使更多的体力劳动实现商品化，而这些工作是无法利用前几代自动化技术来完成的。可以装饰墙面、修补坑洞和回收分类的机器人都正在开发中。

自动化并不会取代所有的工作。一些体力劳动仍将存在，那些需要灵巧性、技艺和与人类进行身体互动的工作目前都是安全的。也不是所有的知识型工作都注定会消失。许多知识型工作将因自动化而得以提升，而不是被自动化所取代。自动化将减少重复性且危险枯燥的工作，这使得劳动者能够聚焦于更有意义、更高回报的工作。也就是说，AI 的兴起是产业革命规模扩张的一个重要转折点。几十年来，自动化一直在侵吞工作。人工智能的出现加速了这一过程，并将仅十年前看起来都像是科幻想象的场景变为现实。

人类区别于其他动物的特质之一是人类制造和使用工具的能力。从锤子、鱼竿到联合收割机和计算机，人类使用工具来完成工作。这些工具是从属于我们的，一切都由我们掌控。有了人工智能，机器获得了自主权，我们与技术的关系也在发生变化。我们将与它们进行协作，而不再是控制工具来执行任务。技术将有自己的代理，并自行做出部分决定。我们将与技术合作、共同创造内容，我们将把 AI 和机器人更多地视为队友而非工具。

协作型技术增强了我们现有的能力。超级传感器和可穿戴技术帮助我们看到更多、听到更多、感受到更多。数字智能增强我们自有的智能。机器人帮助我们完成更多工作。例如，建筑机器人公司（Construction Robotics）生产的 SAM-100 机器人与一名砌砖工合作工作时，可以砌出相当于一个人单独工作时 6 倍数量的砖。

未来的工作将由人类智能和机器智能共同进行紧密合作。智能机器将增强和扩展我们自身的能力，包括认知能力和生理能力。但这并不需要身体的物理融合，无须采取这种极端措施我们就可以增强自己。我们的方向感将得到提升，这无须在大脑中植入 GPS，我们仅仅需要查看自己手机上的地图。

欢迎来到增强工作时代——一个人类与认知机器共同合作完成工作的时代。在本书中，我已经介绍了很多增强技术的早期示例。为了表明我对新的增强工作时代的观点，让我们快速回顾一下其中的四个示例。

（1）协作机器人（Cobots），是一种专门为与人类进行合作而设计的机器人。在零售商店、仓库、研究实验室、食品服务和制造流程的许多工序中，协作机器人将与人类共同工作。

（2）协同式 AI（Collaborative AI）与人类工作者合作创造内容。这类 AI 将迅速入侵许多职位，而不仅仅是它最初被设计服务于的工程建筑业。十年后，一个协同式 AI 可能会协助人类写出一本书，或者汇总演讲材料。协同式 AI 还能帮助程序员编写代码、帮助教师教学，或帮助律师制订起诉和辩护策略。

（3）数字化个人助理（Digital Personal Assistants）可对大多数员工提供支持。数字智能可指导我们度过每一天，帮助我们聚焦关键任务并处理杂事。

（4）AR 工作者（AR Workers）将人类的身体灵活性和智慧与机器的数字智能以及庞大的在线资源结合在一起。增强现实（AR）为工作者提供每一步的视觉指导，向他们展示下一步该做什么。结果将是人与机器紧密结合在一起，创造出一个增强型的工作者。

协作机器人、协同式 AI、数字化个人助理和 AR 工作者只是技术将在工作场所增强人类能力的四个示例。我们正在进入增强工作时代。

自动化决战："防范机器人"职业规划

随着我们进入增强时代，有两件事是明确的：一些工作将通过与智能技术的深度合作得以提升，而其他工作将被完全取代，数百万人将陷于混乱状态。

哪些工作面临风险？

有关工作自动化的话题争论很大。自动化的下一阶段如何实现将由许多因素共同决定，仅仅因为一个工作功能可以自动化并不意味着它就必将自动化。为了预测自动化对就业的影响，我们必须考虑经济因素（有时一个人的工作成本低于一个机器人的制造和维护成本）以及技术、政治、监管和其他实际问题。即使在技术上是可行的，用 AI 取代人类通常也并不总是正确的商业决策。例如，没有人愿意由机器人告知他们患有第三阶段肝癌。

聪明且有见识的分析师研究了 AI 可能对全球劳动力造成的影响。他们的结论各不相同，但他们都一致认为，未来十到二十五年内，相当数量的工作都将面临自动化的高风险。

牛津大学 2013 年的一项研究引发了人们对这个话题的极大兴趣。这项由 Carl Benedikt Frey 和 Michael A. Osborne 共同完成的研究表明，美国 47% 的工作面临自动化的风险。普华永道（PwC）2017 年的一项研究表明，到 2030 年，美国 38% 的工作将面临自动化的风险。在 2014 年的一项研究中，勃鲁盖尔（Bruegel）智库得出结论，欧盟 54% 的工作——欧洲的工作严重倾向于服务业——将面临自动化的风险。经济合作与发展组织（OECD）的全球研究得出了一个不那么令人吃惊但仍然发人深省的结论：在 2016 年 OECD 指出，全球只有 9% 的工作面临自动化的风险，但到了 2018 年 3 月，OECD 将自己的估算更新为 14%。

各种不同的预测使得我们很难认清对即将到来的自动化"海啸"的担心程

度。将其进行比较就很困难，因为每个预测模型使用不同的假设和不同的输入变量，并对不同的时间段内的不同市场做出预测。这些模型各不相同，因为它们必须评估包括破坏就业与新创造就业的比率、技术发展和应用的可能速度，以及婴儿潮一代退休导致的短期劳动力市场萎缩的数量（也即，婴儿潮一代还会在工作岗位上待多久）等综合、复杂的因素。

从历史上看，技术创造的就业机会总是比它摧毁的就业机会多。通常情况下，新工作需要更高水平的技能、创造更多价值，因而需要匹配更高工资。新技术创造的工作往往对体力要求更低并能提供更高的工作满意度。一些分析人士认为这个过程将继续下去，AI 所创造的就业岗位的质量将高于它所摧毁的就业岗位的质量。一份普华永道（PwC）2018 年聚焦英国的报告预测，尽管人工智能将摧毁 700 万个英国的工作岗位，但在这一过程中它将创造 720 万个新工作岗位。另一份普华永道（PwC）的报告则预测，到 2030 年，AI 将促进全球 GDP 增长 15.7 万亿美元。大约 50% 的增长来自 AI 对产品的改进，这些改进使得产品更实惠、更个性化，且种类更丰富。普华永道（PwC）预计，这将刺激消费需求增长并提振经济。

如果我们假设这些预测的平均值是准确的，这将给社会带来两大挑战。第一个挑战是新创造的工作通常比它们所取代的工作需要更高的技能。普及成人教育对于社会平稳转型至关重要，可能需要建立社会安全机制来帮助那些无法实现这一飞跃的人。比如一名来自内布拉斯加州奥马哈市的 50 岁卡车司机可能无法学会如何为增强现实界面设计虚拟物体。

第二个挑战则是转型的速度。在工业革命中，人们花了十代人的时间由农业转向工业，这一过程长达两百年。而即将到来的自动化“海啸”或将要求一半的劳动力在仅仅一代人的时间内完成转变。我们当前的教育体系源于一百五十年前的设计，旨在将人们从农田转移到工厂，因此无法通过拓展当前的教育体系来应对这一挑战。政府、雇主和教育系统都需要加快步伐。商业圆桌会议（Business Roundtable）在 2019 年 8 月发表的一份声明也承认了这一点。这份由 181 位大公司 CEO 签署的关于商业目标发展演变的声明，特别提到公司需要“通过培训和教育来支持员工，以帮助他们发展适应快速变化世界的新技能”。

AI能实现任务的自动化，而不是实现工作的自动化。一些包含常规重复性任务的工作比包含大量非常规任务的工作更有可能实现自动化。卡车司机执行一项主要任务：驾驶。一旦驾驶任务实现自动化，卡车司机的整个工作就可以实现自动化。营销经理执行的很多不同的任务中，有些任务可以实现自动化，但大多数任务则不能。自动化帮助营销经理花费更多时间在他们可以增加独特价值的任务上。为了准确地预测工作的消失，研究模型必须理解地球上每一项工作中涉及的所有主要任务，以及每一项任务是否可以实现自动化。这是一个苛刻的要求，因此也是众多模型不能达成一致的一个原因。

无论你是选择相信经济合作与发展组织（OECD）的模型、普华永道（PwC）的预测，还是另一位分析师的预判，问题都显而易见。在接下来的二十年里，我们必须重新安置全球大量的劳动力。现在的争论只是有关社会面临挑战的规模大小问题：它是大型的，还是巨大型的？这个挑战应该引起每个人的注意。许多组织正努力提高人们对这一问题的认识、引入政策制定者，并让劳动力为变革做好准备。

天还没有塌下来

挑战的大小并不能确定，我们还有一些时间为即将到来的转变做准备。但时间紧迫，这应该是我们共同讨论的问题。如果我们正确实现这一转变，我们将以提升人类工作、创造更高生活标准、使工作获得更高情感回报的方式进入增强时代。如果我们做错了，经济可能会崩盘。

大部分人和政客仍对这个话题持否定态度。令人惊讶的是，94%的美国人认为他们不太可能因自动化而失业（来源：NPR/Marist）。2017年，爱可信基金会（Axios）曾问美国财政部长Steve Mnuchin是否担心自动化。他的回答令人不安，他说这个问题“甚至不在我们的考虑范围之内”，他认为这个问题“还要有五十到一百年的时间才会出现。”然而与自动化相关的工作已经开始消失了。2017年3月，美国国家经济研究局（National Bureau of Economic Research）报告称，在1990年至2007年期间，人们因机器人失去了67万个工作岗位，而在那期间，机器人甚至尚未从先进的 AI 智能中受益。麻省理工学院的 Daron Acemoglu 和波士顿大学的 Pascual Restrepo 开展的研究表明，在制造环境中安装的每个机器人平均可替代 5.6 名工人，并使平均工资降低 0.5%。当你要与那些永远不会累、不请病假也不要求加薪的机器人竞争工作时，要求加薪就愈发困难了。

在未来二十年里，AI 赋能的自动化将影响大量不同的工作。一些岗位——包括农场劳动者、放射科医生、承保人、抛光工、电话推销员、出纳员、簿记员、报税员、屠夫、银行出纳、文书、律师助理、出租车司机、审计员、客户支持专员和食品加工人员等——可能会被完全自动化。需要具备高水平创造力、同理心、人际交往、协作、适应能力、文化理解能力、系统思维能力、复杂问题解决能力的岗位，或者涉及各种非常规任务的岗位，则仍然是安全的。这些岗位将在某种程度上与 AI 结合，使员工能力得以提升并专注于只有人类才能完成的任务。

“防范机器人”

我的听众们提出的最常见问题是“我该怎么做才能在自动化“海啸”中生存下来？”人们不仅为自己而问，而且常常也出于对子孙后代的关心而问。高水平的答案很简单：要生存，我们必须让自己能够“防范机器人”。我们必须培养和提升机器永远无法掌握的技能。我们必须加倍重视我们自己身上的人性。

AI 将持续改进。机器人将变得更加敏捷和灵巧。机器视觉、语音识别和语音平台的能力将变得更加强大。机器将提高它们的创造能力。当这些发生时，人类工作者必须将他们的焦点转向人类独有的技能。对一些人来说，这似乎是一种后退；对其他人来说，这却像是一种解放。机器人和 AI 将承担更低层次的任务，让我们专注于更有意义、更有影响力、具有更高回报的工作。

“防范机器人”的技能包括复杂的批判性思维、创造性的问题解决能力、社交能力，以及“21 世纪心理”。

复杂的批判性思维

大脑能够理解复杂系统中不同部分之间发生的错综复杂的联系和相互作用。

我们寻找所需信息来理解这些关系，并往后退一步以看到更大的图景。我们分析各种情况、将它们与其他情况进行对比、理解可能存在的相似和不同之处。我们根据现存的标准和期望进行相应判断和测试。这些标准可能是文化的、专业的、社会的，或其他需要复杂知识和经验的标准——而机器并不具备概念的洞察。即使是在高度复杂的情况下，人类也可以权衡证据并得出结论。我们可以产生新的想法，并根据其功效来对这些想法进行判断。机器则不能。

创造性的问题解决能力

为了解决复杂的问题，我们会利用自己的能力去想象新的潜在场景，并计划建立解决方案的方法。为了让孩子们为后自动化（postautomation）经济做好准备，我们应该激发他们的想象力和好奇心，并且在诸如制造商实验室（Maker Labs）的地方提升他们实际解决问题的能力。机器已经获得一定的创造性能力，它们对与人类合作共同创造内容非常有用。然而人类的创造力仍然是使我们能够“防范机器人”的一种强大资产。创业技能——发现机会、创建商业和营销计划、筹集资金、吸引人才和创造价值的能力——对人类来说是独一无二的，在后自动化经济中则将显得愈发重要。我们应该投资为孩子培养这些技能的机构、学校。

社交能力

了解人们——如何与他们进行交谈、激励他们，并与他们一起富有成效地工作——将是一项极其宝贵的后自动化技能。领导能力，也即鼓励他人跟随你的能力，则将保持其富有意义的地位。人际沟通技巧使得我们能够分享复杂想法、影响他人，并且获取至关重要的洞察和智慧。随着团队越来越趋向动态化、跨职能和多样化，团队合作技能将变得更加重要。同理心仍然是区别我们和机器的主要技能之一。许多“防范机器人”的岗位——例如护理、教育和咨询——要求员工具备理解他人、设身处地为他人着想、同情他人处境的能力。“文化”刻画的则是人类行为方式的奇妙之处，理解文化便是理解人们的出生地、背景、身份和态度等所有丰富微妙之处。文化提醒我们如何看待世界、看待自己，如何行为，以及什么对我们重要、我们的独特需求是什么等很多令机器困惑的事情。机器无法理解文化结构。这一现象经常出现在科幻电影中用以增加喜剧效果。

21 世纪心理

终身职业已不复存在。今天进入职场的人一生中可能有两份、三份乃至更多的职业。他们可能会从事现在并不存在的职业，而这些职业在他们退休之前就已经过时。要在一个不断变化的世界中前行，人们需要具备适应能力、求变能力、持续的好奇心、乐观态度，并能终生学习。他们需要以一种他们的父辈和祖辈从未有过的方式掌控自己的命运。他们需要有韧性和勇气。这种 21 世纪心理将帮助人们在充满活力且快速变化的劳动力市场中找到正确方向、实现令人兴奋的新岗位的转变，并全身心投入到后自动化经济中。

你可能还听说过被称为 21 世纪 4C 的“防范机器人”技能：创造力（creativity）、沟通能力（communication）、协作能力（collaboration）和批判性思维（critical thinking）。无论对 4C 如何进行解读，想要在后自动化时代经济中茁壮成长，你都应该专注于培养独特的人类技能。

由T型个体组成的复杂多样的团队

人类接下来将面临一系列庞大而复杂的挑战。这些挑战不能由任何一个组织或任何单一方法来解决，而只能由跨多个专业的、多样化的高机能团队来解决。

以汽车的发展为例。在 20 世纪 50 年代，一个汽车设计团队需要机械、石化、电气等专业的工程师、空气动力学专家和设计师一同工作。汽车由钢、铜、木材、皮革、玻璃和橡胶制成。现代汽车设计团队则增加了新的成员：电子工程师、半导体设计师、程序员、体验设计师、安全工程师等，来设计铝、金属合金、碳纤维、塑料和电子产品。自动驾驶汽车还需要更多的有关 AI、机器伦理、仿真、数据科学和传感器技术等方面的专业知识。

为了有效协作，来自不同专业和背景的人们必须了解彼此的相关专业知识。

重要的是，他们必须尊重其他专业。通常来说，人文学科学生常常轻视工程学，而工程师也同样轻视人文学科。教育体系必须培养全面发展的专家，他们要具备对专业以外学科的基本理解，并且对自己领域之外的知识有求知欲。于是，这些“T 型”或“π 型”的个体将至少拥有一个专业的深度知识，并且能将这些知识与其他学科的基本理解进行融合。这些人还拥有支撑他们的跨界技能：强大的沟通能力、人际交往能力和团队协作能力。

为了应对快速变化的世界，公司必须建立由 T 型（或 π 型或 ɱ 型）人员组成的多样化团队。要让这些团队蓬勃发展，领导者必须培养持续的好奇心，建立相互尊重的文化。

新技术创造新型工作

随着新技术用于解决新问题、创造新能力，新的工作也就随之产生。这些工作很少能在当下被预测到。当詹姆斯·瓦特的蒸汽机出现在 18 世纪晚期时，几乎没人会预料到它会带来大量与火车相关的工作。除了建造火车、轨道和车站所需的所有人员外，还要有许多人受雇管理车站运营、操控信号、维护轨道、建立时刻表、查票、装运行李和在餐车提供食物。当第一台电脑被制造出来的时候，并没有人能想象到有网络设计师、游戏开发师、PowerPoint 演示指导师、计算机辅助设计师、智能手机屏幕修复技师或网络安全管理员等各种岗位出现。

本书中讲述的 6 种技术的全面部署才刚刚开始，而一些新的岗位已经出现，大多数已然超出我们目前的想象。我们肯定会需要更多的数据科学家、机器人工程师和机器学习专家。我们需要能够运用专业知识来解决问题的人。拥有跨多个领域专业知识的人——比如在 AI 和医学领域都具有专业知识的工程师——将会非常受欢迎。高影响力的项目将需要来自各种不同专业、具备不同专业知识的人组成团队进行跨专业合作。新的岗位将创建于从前独立专业的交叉点。机器伦理学将把人工智能的知识与道德伦理哲学进行结合。

随着新的技术创造新的价值，新的岗位也将出现。增强现实技术的成熟可能会使“虚拟物体设计师”成为一份实实在在的工作。一个充满活力的市场会出现各种各样的交互式虚拟物品：品牌运动队头像、虚拟智能镜子和用于咖啡桌的交互式数字雕塑。虚拟物体设计者需具备视觉设计、体验设计和编程等综合专业知识。生物技术的进步有可能创造出有机体设计者。随着人们的寿命越来越长，长寿教练可以帮助我们构想和规划如何度过我们的黄金（和白金）年代。一些新岗位将为自动驾驶汽车重新规划城市。自主平台将创造新的岗位。能源行业将创造与智能电网和向无碳社会转型有关的新岗位。和以前一样，很多在今天无法想象的工作将出现。

让世界在后自动化经济中继续运转

在未来的二十年里，自动化可能会取代目前在职的数亿人。所以在向新岗位转型的过程中，有些人将需要支持。

身份、目标和生活2.0

当人们在被问及“生活 2.0”于他们而言是什么样子时，很多人会感到很失落。想想你自己的职业。如果有人打了一个响指，你的工作，以及所有类似的工作，在一瞬间都永远消失了，你会怎么办？如果你的所有经验和技能培训都突然变得无关紧要了呢？你会如何为你人生的下一阶段选择新的职业？通常来说，我们的工作常常成为我们身份的一个体现。它们有助于我们形成自我意识。它们是我们创造生活意义并形成目标感的一种方式。职业生涯中的大挫折会让人感到失落、被抛弃、无价值和无希望。职业咨询服务帮助人们在规划新职业的过程中找到一种新的身份感。社会应投资于这些服务并扩大其业务范围，以应对未来不可避免的需求。

数百万人的技能升级和更新

我们需要使数百万人为即将到来的转型做好准备。这一负担将被加诸于政府、企业和教育系统。企业亦将发挥关键作用，它们不能仅仅依靠别人来提供未来工作所需的受过教育的人才。对现有员工进行再培训，可能比解雇他们然后在公开市场上招聘稀缺人才更为划算。2019 年 7 月，亚马逊宣布计划斥资 7 亿美元，到 2025 年对约 1/3 的员工进行再培训。劳动者们将获得新的技能，这些技能既可让他们接受公司的新挑战，也可以为他们在亚马逊之外的新岗位做好准备。

世界经济论坛预测，到 2022 年，“不少于 54% 的员工需要重大技能更新和提升。”据估计，其中，约 35% 的人将需要为期 6 个月的额外培训，9% 的人将需要为期 6 ~ 12 个月的再培训，而 10% 的人将需要为期一年以上的额外技能培训。”

终身学习是新常态。在职培训已经成为大多数职业发展的一部分，但是自动化技术将加速对持续学习和个人发展的需要。终身单一教育的时代已经结束。

企业将竞相维持一支受过良好教育、适应能力强的劳动力队伍，因其拥有与最新技术能力互补的技能，而能够在快速发展变化的工作环境中发挥作用。为了避免高流动率和高人才获取成本，企业将需要建立健全的培训部门，或与第三方培训提供商结成强大的联盟。

新的社会契约

尽管创造新工作机会的长期前景可能很强劲，但快速自动化和对技能更新的迫切需求，可能会带来短期到中期（可能未来十至十五年）的挑战，一些人认为，这将产生一批永久性失业和未充分就业的人群。整整一代人的转型是前所未有的，这可能会对社会造成巨大压力。

为了保持全球经济持续发展，我们可能需要考虑对社会契约做出改变。20 世纪 70 年代，人们经常讨论每周工作三天，现在，至少对一些人来说，这或将成为现实。我们可能需要找到一种方法，为人们提供一份体面的收入，作为他们每周只工作 25 小时的回报。一些人提倡工作和收入的部分脱钩，例如，通过“全民基本收入”（UBI，Universal Basic Income）等计划，向所有公民提供固定收入，而不论他们的就业状况如何。

理查德·布兰森、埃隆·马斯克、马克·扎克伯格、斯蒂芬·霍金和雷·库兹韦尔似乎都得出了这样的结论：未来需要某种形式的全民基本收入（UBI）。美国 2020 年总统大选候选人安德鲁·杨对他所说的“自由红利”（Freedom Dividend）充满热情，希望借此驾驭即将到来的自动化浪潮。支持安德鲁·杨的埃隆·马斯克说：“由于自动化，我们有大好机会最终实现全民基本收入或类似的政策。”理查德·布兰森在谈到 UBI 时表示，“希望这样的政策能够帮助到那些正为生存而挣扎的人们，让他们得以立足、不断开拓进取，并更具创造力。”已故的史蒂芬·霍金在 2018 年接受社交新闻网站 Reddit 采访时表示，“如果机器能生产出我们所需要的一切，其结果就取决于将事物进行分配的方式。”如果机器生产的财富能够被共享，每个人都可以享受奢侈的休闲生活；如果机器所有者成功地游说反对财富再分配，大多数人可能最终陷入悲惨的贫穷中。到目前为止，趋势似乎是朝着第二个方向前进——技术正驱动不平等的不断加剧。”

霍金的洞察表明，与自动化相关的工作消失将很快成为一个重大的政治问题。快速的自动化将对社会造成破坏，而政府干预的缺位可能导致极端不平等、贫困加剧和更多人无家可归。

随着企业实现自动化，它们以机器人形式的资本设备取代人力。微软联合创始人比尔·盖茨建议更新企业税，他表示，“比方说，现在人类劳动者在工厂里做了价值 5 万美元的工作，并要为此缴税……如果一个机器人来做同样的事情，我们或许应该对机器人征收同水平的税。”

另一些人提倡负所得税，为收入低于一定门槛的人提供来自政府的补贴。负所得税制度的优势在于，它激励人们去工作，即使是从事工资低的工作。但 UBI 的早期试验似乎表明，只有非常小比例的人利用这个系统逃避生产性工作。看起来，大多数人工作的原因并不仅是为了赚钱，他们工作是为了得到挑战、社会交往、自我价值、地位，让自己充实，并为他们认为值得的事情做出贡献。

早期迹象表明，人们可能会寻求政府干预来减缓自动化的进度：58% 的美国成年人表示，应该限制可以被机器人和计算机取代的岗位数量，即使这些技术提高了企业的生产力（来源：皮尤研究中心）。广泛的自动化和失业可能会导致工人罢工和社会不稳定。“卢德派分子”摧毁夺走他们纺织工作的机械化织布机。如果我们要避免“卢德派 2.0”（Luddite 2.0）的出现，就需要社会解决自动化可能带来的日益加剧的不平等。

全体船员登船就位

当谈到自动化和工作消失的话题时，在答案之外还存在更多开放的问题。21 世纪 30 年代面临的挑战将在 21 世纪 20 年代的前半段变得更加清晰。企业、教育部门和我们所有的机构都必须采取适当而迅速的应对措施。我们在其中也可以发挥重要的作用，帮助其他人理解面临的挑战，并就有关潜在的解决方案鼓励人们开展有意义的对话。要摆脱这场危机，无须联合，但也不能放任不管。读到这本书时，请把自己当作未来学家。

从现在起，传播消息，开始对话。

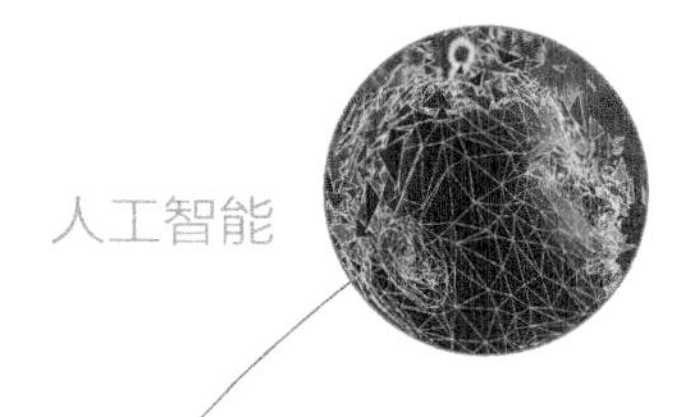

第三部分

PART 3

来自行业的教训：一个部门一个部门来

人工智能
物联网
自动化机器
区块链
AR/VR
5G
5G

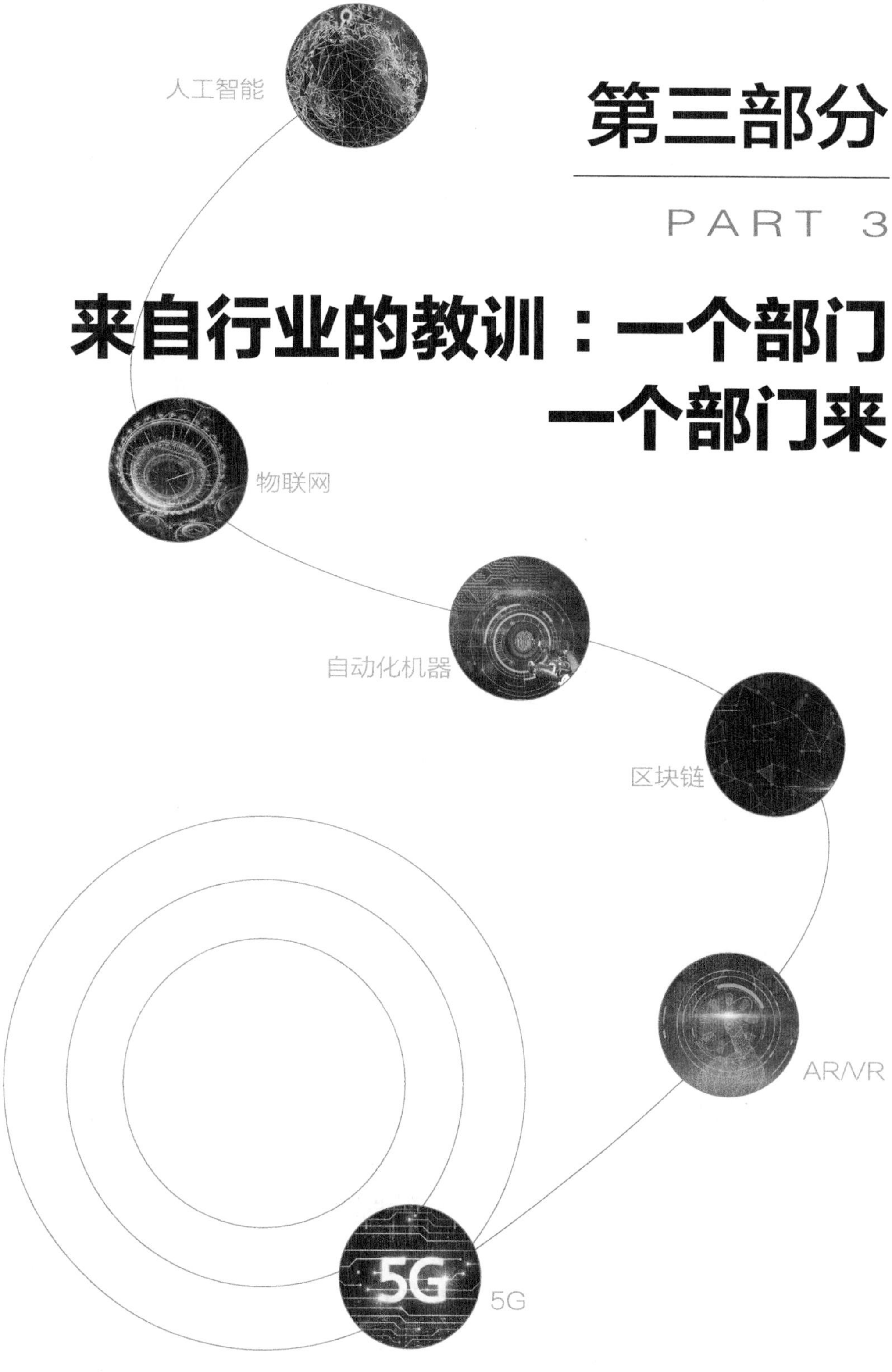

第10章 保持健康护理业的健康：企业能从健康护理技术中学到什么

技术将改变健康护理的提供方式，一场革命已在路上。超级传感器在复杂精细 AI 的助力下，可以帮助临床医生以一种他们从未经历过的方式“看见”他们的病人。AI 将增强医生的诊断能力，为他们提供第二双眼睛和宝贵的第二种意见，最终甚至可以承担较低水平的诊断和护理工作，让医生能够专注于更具挑战性的病例，并将更多的时间投入到最需关照的患者身上。遥感可以将可穿戴技术与家用传感技术结合，以保持患者和临床医生之间的持续连接、改变他们之间的关系，并完全颠覆当前的健康护理模式。

挑战：满足老龄化人口的需求

在前互联网时代，健康护理系统改革实现的速度还不够快。如果不能尽快实现健康护理系统的改革，现有系统将难以应对未来几十年对健康服务日益增长的需求：病人将会痛苦不堪，费用将急剧上升，最终整个系统将面临崩溃。为了满足未来的需求、提高护理质量并优化结果，我们必须重新构想健康护理系统。

全球人口正在经历老龄化。到 2035 年，美国 65 岁以上人口数量将超过儿童人口数量（来源：美国人口普查局）。到 2060 年，几乎 1/4 的美国人将是（65

岁以上的）老年人，多于现在的 15%。

如果你想一瞥美国、中国和西欧的未来，只需看看日本就知道了。在过去四十年里，日本 65 岁以上的人口数量翻了两番。他们占日本全部人口的 1/4 以上，现在成人纸尿裤的销量已经超过了婴儿纸尿裤（来源：维基百科）。到 2050 年，日本人口将比现在减少 2000 万。

人口老龄化也给健康护理系统带来了更大的负担。老年人将不得不依赖更频繁和更昂贵的健康护理服务。一个人一生中几乎 80% 的健康护理支出发生在 40 岁之后，几乎一半则发生在 65 岁之后（来源：HSR）。矛盾的是，导致预期寿命提高的新的疾病治疗手段，可能导致终身护理成本的总体增长。

世界人口老龄化是一颗定时炸弹。目前的护理模式无法拓展以满足预期需求。我们不可能建立足够多的医院、培训足够多的医生和护士，或者运行一个满足未来需求所需规模的健康护理系统。

人工智能提升与患者的交互及结果

AI 是一项十分适合健康护理业的技术。医疗诊断主要是关于在测试数据中发现症状模式。AI 非常适合在海量数据中寻找模式，其中包括人类可能忽略的模式。

AI的预测能力改变了公共健康

登革热是一种由蚊子传播的疾病，其严重程度足以将一个人送进医院。如果该病发展为登革出血热，也被称为严重登革热，并不予治疗，那么死亡率将高达 40% ~ 50%。登革热是热带、亚热带甚至一些温带地区的主要疾病。根据世界卫生组织的统计数据，全球大约有一半人口面临登革热的风险。仅在亚洲，每年需花费 3 亿美元用于防蚊控制。

AIME（医学流行病学中的人工智能）是一种利用大量数据集进行训练以预测登革热未来爆发的 AI。此 AI 将许多变量考虑在内，包括风速、当地建筑的屋顶设计（蚊子可以在平坦屋顶的水池中进行繁殖）、蓄水池的位置、降雨模式和人口密度，以预测登革热爆发的时间和地点。为了做出预测，AIME 系统考虑了 276 个变量，这是一组对于人类分析来说过于复杂的变量。AIME 系统能提前 3 个月预测疾病爆发，其准确率高达 80%。令人惊讶的是，AI 预测的爆发位置可以精确到 400 米的半径范围内。AIME 系统预测可用于集中有限资源以优化疫苗接种和防蚊控制的效果，甚至它还能预测其他公共健康问题，并为适当的资源部署提供信息支撑。

人工智能的药物发现和假肢设计

制药公司利用 AI 来推荐可能作为候选治疗药物的化合物。诸如 Atomwise 这样的科技公司已经开始利用已知药物的有关分子结构和功效数据训练它们的 AI。有了足够数据的曝光，AI 可以在化合物的分子结构及其对人体的影响之间建立复杂的关系。有些相关性完全是巧合而不是因果关系，其他的相关性则可以说明阻断疾病路径的突破性药物的潜力。像 Atomwise 这样的 AI 被给予一组所需特征作为输入，并将输出可能具有这些特征的化合物的分子结构。Atomwise 继而为制药公司构建候选药物的简短列表，在这上面提供第一轮探索的信息，这为制药公司节省了数百万美元。未来的 AI 还可能就新化合物合成的最高效和最有效方式提出明智的建议。

商业洞察：制药 AI 可以辅助发现拯救数百万人生命的药物

AI 帮助发现的药物，有朝一日或将挽救你或你的孩子和孙子的生命。人工智能有潜力揭示阿尔茨海默氏症、帕金森氏症和许多癌症的治疗方法。在很多方面，我们才刚刚开始探索 AI 解决重大人类问题的能力。在一个可怕的世界里，我们必须谨慎权衡 AI 发展失控的风险，同时也要理解 AI 为人类带来的巨大的潜在好处。每一家企业都应该考虑如何利用人工智能实现突破，以让它们实现更高的目标、做一些曾经看起来遥不可及的事情。

数字化诊断对传统护理的补充

DeepMind（一家总部位于英国的人工智能公司）开发了一种人工智能，可以对部分眼部疾病进行早期筛查和分类。AI 通过光学相干断层扫描（OCT）来诊断眼部疾病，这些 3D 视网膜扫描大约只需 10 分钟的时间，但能为临床医生和 DeepMind 的 AI 提供大量信息。AI 基于一个包含 15 000 张 OCT 扫描的匿名数据库进行训练，最终能够识别出 50 种不同疾病的症状，包括黄斑变性和糖尿病眼病等。该系统使用一组相互竞争的算法，每个算法都经过了独立训练，但被设计为并行运行，最终再遵循多数原则将结果进行比较，通过消除偶然的假阳性或假阴性结果，提高系统的总体精度。在试验中，DeepMind Eye AI 提供的治疗建议与 94.5% 的眼科医生的建议相同。AI 缓解了专科技术人员和眼科健康医生的短缺。通过对患者分类，眼科医生可以专注于更具挑战性的病例，DeepMind 的 AI 帮助健康护理系统实现规模化。未来，许多其他基于 AI 的诊断工具也将出现，共同协助医生并拓展健康护理系统的覆盖范围。

商业洞察：AI 分流常规任务，让人类可以专注于更复杂的任务

DeepMind 的 AI 眼科扫描仪可以对眼科患者进行分类。它并不是要取代眼科医生，而是要帮助他们、增强他们的能力。它提供了一种有效的筛查服务，对疾病进行识别并提供初步诊断。眼科医生的效率得以提升，因此他们能在一天内看护更多的病人，并花更多的时间在更具挑战性的病例上。在你们的组织中寻找可以利用 AI 的方式，将员工从常规任务中解放出来，并在他们的工作执行过程中提供帮助。

人工智能通过超级传感以新的方式“看”病

正如我们之前在人工智能章节中所讨论的，AI 是一种帮助我们更全面看世界的奇妙工具。临床医生将利用这种“超级传感”能力，以从前不可能的方式更全面地了解他们的病人。

以色列初创企业 Beyond Verbal 正在开发一种 AI，为一组特定的生物指标进行声音筛选。这些声音生物指标可能表示特定的健康护理状况或病人情绪状态的变化。Beyond Verbal 宣称通过它们的努力获得了早期成功，特别是在慢性阻塞性肺病、睡眠呼吸暂停和充血性心力衰竭（CHF）等方面。该企业还声称能够预测 CHF 患者的住院需求和死亡概率。通过与梅奥医学中心进行的联合研究，Beyond Verbal 还表明它们的 AI 只需要听病人的声音就可以检测冠心病（CAD）。此外，它们正在努力寻找声音与一系列其他健康状况之间的显著相关性，包括高血压、糖尿病和癌症。它们希望未来的工具可以持续监测一个人的声音，并在检测到声音生物指标时生成标识。

另一家以色列初创公司 Sonovos 则开发了一款名为 CompuSteth 的 AI 增强智能听诊器。AI 通过分析可听到的身体声音和次声（超出人类可听到范围的声音）来诊断人们的健康状况。Sonovos 声称它们的产品可以避开使用昂贵的 CT 和 X 射线扫描。

除了能够“听到”健康状况之外，经过训练的 AI 还可以“看到”人的健康状况。要预测患者发生心血管疾病（如中风或心脏病发作）的风险，通常需要抽血。然而 Verily（Alphabet 旗下生命科学子公司）构建了一个 AI，它预测患者心血管健康风险的准确率高达 70%（与传统方法的准确率相同），而且不需要抽血。AI 通过对眼底（眼睛后部的区域）的视网膜扫描来推断患者的大致年龄、血压和是否吸烟，而这些都是心血管健康的指标。AI 可以在患者的眼睛里有效地“看到”健康风险。

波士顿初创公司 FDNA 则开发了一套基于智能手机的 App，通过表型信息提供基因组洞察。对于非医学专业读者，请允许我解读一下刚刚那句话：FDNA 的 Face 2Gene 的 App 利用智能手机摄像头拍下的病人面部图像来检测与基因疾病相关的面部细微特征。实际上，AI“看到”脸部形状的细微异常，并从中提取出一些本不会被注意到的洞察——这些洞察揭示了致病基因变异的存在。该软件扫描了 7500 多种基因失调症，并为医生提供了病人患有例如歌舞伎综合征、KBG 综合征或 Cri-Du-Chat 综合征等的可能性。这款 App 被世界各地的儿童诊所使用，包括梅奥医学中心、西奈山医院、伊斯坦布尔梅德尼厄大学、杜克医学院和悉尼儿童医院。

你的基因型（genotype）是你的基因身份，由你的基因图谱（genome）进行描述。你的表型（phenotype）则是对你实际身体特征的描述：你的身高、头发颜色、眼睛颜色、体重增加的难易程度，乃至快乐程度等。你的表型还包括你的疾病史、你当前的整体健康状况、你的行为，甚至你的日常性情。并非所有表型都是基因型的直接结果，但你的基因型在决定你的表型和你的健康方面仍扮演了重要角色。另一种理解表型的方式是，它是临床表现或基因型的表达，是它们与环境相互作用的结果。

FDNA 正在构建一个庞大的基因组和表型信息数据库，这些信息来自临床医生、实验室和研究人员。FDNA 鼓励医学团体分享数据和洞察、分享案例，并利用他们的平台互相开展咨询。FDNA 声称，它们的平台被全世界 70% 的遗传学家使用，分布在 130 个国家 2000 个临床站点。它们基于云的安全数据库保存了与一万多种疾病相关的匿名表型和基因型数据。FDNA 计划超越面部分析，寻求新的诊断工具，这些工具用于对数亿基因疾病患者进行检测并开出治疗处方。未来的 AI 可以帮助我们发现基因型和表型之间的关联，从而为人类健康带来新的突破。

商业洞察：超级传感器改变我们看世界的能力

我们才刚刚开始探索 AI 可以如何帮助我们揭开世界的面纱，并让我们用令人兴奋的新方式看待它。医学领域的最新进展显示出大有前途的吉兆：传感器可以透过墙壁看东西、从我们的脸型检测基因疾病、从我们的声音听到疾病。每个企业，无论它们的重点是什么，都应该考虑如何使用超级传感器来创造新产品和新服务、优化运营，或改善客户服务。

通过精准用药实现健康护理个性化

在整个现代医学史上，健康护理的设计理念一直是将广大民众作为一个整体提供服务。总的来说，治疗计划很少是个性化的。在医生办公室的典型体验是这样的：医生给你做检查、找出你的问题，然后开一些药物。通常，医生会这样说，“让我们给你试试 ABC 药物，如果没有用，或者某种药物会使你产生 XYZ 副作用，我们就试试别的。”之所以会有这样的对话，是因为医生不知道哪种药物确实对你有效，以及是否会对你有副作用。治疗时会假设我们全都是一样的，但是，我们并不都是一样的。我们的基因构成是不同的，因此药物对我们身体的作用以及对于我们体内疾病发展的作用，也都是不同的。当医生开出一种药物时，基于对一般人群进行试验的情况，他们可能知道它对你起作用的概率有多大。但他们不知道这将如何对你起作用。他们玩统计学博弈，基于对一般人群疗效最好、已知副作用最少的情况，尝试使用药物。

精准用药可能会改变这一切。通过获得你的基因组数据，医生将使用强有力的计算机为你选择最好的药物。人工智能非常擅长发现隐藏在海量数据集中的关联关系。AI 会检查以前因为类似情况开过药方的所有病人的基因组。根据你的特定基因构成，它会推荐对你疗效最高、副作用最少的药物。

精准用药也将改善癌症治疗。为了有效地治疗癌症，医生必须从分子结构上识别出不同的癌症亚型和潜在的靶向药物组合。这需要对大量的数据进行高质量的分析。通过利用电子病历和分子诊断，AI 可以过滤数据，并向特定患者推荐最佳的个性化癌症治疗方案。

商业洞察：对于人们期待的个性化，大数据至关重要

个性化用药只是提供个性化和定制化服务这一更广泛趋势的一个例子，每个人都希望被视为独一无二的个体。我们希望我们的独特性得到承认并被尊重，我们想要控制我们接受服务的方式，我们想要根据我们的需要和欲求进行服务的量身定制。

正如我们在第 8 章中所探讨的，数据是构成定制化和个性化交付能力所需的基本成分，健康护理也不例外。

无人机拯救生命

Zipline 是一家总部在加州的机器人公司，它建立了无人机网络，向偏远地区运送急需的医疗用品。它们的第一次试验在卢旺达，那里地形复杂，基础设施差，并且时常会大雨倾盆，一年之中有几个月是无法通过公路到达那里的。Zipline 的无人机飞越山脊和被冲毁的道路，向偏远的农村地区运送急需的血液、疫苗和药品。固定翼（fixed-wing）的设计使得无人机比四轴飞行器飞行的距离更远（Zipline 声称其飞行距离是四轴飞行器的 10 倍），并且可以在恶劣的天气条件下飞行。无人机的巡航速度约为每小时 70 英里（约 110 千米），可携带 3.3 磅（约 1.5 千克）的货物，往返行程 100 英里（约 160 千米）。

在卢旺达，妇女死亡的头号原因是产后出血，输血可以挽救妇女的生命。在疟疾发作后，输血也可能成为拯救生命的关键因素。以下是该服务的工作流程：诊所工作人员通过 WhatsApp、短信或线上方式向中心血库发起血液订购，接着中心血库挑选合适的血液产品，打好包，并将其放入 Zipline 无人机中。无人机被弹射到空中，并自动按照预定的飞行路线飞到诊所上空的降落区。这可能是一小块空地，甚或是诊所的屋顶。在接近目的地时，Zipline 给诊所的工作人员发一条短信，通知他们在接下来的 1 分钟左右收货。无人机在诊所周围盘旋，并借助一个小降落伞将包裹丢到地上，然后无人机返回仓库，准备接受下一项任务。从订购到交货的平均时间不超过 30 分钟。Zipline 无人机还可以挽救被蛇咬伤的人的生命。像抗蛇毒血清等需求量很少的药品一般不会广泛储备。被蛇咬伤后，必须在数小时内注射抗蛇毒血清，病人的生命才可能得以挽救。

卢旺达只是这个故事的开始。由于地理位置和基础设施方面的挑战，世界各地有 20 多亿人无法获得必要的医疗用品。Zipline 正在与坦桑尼亚政府合作，建立世界上最大的国家级无人机交付网络。坦桑尼亚的面积是加州的两倍多，但只有 8% 的道路是铺好的。在那里，商品的配送是一个挑战。100 多架无人机将连接 4 个配送中心和 1000 多个当地的医疗中心，每天飞行 2000 次、服务 1000 万人口。

无人机还可以救治突发心脏病的患者。仅在美国，每天就有近 1000 人在医院外突发心脏病。对一些受害者来说，是否快速使用除颤器决定了生死。从心脏骤停到心肺复苏，每过去 1 分钟，受害者的生存概率就下降 10%。10 或 12 分钟后，只有 1/10 的受害者存活。救护车不能足够快地到达大多数受害者身边，但是除颤无人机却能更快到达。初创公司 Flirtey（一家无人机送货公司）与救护车提供商耐磨士（REMSA）进行合作，在内华达州进行无人机试验：同时派送一架遥控无人机和一辆救护车赶去受害者处时，无人机将首先到达现场，并将一台除颤器降落地面，这样在现场的人都可以用它来拯救受害者的生命。瑞典交通局进行的一项类似试验发现，除颤无人机比救护车平均早到 16 分钟。在这种情境中，每一分钟都很重要。

商业洞察：无人机不只是用来拍照的

无人机现在做了很多有用的工作，很可能会成为 21 世纪的劳动力。它们被广泛应用于农业、建筑、勘测、维护，以及如今的健康护理中。思考一下使用无人机做有用工作的可能方式。

远程监控患者：传感器和可穿戴设备颠覆了健康护理模式

想想今天的健康护理模式。你感到不适，于是打电话到医生的办公室进行预约。除非你的症状表明有紧急情况，否则医生会在他下一周的日程中给你安排出 10 ~20 分钟的时间。当你到达医生的办公室时，你可能出现或尚未出现第一次打电话时发生的症状。当时也许你头痛得厉害，感到头晕，或者某个地方疼。但是现在，你已感觉良好。医生给你做了检查，并要你描述上一周的感觉。你尽最大努力回忆和描述你的感受。这并非一种有效利用别人时间的方式。更令人担忧的情况是，在等待预约的过程中，你的病情持续恶化，甚至导致其他人因你的小病受到传染，因此最终需要更紧急的治疗和更昂贵的干预。

我们可以如何改变这一情形，使整个过程变得高效？我们可以如何设计一个系统，当你生病时医生会被自动提醒，然后她直接打电话给你？多年来，企业级 IT 已经开始利用网络远程管理计算机的运行状况，很快，在算法和传感器的支持下，医生也将能够远程监测和管理我们的健康。一种算法可以检测到心脏病发作，并自动派出除颤无人机和救护车。体温飙升和心率降低则可能会提醒护士打电话与病人联系，评估是否需要护理。这样一通对话得到的建议可能是躺回床上、预约医生，或直奔距离最近的急诊室。病人可能甚至并未意识到他们正在经历一次病情发作。他们可能会收到一个通知，让他们知道这只是一个小问题，不必马上来医院，但医生正在远程观察情况，如果问题没有得到解决，或进一步恶化，医生将会介入。随着廉价传感器、5G 网络、可穿戴技术的普及和 AI 的使用，这种前瞻、实时地响应和远程护理管理的愿景可能很快成为现实。

来自 Fitbit（一家生产健康设备的公司）、三星（Samsung）、Withings（一家法国可穿戴设备厂商）和苹果（Apple）等公司的可穿戴设备已经流行起来，尤其是在那些想要对自己的身体活动和睡眠模式进行监测的人群之中。可穿戴设备将进一步变得更加精细和复杂，并在跟踪健康状况的能力方面得到更进一步的发展演变。苹果最新的手表包括心率监测和简单的 ECG（心电图）功能。如果手表检测到心律失常，比如心房颤动、心率值异常，就会立刻提醒佩戴者。手表采集的数据被安全存储在患者的手机上，可以作为健康记录的一部分，向医生展示分享。个人健康数据将由更精密的可穿戴设备、安装在家中的传感器以及最终置入我们体内的传感器来采集。可以吞入肚中以监测肠胃问题的传感器目前已经在测试中。

基于区块链的医疗记录鼓励健康行为，使我们实现健康

数据可以通过可穿戴设备、数字体重秤和其他家庭健康设备被采集并存储在区块链上的私密医疗记录中。当添加来自医生和医院访问的安全数据后，就可构建更完整、私密的个人健康视图。

商业洞察：远程管理资源，以削减成本和减少停机时间

既然IT经理可以远程管理PC，不久医生也将可以远程控制、处理病人的健康问题。大量廉价的传感器和算力使得所有物体和基础设施能够被连接、被监控和远程管理。检视一下你的产品线和基础设施，寻求添加远程监控和管理功能的机会，以提高可靠性并使功能可随时间推移而不断改进。

历经数十年所建立的纵向健康记录将让医生得以更好地洞察使我们保持健康的原因。今天，我们是“纯属偶然的健康”——这是我的朋友Brigitte Piniewski博士自创的一个术语，她既是一名医生，也是区块链技术在健康护理应用领域的领军人物。健康护理界对使我们保持健康的行为和选择有一定的了解，但正如有关咖啡、红酒、黄油的饮食建议不断更新所证明的那样，对于究竟是什么让人们保持健康，人们尚未形成成熟的认知。为了真正理解健康，我们需要总结人们的纵向行为数据，而这些数据将贯穿人们生命的各个阶段。区块链提供了信任的基础，支撑数据在采集、存储和共享的同时尊重个人隐私。Brigitte Piniewski的观点是，我们必须停止将老年人视为成本中心，而应视他们为国家财富。她认为，我们的生理机能已无法跟上现代世界造成的快速环境变化。今天的老年人是我们对生活在前技术时代的人们健康状况进行对标的最后机会。Brigitte Piniewski是数字治疗学的热情倡导者，数字治疗学利用数据告知、鼓励人们行为和生活方式上的变化。随着越来越多的传感器被部署到家庭、被我们穿戴，并最终被置于我们的体内，数字技术将帮助我们所有人更了解自己的健康状况，并为我们开出处方、提出健康建议。

增强现实和5G将改变远程手术和远程医疗

高速互联网连接、机器人技术和虚拟或增强现实技术，将使临床和外科人才能够跨越极远的距离。研发自主式机器人外科医生可能尚需几十年的时间。为了最大限度地扩大人类外科医生的医术抵达范围，尤其是抵达偏远的农村地区，我们将需要使用远程外科手术。机器人辅助手术从20世纪80年代中期已经开始实施，而由外科医生远程操作的远程机器人手术则是在 20 世纪 90 年代末被引入的，比如达芬奇等公司的远程机器人被用于进行腹部、脊柱、心脏和泌尿外科等常规手术。通常情况下，机器人、医生助理和其他辅助人员消毒处理后会就位手术台边，而外科医生则在手术室的另一边控制机器人。机器人支撑外科医生做出精细的动作，甚至无须他们进行消毒处理。对患者来说，这些微创手术创口微小、愈合快，因此创伤小、失血少、疼痛感弱。

第一个真正意义上的远程手术是在 2001 年 9 月进行的，在纽约市的一名外科医生为一位在法国斯特拉斯堡的病人进行了远程手术。这一连接建立于铺设在大西洋海底的专用光缆之上。虽然这种远程手术是可能的，但并非最佳的。即便有专门可靠的数据连接，所涉及的时间滞后也使外科医生难以执行精细的操作，还可能造成帮助远程外科医生“感觉”到自己行为的触觉反馈系统失效。低时延、高可靠性的 5G 网络和卫星星座将使更多的远程手术成为可能，使专业外科医生的医术抵达更广泛的地区。

增强现实技术（AR）也正改变外科手术。病人的生命体征可以显示在外科医生的视野中，使其始终被看到。术前扫描数据可以叠加于外科医生看到的病人身上，让他们看到 X 光、CT 扫描和其他投射到病人身上的三维图像。这本质上给了外科医生“X 光视觉”，因此他们就可以更好地安排手术、避开主要的血管和神经。Augmedics（一家增强现实手术可视化系统的开发商）的 xvision 系统是这一领域的早期研究范例。如果没有增强现实技术，外科医生就得不断地把视线从病人身上移开，来查看图像和图表。通过将这些图像叠加到病人身上，外科医生的眼睛就可以保持专注。这提升了手术的速度、准确性和安全性，从而带来更好的手术结果。

商业洞察：增强现实和 5G 技术将改变合作和工作方式

AR 和 5G 技术的结合将极为强大。快速的 5G 连接减少了远距离通信的时延，AR 则为人们跨空间交流复杂的看法提供了更丰富的新方式，这些技术结合在一起，将改善远距离的合作，并改变我们的工作方式。想出利用 AR 和 5G 的办法，来改进你与供应商、客户以及员工之间的合作方式。

第11章 改变人类的出行：企业能从运输技术中学到什么

我们即将经历人类出行的下一次重大转变，而这种转变是自蒸汽机问世以来我们还从未见识过的。全球运输系统的转变为每一个企业都提供了有意义的洞见。

挑战：气候、交通和出行的死亡陷阱

今天的全球交通网络发展速度惊人。去地球的另一边旅行耗时不到一天，而且只需支付一台笔记本电脑的成本。但是我们的城市十分拥挤，而且人口密度逐年变大。现有的交通系统不堪重负，这限制了经济活动并降低了城市的宜居性。我们需要新的方式将人和货物从一处安全地转移至另一处。

全球每年因交通事故死亡人数超过100万

仅在美国，每年就有超过 500 万起轻微的汽车事故，这造成了约 450 万人受伤、4 万多人死亡（资料来源：国家安全委员会）。全球每年有 135 万人死于交通事故，每 23 s 就有一人丧生，其中近一半为行人、骑自行车者或骑摩托车者（资料来源：世界卫生组织）。交通事故是全球第八大死亡原因，其死亡人数占全球所有死亡人数的 2.2%。交通事故也是 15 ～29 岁人群死亡的主要原因。另外，这种机动式的破坏还会造成重大经济影响：财产损失，事故受害者因受伤失去工作和收入，昂贵的医疗支出。交通事故每年造成的损失远远超过 1 万亿美元，占全球 GDP 的 1% ~ 2%（来源：WHO）。

在美国，人为失误引发的交通事故占全部交通事故的 94%（资料来源：美国交通部）。如果能创造出比人类驾驶更安全的驾驶方式，我们就能减少交通事故发生的次数，最终，我们可以让交通事故成为历史，并拯救数百万人的生命。自动驾驶不会消除所有交通事故，但能够显著减少交通事故的发生。

1/6的温室气体来自运输系统的排放

内燃机每年排放数 10 亿吨的二氧化碳和其他温室气体。全球约有 15% 的废气排放来自交通运输。在美国，交通运输排放约占温室气体排放的 30%（来源：EPA）。

城市交通阻塞减缓了经济活动，且浪费时间

每个美国司机平均每年因交通拥堵损失 97 小时，这相当于全国经济损失 870 亿美元（来源：INRIX）。在世界上最拥堵的城市莫斯科，每个司机每年因拥堵损失 210 小时，而其平均车速仅为每小时 11 英里（约 17 千米）。交通拥堵造成生产力下降、增加货物运输成本和燃油浪费、造成额外污染，并为司机带来压力。

人类的下一场出行革命：自动驾驶汽车

在 19 世纪，要到处走走的最佳方式是乘马车。有了内燃机，人们可以相对舒适地长途旅行，货物也可以被运送至遥远的市场，这对商业来说是一项巨大的推动。新的工业巨头诞生了——梅赛德斯 - 奔驰、福特和通用汽车公司——而养马商、铁匠、车辆材料制造商则离开了市场。

人类出行的下一次重大转变——向无马且无人驾驶的运输转变——有望将我们从驾驶的压力中解放出来，让出行变得更便利、提高交通网络的运载能力，并

降低运输成本。第一批全自动驾驶汽车将于2021年左右推出，并将以高价出售。随着传感器和计算价格的大幅下跌，自动化能力的成本将大幅下降。到2030年左右，自动驾驶汽车的销量将实现爆发式增长。到21世纪30年代中期，自动驾驶汽车将占汽车总销量的一半；到2040年，销售的绝大多数汽车（94%）将具备完全自动驾驶的能力（来源：Loup Ventures）。

商业洞察：AI的进步解决了仅十年前还被认为是不可解决的问题

在21世纪初期，见多识广、值得信赖的科学家们表示，计算机不可能处理驾驶车辆的复杂任务，无人驾驶汽车似乎不太可能出现。然而目前，由复杂精细的AI赋能的自动驾驶汽车将很快占领交通运输领域。对未来有大胆设想并具有一定能力的工程师将继续为我们带来人工智能的新突破。企业领导应该密切关注最新动态，在出现此类突破的情况下集思广益，以激励其IT团队不断推动解决“不可能解决”的问题。

车辆由产品转化为服务

交通运输将成为按需服务，而不再仅仅是你所拥有的产品。由于种种原因，一些人将继续拥有汽车，但许多在城市的人将发现按需提供交通运输服务的经济价值太具吸引力了。

据Loup Ventures估计，到2040年，68%的公路车辆将成为（机构）车队服务的重要组成部分。而今天，这一占比约为5%。简单的经济学将推动这种转变。每辆车平均每天有96%的时间停着，什么也不做；出租车或公共交通的成本一半以上是来自司机。据估计，随着汽车实现自动化和电动化，乘车成本可以降至当前优步打车成本的1/10。

成为成功车队运营商的竞赛已经开始。传统的共享乘车公司——优步、Lyft、Ola、Grab和滴滴出行——占据天生优势，因此它们处于可成为大玩家的有利地位。技术公司也有竞标成为运营商的机会。通过其旗下子公司Waymo，谷歌展现了其对自动驾驶汽车的野心。苹果持有价值 10 亿美元的滴滴出行股份，滴滴出行反过来又投资了优步。据埃隆·马斯克透露，他计划在路上投放 100 万辆“机器人出租车”，这可能由特斯拉运营。亚马逊或许也是关注这一领域的一匹黑马，传统的汽车原始设备制造商们则可能成为运营商。主要的汽车租赁公司，比如 Hertz、Avis、Enterprise、Nationa 及其他公司，如果它们想保持与未来业务的相关性，将会以此作为发展重点。地方政府可将其作为公共交通策略的一部分而成为运营商。与在标准线路上运营利用率并不高的传统公交服务相比，按需提供服务的小型自动驾驶汽车，在连接当地农村地区方面可能更具经济意义。

自动驾驶汽车市场感觉就像是 19 世纪 50 年代的淘金热。在此阶段，这是属于所有人的游戏，老牌玩家将与资金充足的新玩家展开白刃战。随着汽车转变为一项服务，新的商业模式将会出现。

按需提供的车辆服务将使那些不能开车的人获得出行服务的机会，这些人包括残疾人、年纪太小 / 太大而不能开车的人，以及此前无法负担汽车旅费的人。

人们会召唤符合他们特定需求的车型。汽车将成为我们消磨时间的空间，除了开车，我们还可以在车中做其他事情。汽车将发展到可以提供一系列的旅行服务，我们则将期待一系列的车内功能。如果带着孩子长途旅行，我们可以预订一辆带电影院的车。我们可以在早上通勤的时候在私人就餐车里吃早餐。总是行走在路上的忙碌工作者，可以召唤一辆商务汽车，其配有办公空间、视频会议设施和高速网络连接。其他车辆还可以提供睡眠或运动设施。

商业洞察：车载服务提供了巨大的机遇

当我们停止开车、而所有人都成为乘客时，我们会希望行程中能够实现更多的需求。有了这一群体，汽车运营商就有机会通过为旅行者提供一系列旅途中的服务来创造新的收入来源。乘客可能愿意为会议服务、娱乐服务、餐饮服务、连接和信息服务付费。市场将按照专门设计的汽车内饰进行细分，以满足特定的旅程需求。企业将有机会与运营商合作提供这些服务。你能建立什么样的合作关系？

按需自主运输将以各种各样的形态和规模出现。优步和 Lyft 平均承载乘客 1.1 名，再加上司机。一旦司机被排除在外，大多数行程就只有一个人。搭载一到两名乘客的更小型的自主“豆荚”车可能会出现，以实现成本、排放和拥堵的最小化。

按需自动驾驶车辆将作为一个更广泛、更全面的交通网络的一个构成部分，该交通网络以自动驾驶电车、火车、公共汽车和其他快速自主交通工具为特色。旅程规划软件将协调和安排我们从 A 到 B 的行程。自动驾驶汽车载你从你的家中到达中转中心转乘一辆与您目的地一致的自动驾驶火车，然后你再换乘共享自主运输“豆荚”车，它在安置好其他前往附近的乘客后将你带到目的地。为了给乘客提供无缝的、端到端的旅程体验，必须协调不同交通网络，它们可能由完全不同的实体来运营。系统将需要处理跨越不同运输网络的票务和账单等。

停车更少，下客区域更多

自动驾驶汽车将重塑我们的城市。共享车辆作为一种运输服务，不需要花太多时间停车。自动驾驶汽车将乘客放下，就会继续接下一单生意，因此停车场的需求量更少，一些停车场将改为其他用途，另一些则被拆除。由于街道停车的需求减少，城市规划者将可以选择增大主干道的交通流量，或者拓宽人行道以增大行人的道路空间，提高街道的美观程度。

随着车辆实现自动化，大部分车辆也将实现电动化。街角的加油站将成为过去。个人拥有的汽车可以在家或在工作时充电，车队将使用位于城外的集中充电设施充电。

自动驾驶汽车将实现互相通信以协调它们的行动。由于比人类的反应速度更快，自动驾驶汽车能够较人类驾驶的汽车挨得更近。这应该会改善道路的运载能力，从而改善交通流量和缩短行程时间。交通信号可能最终成为过去，因为车辆在交叉路口互相协调以实现交通流量的最大化。当车辆通过十字路口时，智能算法可以使用瞬间调速来进行协调。大多数情况下，车辆甚至不需要减速。乘客最初可能会很害怕，但最终可能会习惯它。

自主平台为你提供上门服务

数千年来，服务的提供一直与物理场相连接。我需要给我的马套上马蹄铁，于是我去找铁匠。我饿了，于是我去到一家餐馆。我的头发变长了，于是我来到理发店。在每种情况下，消费者都要访问服务提供者。随着自动驾驶汽车的崛起，各大品牌拥有了一个提供移动服务的新平台。作为对固定基础设施的补充，各大品牌现在可以增加自主移动平台，为忙碌的客户提供服务。

总部位于中国和瑞典的新零售连锁咖啡品牌 Wheelys 公司对未来的零售业有大胆的设想。它们建造了一系列小型便携式商店，专门为无员工情况下的运营而设计。它们的旗舰店 Moby Alpha 是一家全自动的带轮子的街角商店。该商店注册为一辆缓慢行驶的汽车，因此它绕过了所有通常的建筑和区域划分法规。Moby Alpha 旨在改变零售经济模式。我采访了 Wheelys 的董事会主席 Per Cromwell，他告诉我“在过去的五十年里实体零售很少有重大的变化。缺乏创新是实体零售奄奄一息的主要原因。通过使用自动化和人工智能重构零售，我们不仅能及时止损，还将在新的领域开启崭新的零售业务。”

通过 MobyMart App 对商店进行召唤，Moby Alpha 来到客户的位置上，并利用 App 的授权进入商店。购物者用手机浏览商店、选择商品进行支付，然后退出商店，而 Moby Alpha 再转向下一位客户。Moby Alpha 目前正在中国上海的街道上试用。

总部位于旧金山的 Robomart 设想了一种自主的按需供应的农民市场。该种车辆使用 RFID 和机器视觉技术，可以实现“拿了就走”的购物体验。车辆自动感知顾客所选择的产品，并通过配套 App 自动计价。零售商 Stop & Shop 在波士顿地区首批试点运营。

商业洞察：通过自主平台推进品牌承诺

自动驾驶汽车为企业创造了机会，以新的方式推进自己的品牌并提供新的服务。把自动驾驶汽车作为一个新的平台，在这个平台上你可以创造价值，通过它你还可以推进你的品牌承诺。品牌不仅可以利用自主平台来提供在途运输服务，也可以将服务能力交付到消费者所在位置。“移动战略”的含义正是要从App扩展到物理的移动平台。

自动驾驶卡车降低了运输费用

每一家大型卡车公司都需在自动驾驶技术上投入巨资。货运公司常常面临卡车司机短缺的问题，并且法律对员工不间断驾驶时间有所限制。根据不同国家的情况，司机通常需要在驾驶几小时后停下来休息一次。而一辆自动驾驶卡车可以整夜工作，只有偶尔需要补充燃料或充电时才有所限制。

自动驾驶卡车将降低运输成本。中国无人驾驶卡车公司图森未来（TuSimple）称，它可以通过拖拉机挂车的方式降低30%的运输成本。2019年，美国联合包裹公司（UPS）和美国邮政服务（United States Postal Service）都对TuSimple的Navistar自动驾驶卡车进行了测试，接着UPS获得了该公司的少数股权。每辆卡车平均每使用五年就会被更换。一旦自动驾驶卡车通过监管测试，车队便将实现快速营收。

未来的卡车运输可能还涉及位于主要公路附近的城外交通枢纽。人类司机将执行更具有挑战性的任务，驾驶卡车一路穿过城市车流到达城外的交通枢纽。接着货物被转移到一辆自动驾驶卡车上，穿越乡村，最终到达另一个交通枢纽。在这里，货物重新被转移给人类司机，由他载着货物到达最终目的地。有了这种方法，卡车司机就能够花更多的时间在家里陪伴家人和朋友，而花较少的时间在乡村道路上，也不用晚上睡在他们的卡车里。

走向3D：隧道、贡多拉、客运无人机

除了地下通道和立交桥，道路网络总体来说是二维的，而这限制了交通流量。对于技术企业家来说，解决交通拥堵的办法似乎显而易见：利用第三维度。将交通流量引入地下或升至天空。

隧道

埃隆·马斯克的 Boring 公司寻求建立一个窄轨隧道网络，以分流地面道路系统的车辆。窄轨隧道的建造速度更快，成本也更低。Boring 公司声称，与传统的隧道相比，其开挖成本可以降低至原来的 1/10。马斯克的设想是将这些隧道用于超级环线（Hyperloop）系统；该系统装载高速自主载体，以供标准汽车在上面行驶，就如同小孩在滑板上玩一样。这一系统被称为 Loop，目标是每小时运载 4000 辆汽车，以 155 英里 / 小时（约 250 千米 / 小时）的速度沿着主干道行驶。汽车通过名为热刺（Spurs）的侧隧道进入这个系统，开上自主载体、自动并入车流，并通过电动机迅速加速。超级环线将从隧道中抽出空气以减少风的阻力。它将使乘客在加压的自主电动“豆荚”舱中以高达每小时 600 英里（约 970 千米）的速度行驶。每个舱最多可搭载 16 名乘客。早期的试验看起来很有希望，尽管许多市政当局对私营公司在其城市地下挖掘隧道网络持谨慎态度。马斯克立下赌注，随着交通拥堵愈发严重，人们将会接受他的观点。

贡多拉

为了对地面交通进行补充，各城市还把目光投向了天空。贡多拉已经成为把人们从一个社区运送到另一个社区的有效系统。贡多拉系统已经在哥伦比亚的麦德林、玻利维亚的拉巴斯、委内瑞拉的加拉加斯、土耳其的安卡拉、中国香港、新加坡、英国伦敦、俄罗斯的下诺夫哥罗德和墨西哥等城市进行运营。安装贡多拉比架设桥梁或建设地铁网络更为便宜。拉巴斯的贡多拉系统有 11 条线路，39 个车站，全长 21 英里（33.8 千米），而它的建造成本仅为 7.5 亿美元，已在运营的头两年运送了 5000 万名乘客，为每位通勤者平均节省 652 分钟。相比之下，通常一个地铁系统每英里造价高达 7 亿美元。加拿大的埃德蒙顿和多伦多，美国的纽约、芝加哥、奥斯汀、西雅图、圣迭戈、奥克兰和波士顿以及英国的牛津等城市都希望利用贡多拉来缓解交通压力。

载人无人机：《杰森一家》成为现实

记住我的话：飞机与汽车的结合正在出现。

——亨利·福特，1940

几十年来，飞行汽车一直在努力地从幻想变成现实。高效电动机、强劲电池、廉价传感器、人工智能和无人机飞行控制系统的出现带来了重大突破。在21世纪20年代，载人无人机将成为公共交通系统的一部分。超过100家公司正在竞相制造一种本质上相当于飞行汽车的东西。其中大约有20家公司可能成功开发出可行的商业产品。这些公司既包括空中客车、巴西航空工业公司（Embraer）和波音公司等航空工业的大公司，也包括亿航、Volocopter、Joby Aviation和Lilium等初创公司。传统的汽车制造商——最著名的是沃尔沃、戴姆勒和丰田——已经对领先的初创企业进行押注并进行投资。戴姆勒出资支持沃尔沃；沃尔沃的母公司吉利收购了美国飞行汽车公司Terrafugia；丰田则投资飞行汽车研发公司Joby Aviation。大众汽车公司保时捷（Porsche）据传将开发属于自己的无人机。

一些载人无人机，例如Terrafugia的TF-X和NFC的Aska，看起来更像传统的固定翼飞机。它们需要一条短跑道，有可折叠的机翼，可以折叠成一辆传统的（但很难看的）汽车。大多数载人无人机都是基于eVTOL设计，这是专为垂直起降（VTOL，vertical take-off and landing）而设计的全电动汽车。一些载人无人机是单座的，其他的无人机则最多可以搭载16名乘客。它们的飞行速度往往是每小时40～300英里（约64～482千米），平均每小时为150英里（约241千米）。电动无人机因其零排放运行而受到城市管理者的青睐。

无人机为安全而设计，因此有许多冗余的旋翼。许多飞机可以在失去多达3个旋翼的情况下安全着陆，还有一些飞机配有降落伞，以防飞行系统出现灾难性故障。

优步讨论了名为Uber Elevate的大胆计划，该服务寻求建立一个空中出行共享网络——这正是市场可行性的一个信号。优步预测，15分钟的飞行成本可降低至60美元。当你考虑到你在15分钟内可以飞多远，并与在拥挤的城市交通中花

60 美元可以走多远进行比较，这个价格就显得非常有吸引力了。长远来看，优步的目标是将无人机每英里的飞行成本降至目前汽油驱动汽车的成本以下。这将是一个令人难以置信的转折。

贝尔直升机（Bell Helicopter）最近将它们的名字缩短为贝尔（Bell）以暗示它们在未来将打破传统直升机的界限。预计于 2023 年发布的贝尔 Nexus 载人无人机在 2019 年 1 月的消费电子展上首次亮相。这款电动混合动力垂直起降（VTOL）飞机可以搭载 4 名乘客和 1 名飞行员。一旦完全自主飞行控制系统获得美国联邦航空局的批准，飞行员座位将变为第五位乘客的座位。

载人无人机最终将使城市航空成为现实。半自主和完全自主的飞行控制将不再需要符合资格的飞行员，大众也可以接受这项应用。在城市向这些机器开放空域之前，必须完成严格的测试，并达成空中交通管理协议。预计首次试验将在新加坡、迪拜、达拉斯和洛杉矶进行，最初的重点是在高层建筑的屋顶之间进行短距离的飞跃。随着时间的推移，将基于地面站建立起地面和空中交通的桥梁。优步雄心勃勃，计划将空中和地面的出行共享服务连接成一个全面的端到端出行服务。

载客无人机为修建更多道路提供了另一种选择。在瑞士能源和气候峰会上人们设想了一个无人机网络来缓解国家高速公路系统的拥堵。瑞士每年在交通上耗费 3300 万小时，估计造成 16.2 亿瑞士法郎（约 16.5 亿美元）的经济损失。在瑞士的双车道高速公路网络上增加第三条车道每千米将花费 6000 万瑞士法郎（约每英里 9800 万美元）。而沿着高速公路的飞行走廊则可能便宜得多。搭载 12 名乘客的 Volocopters 将沿着路线从一个集散地运送乘客至另一个集散地。在伯尔尼和苏黎世之间双向飞行的无人机将多达 120 架，每小时搭载乘客最多可达 1500 名。该无人机网络将使用可再生能源，而无须在高速公路上设置第三车道。这不仅节省了巨额成本，也保护了大量广袤的农田。

无论是对于城市的交通，还是对于乡村交通主动脉，载人无人机看起来都是对复杂的交通网络一个全新层次的、颇具希望的补充。载人无人机的扩充将在 21 世纪 20 年代的前半段开始，并一直延续到 21 世纪 40 年代。

商业洞察：为解决一个问题而开发的创新可延展到解决另一个问题

创新常常发生在相互连接的网络中。在一个领域所开发的创新突破可以与另一个领域的创新相结合，然后延展覆盖到新的问题上。载人无人机就提供了一个很好的例子。未来的自主飞行出租服务将使用用于混合动力和电动汽车的电池和电动机技术、用于稳定无人机摄像头而开发的飞行控制软件，以及基于20世纪70年代GPS技术之上、21世纪初期在移动设备内开发的出行共享平台。未来的创新将站在今日创新突破的肩膀上。领导者应该密切关注相邻行业的技术创新，并找到利用这些进步来实现自身突破的方法。

脱碳：电动化汽车、卡车、火车、轮船和飞机

向电动车辆（EV）的转变正在进行中。电动车辆更安静，无污染排放。如果电力由可再生资源生成的话，也不造成碳排放，而且活动部件少得多，这使得它们比传统汽车更具优势。

新的法规将加速传统碳燃料汽车的转型。雅典、巴黎和马德里将在2025年前禁止所有柴油车。印度规定，到2030年，在所有销售的车辆中，电动车辆必须占到30%。英国的苏格兰地区承诺到2032年实现100%零排放车辆销售，英国的英格兰、威尔士地区和法国也将在2040年实现这一承诺。伦敦市对于向零排放车辆迈进则有相关大胆的计划：它们将于2025年前在市中心建立一个零排放区，并要求所有出租车和微型出租车在2033年前实现零排放，以及所有公交车在2037年前实现零排放。该城市希望在2050年前建成一个100%零排放的交通系统。

汽车公司正在对此做出回应，这包括在大众汽车（Volkswagen AG）旗下生产汽车的许多品牌，例如大众、奥迪、保时捷、西亚特、斯柯达、布加迪、宾利和兰博基尼等。到2025年，大众汽车将推出50款新型电动汽车和30款新

型油电混合动力汽车，并将在 2030 年为其 300 款汽车中的每一款提供电动汽车的选项。通用汽车（General Motors）承诺到 2023 年推出 20 款新型电动汽车，而宝马（BMW）同样承诺到 2025 年推出 12 款新型电动汽车。彭博新能源财经（Bloomberg New Energy Finance）预测，到 2033 年，电动汽车销量在全球汽车销量中的占比将超过 50%，到 2040 年则将达到全球汽车销量的 86%。

特斯拉的电动半卡车（semi-truck）有改变运输行业的潜力。特斯拉卡车满载货物并以高速行驶时，其行驶里程可达 500 英里（约 804 千米），满载 8 万磅（约 36 吨）货物时，从 0 启动到每小时 60 英里（约 96 千米）的速度只需 20 s。它们只需充电 30 分钟就能行驶 400 英里（约 643 千米），这相当于装载和卸载一辆拖车所花的时间。自主驾驶和防夹刀，以及在每个轮子上使用独立控制的电动机，都是其标准特征。电池放置在汽车底部以降低卡车的重心、减少倾倒的风险。特斯拉保证，卡车行驶 100 万英里（约 160 万千米）后不会出现故障，并且特斯拉还声称，由于大多数刹车都是电动的，所以不需要更换刹车片，而在刹车过程中还可以给电池充电。最引人注目的是，特斯拉声称其每英里的运营成本比柴油驱动卡车便宜 20 美分，这使得电动卡车两年即可收回投资。

电动运输也将扩展到海上。世界上第一艘全电力船正在中国服役。它充满电后可一次性运输 2200 吨货物，最高时速可达每小时 8 英里（约 12.8 千米）。2400 kW·h 的锂离子电池充电只需两小时，所需时间正好用来卸货。然而讽刺的是，这艘船如今正被用来运输煤炭。挪威的 Yara 公司即将推出一艘名为 Yara Birkeland 的零排放集装箱船。这艘船每年将取代 4 万辆卡车的行程，连接挪威两个人口稠密的城市地区。它最多可装载 150 个集装箱，最初由一名船员来操作，但在接下来的几年内，这艘船将变为完全自动驾驶。最终，Yara 设想建造一艘在港口由全自主起重机进行装卸货物的船——这非常值得码头工人关注。

国际民用航空组织预测，到 2050 年，航空航天排放量将增加两倍。脱碳飞机是一项重大挑战。燃料的能量密度远高于当今最好的电池技术。一架波音 787 飞机一次飞行要装载 100 多吨燃料。使用今天的电池技术，同样一次飞行所需的电池重量将超过波音 787 飞机最大着陆重量的 10 倍。从道路上移除碳基燃料的方法对天空也有意义：混合动力为全电动运行提供了桥梁。波音公司的 SUGAR volt 是一款混合动力飞机，它可以更安静地运行，并比现在的飞机减少 70% 的燃料消耗。SUGAR volt 在起飞时使用航空燃料，但在部分航程中会逐渐转换为电力。它的长机翼可以折叠，因此它可以在现有的机场登机口之外运行。目前这还是一个研究项目，预计将在 2030 ~ 2050 年推出。其他主要航空公司也在开展类似的电动飞行项目。空中客车公司正与西门子和罗尔斯 - 罗伊斯合作开发它们的 E-FAN X 测试概念。波音和捷蓝航空正在资助初创公司 Zunum 的一个名为 Aero 的机型——这是一款可搭载 12 名乘客的混合动力飞机，航程可达 700 英里（约 1126 千米），飞行速度为每小时 340 英里（约 547 千米），并可以在 2200 英尺（约 670.56 米）长的跑道上起飞，最早将于 2022 年上市。欧洲低成本航空公司易捷航空（Easyjet）则雄心勃勃地希望向电动飞机转型。易捷航空正与莱特电力公司合作，开发专为短途（540 千米或以下）飞行而设计的全电动飞机。经济因素正推动着易捷航空的发展。对于低成本航空公司来说，燃料是其成本结构的重要组成部分。易捷航空的目标是在十年内推出首架电动飞机。

商业洞察：关注其他行业发生的、可能影响自己行业的变化

在接下来的几十年里，对电力的需求将急剧增加。不断增长的人口、越来越多的电子设备、数据中心、数字账本、垂直化水培农场和为全球变暖而配制的空调，都增加了对电力的需求。但所有这些与未来交通网络的需求相比都相形见绌，因为交通网络正在由碳基燃料进行转变。提升发电和配电能力将需要大量投资。

今天的电网是脆弱的，因此迫切需要升级。交通向零排放的转型需要与能源部门不断发展的能力紧密配合。这是一个很好的例子，说明一个产业部门的变化可以对另一个产业部门产生巨大影响。每个企业都应该留心观察其他行业的变化可能带来的新的挑战或机遇。

第12章 在零售灾难中幸存：企业能从零售技术中学到什么

一直到 20 世纪初，零售业才开始靠拢今天的模样。1909 年，Harry Selfridge 在伦敦牛津街开设了第一家百货公司，并引入了令人赞叹的橱窗陈列、优质的服务承诺和愉悦的购物体验，使逛商店本身变成了目的。1916 年，皮格利・威格利公司（Piggly Wiggly）推广了自助服务模式。在这一创新之前，商品由店主在柜台上提供，而咖啡、面粉和糖等货品经称量后被放进一个纸袋里。

从那以后，我们看到了大型商店、购物中心、会员商店和巨无霸亚马逊的出现。杂货店的经营方式就像早期的 Piggly Wigglys 一样，而百货商店看起来仍然很像最初的塞尔福里奇（Selfridges）。我们用信用卡（或手机和手表）付款，我们在网上订购一些东西。但实体店的零售看起来和我们一直看到的并没有什么区别。

转变即将到来。零售商们应该期待未来十年的变化会比 20 世纪行业所经历的全部变化还要多。购物者以不同的方式浏览、选择、购买，并期望通过新的渠道与零售商进行沟通，而其中的一些渠道直至目前甚至还不存在。

挑战：电子商务和零售业的末日

20 世纪 90 年代增长最快的股票是美国电路城公司（Circuit City）的股票。

2008 年，Circuit City 申请破产，到 2009 年，它们的最后一家店关门停业。20 世纪许多标志性的零售商不是受了致命伤，就是黯然离场。但这并不意味一切都消失了——在这个价值 17 万亿美元的行业中，那些投资技术以重构购物者旅程的零售商将保持持续繁荣。

年销售额高达 2.5 万亿美元的亚马逊已经成为电子商务时代的巨头，甚至连最接近的竞争对手与其相比也相形见绌。2019 年，美国人平均每年在网上的花费超过 2000 美元（资料来源：Statista）。2020 年全球电子商务销售额为 2.2 万亿美元，到 2023 年将增至 2.8 万亿美元（来源：Statista）。虽然人们认可网上购物的便利性，但他们仍然更喜欢亲临实体店购物。到 2020 年，美国的电子商务销售额将只占零售总额的 12%。人们去商店购物出于很多不同的原因：寻求社交、与朋友和家人共享有趣的购物体验、在一个吸引人的环境中探索新的可能。

中端零售的终结：零售业的大分歧

零售业正分化成截然不同的两个部分。低端零售聚焦于价格和速度，而高端零售聚焦于质量、品牌和购物体验。留在中端位置的零售商既不能跟低端，也不能仿高端，它们一直在努力使自己的商业模式运转起来。随着这种分歧的继续，成功的零售商将利用技术来进行优化，要么实现低价、高速，要么实现高感知度的、服务导向的体验式购物。

消费者需要定制的产品和个性化的购物体验

消费者对看起来和别人一样的现货产品越来越不感兴趣。3 种颜色的选择不再被认为是提供个性化服务。购物者希望他们购买的东西很多都是定制的。这对零售业以及支持它的整个供应链都有显而易见的影响。十年之内，你走进一家服装店说，“我想在五分钟内拿到一件衬衫，它是那种颜色并且适合我的尺码”，这可能是理所当然的事。

大量选择和选择的定制

购物者喜欢选择，但是太多的选择既费时又造成一定压力。沿着任何一家超市的牙膏货架快速走一趟，你会很容易发现这个问题。“好、更好、最好”的简便性已经被五花八门的选择、口味和包装所取代。购物者需要策划设计、个性化推荐和指引性定制等帮助其缩小选择范围。

满足消费者的无摩擦购物需求

有时我们想不慌不忙地享受购物的过程。有时，我们则想买了东西就快速离开。在繁忙的生活中，经过与电子商务有关体验的训练，购物者们希望在一个无摩擦的购物环境中快速满足他们的需求。无摩擦意味着不排队、不等待、不麻烦、无须收银台。

数字化、无摩擦、无人员服务商店

随着数字技术开始用于实体零售，实体店运营也在发生变化。

数字化实体商店

实体店正被配备数字技术，包括亚马逊和京东在内的纯数字化零售商已经开始建立实体店。商店现在利用数字标签、传感器、信标和移动支付终端来提升购物者的体验。数字化实体商店收集关于购物者行为的数据，将其用于优化销售环境并促进销售。

一些商店变成了陈列室

新的购物和配送模式正在兴起。缩减交付成本和一小时之内的交付时间可以将某些品类商品的浏览和配送分开。在这种模式中，购物者来到陈列室浏览和试用产品样品。客户不是从店铺库存中购买商品，货物将直接从集中的配送中心运送至客户的家中。男装品牌 Bonobos 已经在他们的门店 Guideshop 中采取了这种方式，这些商店只存放足够的存货供顾客试穿尺码和款式，被购买的所有产品都从中央仓库直接运至客户家中。随着零售市场的萎缩，集中库存并且将配送与零售体验的其他部分分开，可能是富有意义的。随着定制需求的增加，我们可能会看到产品的制造或最终加工与配送实现共存。

无摩擦收银台和无店员商店

亚马逊在其 Amazon Go 商店中率先实现了无摩擦结账。“拿了就走”的体验感觉很神奇。当你进入商店时，你要扫描由 Amazon Go App 在你的智能手机上生成的特定条形码。一旦被扫描，你就可以把手机放一边，无须再用到它。你在商店闲逛，买你想买的东西。如果你改变主意，只要把东西放回去就行了。当你准备离开的时候，直接走出去就好。不用结账，不用排队，不用等待。几秒钟内，你的亚马逊账户就会自动准确计费。老实说，这种体验让你感觉有点像是在偷东西。Amazon Go 商店以在天花板和货架上安装大量摄像头和其他传感器为特色。当客户在店里走动时，AI 会跟踪并记录他们购买了什么。亚马逊计划在未来几年内建立起 3000 家类似的商店。

其他品牌也已经开始建立自动化商店和创造流线化购物体验，这几乎取缔了所有的员工。阿里巴巴的淘咖啡是一间位于中国杭州的无店员餐厅和精品店。要使用这家店铺，你必须是阿里巴巴旗下淘宝服务的会员。面部识别技术能对购物者进行识别，当他们离开商店时，商品会被 RFID 阅读器自动扫描，甚至能捕捉到放在袋中的商品。结账的过程需要 10 ~ 15 s。京东的 X 无人便利店也是以相同方式运作，所需的人类劳动仅限于清洁商店和在每天结束营业时对货架进行补货。

苏宁在中国经营着一些没有员工的商店，销售体育用品、个人电子产品、食品和快消品。和淘咖啡一样，苏宁也使用了人脸识别和 RFID 技术。摄像头、AI 和分析技术可以跟踪店内的人流量，优化产品布局和门店运营。未来，苏宁计划利用增强现实技术虚拟展示更多产品，优化对物理空间的利用。

法国超市巨头欧尚计划在法国和中国建立数百家欧尚 1 分钟（Auchan 1 Minute）便利店。这些全自动迷你超市 24 小时不间断地营业，并涵盖了 500 种不同的商品，通过智能手机 App 扫描即可进入。购物者在收银台扫描商品，在出店前用微信或支付宝付款。如果发生任何问题，欧尚的服务代表可通过实时视频聊天联系上顾客。

总的来说，消费者喜欢这些无店员商店。在调查中，人们说无店员商店速度快、便于使用且避免了社交摩擦——也即无须与他人进行任何互动。这令人难过，但这正是现实。不利的一面是，有些人可能评论说商店很脏、维护得不好。他们还担心产品被调换，这个问题在未来可能可以通过传感器和 AI 来解决。

商业洞察：消费者期望无摩擦体验

忙碌的消费者很快就会失去注意力，在分心后他们往往很难再记得刚才需要或想要什么。亚马逊的 Echo 平台和一键操作“立即购买”（Buy Now）网站按钮显示了消除购买过程中摩擦的力量。如果其他供应商提供了一种更有效的方式来寻找、选择和购买消费者所需要的东西，善变的消费者便会立刻转向其他供应商。

无论做什么生意，你都要不懈努力地消除每次与客户互动时不必要的摩擦，并且也要记住，无摩擦是客户体验的一部分。使用 AI 来预测需求，这样客户就不必在表达需求上投入大量的精力。自动化消除了所有交易苦恼，并使用技术支持销售助理和客户服务代理，使他们能够提供无与伦比的服务。让客户和你做生意变得容易，这样客户就永远不会想去其他任何地方。

通过智能货架、聊天机器人和机器人进行购物

杂货店克罗格（Kroger）已经开始部署其杂货店环境增强显示（EDGE，Enhanced Display for Grocery Environment）智能货架技术。这些高清晰度彩色数字显示器排列在商店货架的边缘，取代了传统的印刷标志，加速了商店的运营。价格的

改变、特定优惠和优惠券都可以通过点击按钮来实现。显示器为顾客提供额外的信息，包括营养信息以及是否符合特殊饮食要求。Kroger 通过在显示屏上销售广告还可产生额外收入。显示屏的亮度还可以降低整个商店的照明需求，从而节省开支。

像 Kroger EDGE 这样的智能货架技术有一天可能会提供完全个性化的购物体验。这些可能包括因靠近手机而触发的个性化优惠以及个性化购物指南：当你沿着商店的任意一条通道走下去，数字购物清单上的特定商品便会以选定的颜色突出显示，以加快购物过程。

聊天机器人可能会集成到下一代商店货架和设备中，以回答简单的问题，并展示有关产品的额外信息：规格说明、在线客户评论和保修信息。聊天机器人可以帮助消费者做出购买决策，并回答如下问题：“V200、V300 和 V500 型号有什么区别？”随着它们变得越来越复杂精细，销售聊天机器人可能会参与完整的销售对话、回答更复杂的问题、理解客户的需求偏好及价格敏感性，并为他们推荐合适的产品方案。

除了在商店的基础设施，销售聊天机器人还可被嵌入商店的移动 App 和店内机器人中。五金店劳氏（Lowe ’s）的机器人可以回答客户的简单询问，并引导客户在空荡荡的商店内购买产品。LoweBot 会说多种语言，还配有触碰屏。当顾客无需帮助的时候，LoweBot 会漫步在过道上，对商店的库存运行视觉检查。

Bossa Nova 机器人（Bossa Nova Robotics）公司生产零售商店机器人。Bossa Nova 公司的首席商务官 Martin Hitch 告诉我，他估计杂货店员工在清点货物上花费了约 40% 的时间。Bossa Nova 公司的机器人能使用 3D 和高分辨率 2D 摄像机来清点货架上的产品。然后，它将为货架堆垛人员建立一个清单——在第 7 通道摆放更多玉米片、在第 4 通道摆放更多阿司匹林。这款机器人还能找到放错地方的产品。购物者为人所共知的恶习是，把商品放进购物篮后，如果有了另外的想法，便会把它们随手扔到任何地方。在清点过程中，机器人会绘制一张商店地图（即所谓的平面图），并清楚了解每件商品所处的位置。为了完善它们的技术，Bossa Nova 公司与几家大卖场进行了多年的试验。它们与沃尔玛的合作也许是最有目共睹的。巨人公司也部署了一个类似的、名为 Marty 的机器人。Marty 在其商店查找安全问题，并用 8 台摄像机查找溢出物、碎片和其他可能造成行走危险的东西。Marty 提醒接近的购物者，并通过商店的 PA 系统呼叫商店的员工来提醒购物者。另外，Marty 还可以被用于库存监控和价格检查。未来你将会在零售店的走道上经常见到机器人。

美国的汽车零售商 Carvana、新加坡的 Autobahn motors 和中国的天猫（Tmall）已经制造出了巨大的机器人汽车自动售货机。一款名为 Autobahn 的机器人可以装载多达 60 辆的经典高端汽车。天猫在广州有一个福特和阿里巴巴的合作项目。客户必须拥有至少两个社交信用积分才能通过阿里巴巴的淘宝移动 App 使用该项目。客户可获得 3 天的试驾体验，如果他们继续进行购买，就有机会在经销商处享受折扣。

AI 改变了购物者旅程

购物者旅程描述的是整个购物过程，从人们意识到某种需求的那一刻起，通过探索、发现、选择、购买、交付，以及之后使用产品的一系列动作集合。零售商正求助于 AI 帮助它们改善购物体验，并在整个购物者旅程中提供更好的服务。

AI彻底改变了发现和策划

金宝汤公司开发了一款 AI 增强在线广告，经过点击，AI 可以与客户进行对话，并根据客户家里的食材推荐他们可能喜欢的菜谱。

美国塔吉特公司（Target）在其智能手机 App 中增加了视觉搜索功能。顾客可以用手机 App 为他们在找的商品拍一张照片，然后该 App 就会附上 Target 库存中的类似商品的链接。下一代视觉搜索工具可能会使用 AI 来对整个场景进行分解，例如，向一个购物 App 显示来自家居装饰杂志的一张图片，它便会识别房间里的每件物品，并为每件物品提供购买链接。

一些零售商使用 AI 帮助客户发现新的产品和服务。汤普森旅游公司的“灵感引擎”通过聊天机器人的功能指导度假者发现完美的度假方案。在汤普森旅游公司的一项调查中，77% 的人说他们想要一个虚拟的旅游代理功能。包括 Harry & David、Cheryl 's、Wolferman 's 和 Popcorn Factory 在内的 1-800-Flowers 集团已经部署了一款名为 Gwyn 的基于 AI 的策划（curation）聊天机器人。个人礼品礼宾部将评估客户的需求，并策划出一个产品名单，以帮助客户找到理想的礼物。户外服装公司 North Face 也提供了类似的策划工具。

各个品牌都想要了解客户的感受，这样它们就可以在客户困惑时提供帮助、在客户沮丧时做出适当反应，或者了解一些他们感到开心的原因。宾利的 Inspirator App 使用设备的摄像头来评估客户浏览汽车目录时的感受和情绪。该 App 会根据客户的反应，在后台自动为客户定制一个“梦想”车型。未来的店内情绪分析应用可能会使用智能摄像头对于客户何时需要服务进行预测，并自动通知离得最近的店员。

Box-fashion 公司的 StitchFix 会根据客户的个人品味进行策划并邮寄一盒服装。客户保留他们喜欢的、归还他们不喜欢的服装。StitchFix 利用 AI 来对这些服装系列进行策划，并对款式的总体需求进行预测。当 AI 为服装系列提出建议时，人类造型师会对服装系列进行审核并做出最终决策。这种个性化配置和款式策划可能会在不久的将来扩展到例如家具等其他商品类别中。客户可以提交一张客厅的照片，并基于他们的品味和目标提供指导，使客厅的外观焕然一新。使用 GAN 技术的人工智能将会以同一房间的逼真的图像进行回应，在房间里摆满根据客户要求和品味而设计的家具。

AI促进门店运营、推销和设计

AI 在零售商店的运营中起着至关重要的作用。智能摄像头将发现安全问题，并根据销售数据和客流量来优化货架图（店内布局）。机器人进行库存盘点，而 AI 赋能的算法则通过单项商品、配送中心和商店的粒度水平，对未来的需求进行预测。AI 通过筛选社交媒体反馈（feeds）来评估客户情绪、观察新趋势，并收集客户的需求与需要。“酷点观察”（cool spotting）的任务正在由 AI 接管，在“酷点观察”的任务中，观察者会聚集在时髦的地点，比如大城市街道、时尚酒吧，观察时髦有趣的人们正在穿什么。

AI 也可以设计新产品。Myntra 是 Flipkart 旗下的一家印度服装公司，它利用生成式对抗网络（GAN）来设计服装。它们声称，AI 设计的服装销售额每年都有 100% 增长。另一个基于 AI 的工具帮助 Myntra 的采购部门，根据过去销售的颜色、袖子长度、面料等相似的产品的销量，对新产品的销量进行评估。买家有权忽略这些预测，却往往发现这些指导极有价值。

Le Tote 是一家在线女装零售商店，它有一个由 6 人组成的小型团队负责网站的所有采购工作。Le Tote 利用 AI 增强团队成员的直觉，帮助他们发现可以在网站上进行销售的裙子、上衣、裤子和夹克。AI 分析数字愿望清单、在线评级和最近的购买情况，对未来的需求进行预测，并设定库存水平。

商业洞察：决策支持在每个行业都很重要

零售商必须在合适的时间，以合适的方式和合适的价格，向合适的人销售合适的产品。若想成功，需要快速准确地做出许多决定。

数据驱动的决策制订正在改变零售业。AI 通过对数据进行分析来发现趋势，并设计出市场成功率很高的新产品。通过对门店运营的测算和优化来促进销售、限制低价，实现利润最大化。直觉决策正在被数据驱动型决策所取代。直觉决策在零售业再无立足之地，在你的生意中，它们也再无一席之地。

AI 预测客户需要什么，以及在何时需要

预测分析发现客户购买的模式，并预测他们接下来可能会购买什么。出人意料但具统计显著性的模式出现了。一家白色家电零售商与英特尔合作共同分析销售数据。最初的发现并不令人惊讶：买了一台电视机的客户很可能会在十年后再买一台电视机进行替换。让零售商真正感到震惊的是，买了电视机的客户很可能在七年后物色购买一台新的洗衣机。这看似奇怪，但却是真的。这种洞察力带来了零售商营销策略的成功转换。

通过语音、手势和增强现实在家购物

零售商正把你的家作为他们的下一个——也许是最为重要的——零售点。人们过着忙碌的生活，而寻找并采购卫生纸、牛奶和洗发水并不会带来什么乐趣。人们本质上是懒惰的，而零售商很清楚这一点。它们希望尽可能方便地定期为人们供应所需的货物。谷歌和亚马逊投入巨资，将零售点设立在数百万家庭中。亚马逊 Echo 和谷歌 Home 平台的设计目的都是通过将购物点移动到顾客有需求的地方，来减少购物摩擦。Chip 和 Dan Heath 在他们的著作 *Switch* 中，将此称为“塑造路径”。

语音商务（v-commerce）平台（基于语音购物）面临的主要挑战之一是对于细节的构建。如果你点“牛奶”，你是想要大豆、全脂、1%、2%、杏仁、椰子、巧克力、不含乳糖的牛奶、不含 2% 乳糖的牛奶，还是添加钙的不含 2% 乳糖的牛奶？令人惊讶的是，这些仅仅是一间杂货店里牛奶选项中的一小部分。一个解决方案是建立语音商务系统，随着时间的推移逐渐了解你的偏好、减少必须进行解释的次数。另一种解决方案是使用另一种交流方式——手势——自然而有效地表达选择。

增强现实（AR）技术将推进家庭购物，并在客厅创造愉快、自然的购物体验。只需发出一个简单的语音命令，“给我展示 60 美元以下的灰色毛衣”，你周围就会出现各种各样的灰色毛衣。然后你浏览、选择其中的一件毛衣，说：“给我展示更多与这件类似的衣服。”也许你更喜欢通过增强现实（AR）技术体验一场私人的、个性化的时装秀，猫步模特在你的客厅里走秀，每个人都穿着精心挑选的与你个人风格和品味相匹配的服装。你可以用增强现实（AR）技术在你的墙上试着创作一件新的艺术品，或者探索厨房的改造。

虚拟浏览提供了购买尚不存在的商品的可能性。制造商可能会以数字方式创建一种产品，并对潜在客户进行测试，只有当客户对该产品具备足够的兴趣时，才会将其投入生产。AR 和 VR（增强现实和虚拟现实）技术为购物者提供了一个极佳的界面来设计定制的产品，选择颜色、配置、抛光，并在下单前添加独特的个人细节要求。78% 的千禧一代表示对定制产品感兴趣（来源：The Cassandra Report），零售商应该准备好对各个品类提供定制。

商业洞察：现在就增加 IT 预算，以免后来者赶超

数十年来，零售业对技术的投资一直显得不足。许多零售商因未能进行进一步投资而变得停滞不前。在零售业，一个远大战略计划的实现可能需要两年的时间，而大多数管理人员关注的却只是未来几周的运营。自满的零售商被亚马逊的崛起打败并倍感困惑。而技术和基础设施作为亚马逊长期战略的一部分，其重要性不言而喻，亚马逊已为此投入了数十亿美元。

被打了个措手不及的零售商们正在迎头赶上。它们知道自己必须在 WACD（What Amazon Can't Do，亚马逊所不能为的方面）加倍下注，并利用自己的有形资产以亚马逊做不到的方式满足购物者的需求。从历史上看，零售商只将其收入的 1% ～2% 投入其中。如果它们想继续保持相关地位，它们可能需要将这方面的支出提高到其收入的 5% ～8%。已经身处生存困境的零售商却正好没有这些钱。所以对许多零售商来说，一切已经太迟了。

不要等到一家像亚马逊这样的技术公司开始吃你的午餐，你才勉强增加你的 IT 预算。作为一项战略练习，想象杰夫·贝佐斯下一步将目光投向你所在的行业（因为他确实可以这么做）。考虑一下 WWJBD（What Would Jeff Bezos Do，杰夫·贝佐斯会怎么做？），看看你当前的资产和业务流程，然后决定你可以在哪里投资技术设施，以重塑业务并保持竞争力。不要再等。现在就投资，构建实现流线化运营、取悦客户，以及避开竞争性攻击的能力。

不要仅仅因为你过去的表现不错就认为你的未来可以得到保证。如果现在不增加 IT 预算，那么你的未来就注定会失败。要么现在就咬紧牙关进行创新，要么今后直面痛苦的追赶和可能的毁灭。

第13章 廉价、及时、安全和真实：这是每个企业都需要知道的有关未来供应链的信息

健康的供应链对于每个企业的成功都至关重要。人类历史上有很多强大的军队并非被强大的敌人打败而是被糟糕的供应链打败的案例，例如独立战争中的英国，以及二战中的德国。

挑战：不断变化的期望和广泛存在的欺诈

现代商业是紧密连接的。复杂的产品可能包含来自数百家供应商的数千个组件。物资经常跨过大陆、海洋和不同海关的边界。企业需要可靠的供应链。在2011年，泰国的毁灭性洪水冲击了整个IT行业。当时，泰国是世界第二大硬盘驱动（HDD）的供应国，而洪水导致好几个季度的HDD供应缺货。个人电脑行业中，没有人得以逃脱。除对HDD公司的显著影响外，每一家PC制造商的业绩也因无法满足需求而受到重创。PC销量的大幅下降打击了PC行业的所有供应商，也影响了其业绩。由于PC供应的缺短，许多企业的IT项目都被推迟了整整一年——泰国洪灾最终造成全球性的后果。在一个复杂、相互连接的世界里，供应链比以往更为重要。

消费者想要闪电般的送货速度、低廉的价格和高透明度

我们生活在一个全天候快速消费的世界中。消费者要求低廉的价格、丰富的选择、高质量和接近实时的交付。交付速度的预期已经由几周急剧缩短到几天甚至几小时。下一个标准或将缩短为几分钟后交付。“最后一英里”的递送既昂贵又复杂。它仍然是一个包括运送车辆、司机和手推车才能到达家门口的劳动密集型过程。这种劳动密集型过程要满足未来市场预期的成本太高，而速度又太慢。消费者希望在他们前往前门的行进中跟踪购买物品的位置。他们还想知道产品的来源以及产品的制作流程。在千禧一代的带领下，消费者用自己的钱包来投票支持或反对品牌。我的朋友 Jamie Gutfreund 曾是几家跨国公司的前 CEO，他曾向我解释说，从根本上说，消费者只关心一个品牌：“为我做品牌”（Brand Me）。我们购买的品牌最终形成了我们自己的个人品牌，无论是在我们自己心里，还是在我们想要留下深刻印象的人心中。在一系列新闻调查报道的熏陶下，很多消费者对消费文化的影响有了更深认识，希望更负责任地购物。未来，消费者会要求了解商品的真实成本，以便做出更明智的选择。由于一件产品是其所有构成部分的总和，消费者期望高度透明度可以贯穿整个供应链，最好一直溯源到原材料。21 世纪初期，媒体的负面报道使半导体行业承受了来自买家的持续压力，半导体行业付出了巨大的努力，以去除其供应链中的争端矿物。随着消费者变得更细致，他们的购买标准也随之发生了变化。消费者将要求知道一种产品的碳足迹，以及用于制造这种产品的水、能源和其他资源的数量。在用钱包投票之前，他们可能会要求有关劳动力、可持续性、公平贸易和制造商安全措施等的详细信息。而且他们需要所有上述声明的审计证明。被发现虚假宣传的品牌在市场上付出了沉重代价。百事公司被指出了有关纯果汁产品“纯天然”和“非转基因”的虚假申明，因此客户获得了一笔可观的和解金。

除了了解原产地，消费者还希望了解他们所购买产品的故事。人们会为带有原产地故事的产品支付更多的钱，而且研究表明，人们会在大脑中实际感知到这个故事。功能磁共振成像仪的测试显示，如果你告诉一群人，他们正在喝的酒，

是在法国一个偏僻村庄的家庭作坊式酒厂使用世世代代传下来的方法酿制而成，他们大脑中的快感传感器的亮度将远远超过给予同样的酒的对照组（对照组被告知这是来自当地超市盒装的廉价酒）。人们可以从字面品味故事。眼镜制造商沃比帕克眼镜（Warby Parker）利用电视广告和它们的网站讲述它们的眼镜是如何制成的。麦当劳在澳大利亚被亲切地称为“马卡”（Maccas），它开发了一款名为“追踪我的马卡”（Track My Maccas）的智能手机App，以帮助客户了解在当地获取的全部原材料。这款App使用了增强现实技术和3D动画来讲述面包里的小麦是在哪里生长的、牛肉来自哪里，甚至还展示了养牛的农民的照片等。该App可以对汉堡包装上的条形码进行扫描，并将该商店的GPS位置接入详细的供应链数据库。

所有商品来源的透明度将成为一种市场需求。讲述产品起源故事的能力将具有商业价值。在构建供应链时需牢记这一点。

食品欺诈是一个至少价值500亿美元的问题：假冒和造假盛行

你吃的食物安全吗？事实真的是你想的那样吗？这些问题的答案并不总是直截了当的。2010年，美国食品杂货制造商协会（Grocery Manufacturers Association）估计，标签错误的海鲜的全球市场规模为每年150亿美元。加州大学洛杉矶分校（UCLA）和洛约拉·马利蒙特大学（Loyola Marymount University）进行了一项研究，该研究检测了2012年至2015年间在洛杉矶26家寿司餐厅供食的鱼的DNA。它们发现47%的寿司都贴错了标签。同样的研究发现，提供餐用的“大比目鱼”和“红鲷鱼”并非广告上的品种。作为大比目鱼出售的鱼十有八九是比目鱼。海洋环境保护组织（Oceana）发现，在美国，菜单上红鲷鱼的标签有77%～90%是错误的。

在餐馆，我们所得并不总是我们所需。发生这种情况，可能因为餐馆老板是一个骗子，也可能因为餐馆老板在不知情的情况下出售了在供应链上被故意贴错标签的食品，或者仅仅是因为在包装工厂发生了一个差错。无论发生什么，结果都是一样的：消费者没有买到他们为之付款的东西。为我们提供服务的供应链总归是不透明的。

7% 的食品含有假冒成分（来源：世界海关组织）。你很有可能食用过假橄榄油。有一个名叫 Tom Mueller 的记者对假橄榄油行业进行了大量曝光。他估计，全球销售的橄榄油中，有高达 70% 要么是完全假冒的，要么是掺入了廉价替代品。菜籽油被上色并化学除臭以冒充特级初榨橄榄油。购买高价食用油并不会让你免受这个问题的困扰。澳大利亚政府在 2012 年对橄榄油的测试中发现，所有声称为“100% 特级初榨”的橄榄油都没有通过测试。

据世界海关组织估计，假冒食品的全球市场规模为每年 490 亿美元。这个数字甚至可能有些偏低。啤酒被冲淡、食物被廉价物品填充、商品被重新包装。正如纪录片《酸葡萄》所探讨的，欺诈和造假也是存在于奢侈葡萄酒市场的一个问题。

售卖假冒伪劣食品不仅是不诚实的行为，还可能是危险的行为。1981 年，有 2 万多人因食用了掺有有毒化学物质苯胺的橄榄油而导致食物中毒，其中大约有 800 人死亡。2013 年，英国食品标准局发现芬德斯（Findus）的“牛肉”千层面中的肉不是牛肉。他们的分析显示，“高达 100%”的肉是马肉，这在英国是一个巨大的丑闻。2014 年，美国国家公共电台（NPR）报道称，美国超市出售的大多数奶酪碎中都添加了（从木浆中提取的）纤维素。

服装、鞋类、化妆品、手袋、药品、手表和电子产品经常被仿冒。《2018 年全球品牌假货报告》预计，到 2020 年，全球假冒商品市场规模将达到 1.82 万亿美元。品牌的另一个大问题是调包（diversion）。它是这样运作的：一个品牌从它们的供应商订购 1000 件商品，供应商生产 1100 件产品，交付 1000 件给客户，然后在灰色市场上销售 100 件产品，获得由品牌所创造的价值。

掺假、假冒和产品调包使品牌损失了数万亿美元，并为消费者带来一定风险。我们需要技术方案来解决供应链中这些明显的漏洞。

当前的供应链很复杂，仍为纸面上运行，且无品牌偏好

现代供应链很复杂。对供应链中的材料、零件和货物进行跟踪只是实现了部

分数字化。在零部件组装成成品之前，许多交易仍然通过纸面进行跟踪，尤其是对于供应链的前端而言。基于纸面的跟踪系统降低了可追溯性，并增加了欺诈风险。对于一些更不道德的品牌来说，当它们的供应商被揭露有令人不齿的劳动力问题时，不靠谱的纸面记录就为众多的狡猾中间人提供了合理的推诿。

品牌通常处于劣势中。除了调包和假冒之外，它们还必须处理"缩水"问题。"缩水"是一个意指偷窃的行业委婉语。缩水贯穿于整个供应链中：从在零售商店的入店行窃，到产品在运输过程中"从卡车后面掉下来"，再到故意缺货。供应商将一个盒子标记为含有 100 件商品，但却只发货 98 件。

当货物在供应链中运送时，它们被不断地计算和重新计算。即使使用电子产品代码和条形码扫描器，商品也会出现计数错误。一些零售商利用这一点，故意算错来自各大品牌的进货商品数量。他们订购 500 件，收到 500 件，但报告只收到 489 件，并让品牌为 11 件"缺失"商品买单。各大品牌早就知道，它们被漏洞百出的供应链所利用着，但它们却对此无能为力。它们将这一损失记为经营成本，计入业务模型，并将这一损失转嫁给消费者。在某些行业，仿冒、调包、缩水和零售商可疑退单的合力作用已经使一些品牌难以为继。各大品牌迫切需要重新把控自己的供应链。而这一切都从透明度开始。

通过物联网、自动驾驶车辆、机器人和无人机实现物流的流线化

许多初创公司和一些物流巨头都在采用自动化机器，以降低最后一英里的送货成本。

星舰科技（Starship Technologies）是一家总部位于伦敦的公司，由 Skype（一款即时通讯软件）的两位创始人联合创办，生产自动送货机器人。每个机器人都能处理两杂货袋的货物。Starship Technologies 已经在伦敦和旧金山湾区进行了广泛的试验。该公司的合作伙伴梅赛德斯 - 奔驰制造了可容纳 8 个机器人的特殊配置货车。货车充当移动的小型物流中心。尚未实现自主驾驶的货车被开到一个安全的中心位置，机器人在那里四散开来进行送货。每个机器人从侧门出去时，

司机会给它装上一个包裹。包裹上的 RFID 标签包含了包裹的目的地信息。这些机器人是完全自主的，可以在人行道、十字路口行走，安全地绕过障碍物、危险和行人。它们的活动范围可达 3 英里（约 4.8 千米），并能在 30 分钟内走完这段距离。客户可以通过智能手机 App 跟踪送货进度，并在机器人即将到达时收到提醒。客户输入代码打开安全吊舱并取回他们的包裹。然后，机器人回到“母舰”货车，进入货车的后部，排队让司机给它装上另一个包裹。Starship Technologies 为达美乐（Domino’s）比萨制作了一款特殊版本的送餐机器人。这款机器人被称为 DRU（Domino’s Robotic Unit，多米诺的机器人部队），它有特殊的隔层来保持比萨的热度和饮料的冰爽。达美乐在澳大利亚、新西兰、德国、荷兰和英国进行了自主送货试验。它们将自主送货视为拓展业务的一种方式，因为不受限于（人力）送货司机的可用率。

总部位于德国的大陆集团（Continental AG），与机器人公司 ANYbotics 合作，在 2019 年 1 月的消费电子展（CES）上展示了它们的自主递送愿景。ANYmal 自主送货机器狗由大陆集团的自动驾驶汽车 CUbE 运送到一个集中地。ANYmal 机器人背着包裹，朝客户走去。这些机器狗可以爬台阶，甚至可以先按门铃，再把包裹放在门廊上。在 CES 上的演示虽然极其缓慢，但硬件和软件的进步将加快其操作速度，并使此类解决方案在未来切实可行。

投递无人机将使用类似的“母舰”方式：一辆载有 10 ～20 架载货无人机的自主车辆将行驶到无人机被派遣的中心位置。UPS 公司已经探索过这种无人机和送货货车的组合模式。UPS 对它们的一辆送货车进行了改装，在车顶安装了一个无人机发射台。无人机可以进行偏离主要投递路线的小型投递。驾驶员将包裹放入无人机内并发射。司机继续按其主线路进行货物投递时，无人机会飞到“偏离主要投递路线”的位置，放下包裹，然后返回货车，在车顶着陆并进行充电，为下一次投递做准备。

联邦快递（FedEx）的快递机器人是由 Segway（赛格威代步机器人）的发明者 Dean Kamen 设计的，它使用的技术类似于高科技轮椅，这就限制了它跨路沿和爬楼梯的能力。联邦快递正在与包括沃尔玛、塔吉特、劳氏公司、必胜客、汽车地带和美国沃尔格林公司在内的合作伙伴进行试验。联邦快递称，这些零售商的 60% 的客户住在距离商店 3 英里（约 4.8 千米）以内的地方，这使得机器人送货成为一个颇具吸引力的选择。

美国自动驾驶公司 Nuro 的送货机器人比上面提到的送货机器人更庞大，可以在道路上行驶。它们的电动送货机器人的运送速度可达每小时 25 英里（约 40 千米）。该送货机器人有多个储存仓，主要是为运送食品杂货而设计的。Nuro 已经和杂货商克罗格公司（Kroger）进行了多次试验。

商业洞察：自主递送改变了最后一英里递送经济，它重塑了购物者旅程和整体购物体验

一旦这种方法的技术和经济效益在试验中得到证明，它必将引发一场充满争议的文化对话：机器人送货的低成本和便利性是否值得我们与源源不断的机器人共用我们的人行道。如果在伦敦开展的试验结果可以参考，那么这个问题的答案可能会是“不值得”。送货机器人内置的传感器可以跟踪它们经过路人时被踢或被打的次数——事实上，它们经常被踢。除了确保机器人安全可靠之外，创新者还需要找到最小化社会摩擦的方法。如果机器人想要获得我们的信任并在我们的世界中受到欢迎，它们需要对人类足够礼貌和尊重。

1 小时、1 美元送达的时代将改变每一个面向消费者企业的格局，并可能改变消费者的行为。消费者已经发现，与其拥有低利用率的高价产品，倒不如租赁。对于定期更新的时尚商品或产品来说也是如此。低成本、快速交付，可以通过将产品按需提供作为一种服务，例如工具包或专业相机设备的按需提供，从而加速所有权的转变。通过 1 美元本地配送服务共享商品，新的服务企业将出现。以 1 美元的送货服务为基础，你的企业可以推出哪些新业务？超快速、低成本的配送将如何创造一种更可持续的商业模式，让更多人共享低使用率的商品？

区块链加速审计、创建源头、激励协调并打击欺诈

随着消费者对他们所购买产品的透明度要求更高，品牌要更努力地控制成本和质量，因此对供应链的要求将会更高。区块链技术可以提高透明度，并确保整个流程的合规性。

Everledger 是一家经营钻石生意的初创公司，它利用区块链来收集钻石的重要特征（切割、颜色、净度、克拉数、产地），以减少欺诈、非法交易和盗窃。Blockverify、Gem 和 Factom 则利用区块链来证实高价值资产的真实性。这些平台识别假冒产品、被盗商品和调包商品，并协助抓获欺诈交易。它们最初重点关注的产品是奢侈品、药品、电子产品和宝石，后来又涵盖了其他类别的商品。区块链的防篡改性有助于打击欺诈，因为区块链使得掩藏产品真实来源、改变产品数量或通过伪造文件来篡改发货量变得愈发困难。从事这一领域工作的初创企业包括 SkuChain、VeChain、Provenance、Waltonchain、TEMCO 和 Ambrosus。

当出现问题时，最重要的是调查问题出现的根本原因并快速进行修复，并以此为基础持续改进流程，同时问题的快速解决也避免了事态进一步恶化。食源性疾病的调查有时需要花费数周或数月。2018 年 11 月，美国疾病控制与预防中心发布了长叶莴苣被大肠杆菌污染的警告。美国食品和药物管理局在 1 年前调查了另一起长叶莴苣大肠杆菌疫情爆发的事件。每一次，都有数百名美国消费者生病、住院，还有一些人死亡。为了阻止感染，长叶莴苣已经从美国所有杂货店的货架上被撤下。由于不具备关于感染源的确切信息，所有长叶莴苣都被认为是不安全的并遭到销毁。这是对于大多数优质莴苣的巨大浪费，造成了生产商、零售商和分销商的巨大经济损失，也给凯撒沙拉爱好者带来了情感痛苦和折磨。

IBM 与主要零售商沃尔玛和克罗格以及包括 Dole、Driscoll's、Tyson、雀巢、联合利华和 Mc Cormick 等食品供应商进行合作，利用区块链技术为食品供应链增加额外的跟踪和审计能力。基于 IBM 的超级账本（Hyperledger）项目，新的供应链系统可以存储安全的记录，并提供便捷的审计跟踪。该系统可在数秒而非数周内调查食源性疾病的爆发，从而减少问题的出现和风险。

为了确定产品的原产地，我们需要记录旅程中——从原材料到成品——的每一步，并在一个防篡改数据库中记录产品来源故事（Origin Story）。区块链的防篡改性使其成为支撑供应链平台记录及保存原产地信息的完美技术。我们将它简称为原产地链（Provenance Chain）。原产地链存储了建立产品来源故事所需的所有信息。根据所跟踪产品类别的不同，此类信息也会有所不同。例如，温度和湿度信息与新鲜食品或对温度敏感的药品的储存和运输有关，但与管道类物料无关。

当产品在供应链中移动时，它们从一个实体转向另一个实体——分包商、制造商、集成商、地面运输、仓储、海上运输、海关等。每个阶段都要对货物计数，并将数量记录在原产地链上。可以利用一系列不同的传感器进行计数。智能摄像头可以利用机器视觉技术来计算每条生产线上的物品数量。货品装上卡车时，仓库工人可以用手持扫描仪扫描条形码。安装在卡车上的 RFID 扫描仪可以读取包装上的 RFID 标签。对于食品，则从卡车、装载码头和存储设施中的传感器读取温度和湿度信息。所有这些信息都固定不变地存储在原产地链上。

一款产品的完整来源故事远远超出了它从制造商到最终用户的物理旅程细节。复杂细致的供应链还跟踪在产品生产和交付过程中所涉及的劳动力、浪费、排放和用水的数量。原产地链发展到可以获取与产品制造相关的额外信息。连接的传感器还测算诸如水、能源和加工化学品等资源的使用情况。工厂能源的来源被记录下来，标明了它来自化石燃料与可再生能源的比例情况。工厂的劳工行为、员工福利、薪酬和工作条件等审计信息将由经认证的独立审查员进行添加。由于货品是由一个个的部件组装而成的，有关其所有组成部件的所有数据也都会被添加到原产地链中。

只有变得透明，才能建立信任。通过对产品来源提供不可更改的审计跟踪，制造商声称的可持续性、新鲜度和负责任的制造就可以得到数据的支持。另外，农业设备和其他传感器可能会向原产地链添加数据，从而获取作物种植中使用了多少水、化肥、杀虫剂和除草剂等相关信息。

对每个产品都要采集和存储大量的数据——这听起来好像有点过分了。为什么农民、工厂、仓库、物流公司、零售商和供应链中涉及的所有其他实体都要投资采集所有这些数据所需的传感器技术呢？为什么他们会同意接受额外的审查和审计？几个简单的答案是：（1）一些公司已经在采集这些数据以便于优化其业务流程；（2）消费者和品牌会对此有需求；（3）这增加了供应链的透明度，使审计变得易如反掌，从而可迅速解决争议、节省资金。

第14章 智能工厂和增强型工人：企业能从制造技术中学到什么

全球制造业是构成现代世界的支柱，它创造了我们生活中用到的各种各样的“东西”：纸巾、牛仔裤、冷冻比萨等。全球制造业的产出为40万亿美元（来源：Interact Analysis），占全球GDP的16%（来源：世界银行）。全球制造业的就业人数占全球就业总人数的14%（来源：麦肯锡）。到2025年，全球大部分的消费将来自发展中国家，那里将有数十亿新兴中产阶级消费者寻求高质量、低成本的产品。制造业需求将激增。

连续不断的创新——机械化和规模化生产、电气化、外包、六西格玛、实时化、自动化、精益化等提高了制造效率、质量和产量。下一轮转型将集中于分布式制造、规模化定制、下一代自动化、供应链创新、增材制造和新材料。

未来的工厂将实现设施高度自动化和云连接，机器人、AI和人类并肩工作。工程师在与协同式AI合作的情况下，共同设计出更易制造的增强型产品。工人们将通过增强现实（AR）技术接受实时培训和工作指导，这些混合式工人将在如同《黑客帝国》一般的场景中获得知识。复杂的AI会默默地协调供应商，并安排它们进行维护工作。制造业即将迎来大变革。

挑战：规模化定制和全球化

市场呈现出高度细分和专业化的特点。消费者希望有大量的选择，希望产品能接近或恰好符合他们的需要。人们不再只是想买一把抹刀，他们想要一把颜色与他们厨房装饰匹配的抹刀。需求已经从 20 世纪 80 年代的大量低定制化产品转向如今的高定制化产品。未来，消费者将寻求完全定制的商品和服务——这些商品和服务根据他们的需求创建，并只针对他们的需要进行定制。习惯了在星巴克定制咖啡的消费者，也会希望对他们生活的方方面面都有着同样程度的把控。

全球化、标准集装箱的低成本运输以及外包已经挖空了成熟市场中的大量制造业。美国劳工统计局（Bureau of Labor Statistics）估计，尽管美国国内消费迅速扩张，但自 1980 年以来，美国制造业已经失去了 750 万个工作岗位，其中绝大多数（550 万个）工作岗位是自 2000 年以来失去的。这些损失部分是自动化造成的，但主要是由于对廉价劳动力市场的海外外包。随着运输成本和发展中市场工资的上涨、关税战愈演愈烈以及消费者不断寻求定制化产品和快速交付的趋势，AI 赋能的自动化将刺激制造企业将生产转移到距离消费市场更近的地方。矛盾的是，因为生产转移，自动化会导致制造业缓慢回归成熟经济体。

生成式设计融合了人类创造力和机器智能

设计工业阀门、椅子或购物车有很多种方法。生成式设计工具使用 AI 来“模拟”工程师的设计，并由此生成更多的变体。工程师指定设计目标——尺寸、形状、重量、成本，人工智能创建满足这些标准的设计选项。变体最终遵循设计目标，但与最初的设计可能有微小或根本的不同。

生成式设计先锋欧特克（Autodesk）推出了一套生成式设计工具。这些工具创建设计变量并在每个变量上运行程序以评估其可靠性、可制造性、抗拉强度等。这套工具为每个设计自动生成材料清单，以估算其制造成本。甚至对于如何提高质量、减轻重量、降低成本、提高结构完整性，或使设计最终易于制造等，

AI 都会提供相关建议。设计师将选择他们最喜欢的选项，最终的设计由人类和机器智能共同合作完成。

当 Autodesk 首次将生成式 AI 应用于产品设计时，它们预想这些工具主要的好处是提升设计质量，可以设计出更易于制造、更轻巧、更结实的产品。这些工具确实实现了这些好处，但是新的设计过程也开启了创造力，并将生产力提高到了新的层次。Greg Fallon 是 Autodesk 公司的商业战略和营销副总裁。Fallon 告诉我，“设计师可以同时探索很多有效的设计选项（数十、数百甚至数千个），这使她得以考虑之前没有时间考虑的选项，有些选项往往是她从来未曾想过的设计。现在她可以在几分钟或几小时内看到所有选项。与之相比，人力流程只能在数周或数月的时间内产出单一结果。”

Fallon 继续说，“生成式设计还处于起步阶段。在不久的将来，它将超越设计和工程领域，进入制造领域。在制造领域，它将简化产品制造过程，包括从机器编程到工厂布局和管理等。它最终可能延伸至供应链，帮助优化产品的生产地点、生产时间和生产方式。”

生成式设计将支撑产品的半自动化或全自动化的定制，帮助品牌满足消费者对商品定制的需求。它将推动设计达到一个新的高度，鼓励设计师探索新的有挑战性的选项，充分利用最新的制造技术，尤其是增材制造。

商业洞察：协同式 AI 将辅助所有行业的工作

在未来的商业中，我们持续关注市场信号，即预示了未来发展趋势的早期的例子。其中，生成式设计就是一个清晰的信号：它向我们展示了机器智能和人类智能可以如何合作和创造。这种合作的结果单靠人类和 AI 任何一方都无法创造出来——并且这一结果比任何单独一方所创造的结果都要好。生成式设计就是“协同式 AI”的一个范例，这个 AI 不是人类的下属，而是作为人类合作的实体出现的。AI 将与很多不同行业和不同岗位的人进行合作。每家公司都应该从生成式设计中汲取灵感，并找到在劳动力中构建和部署协同式 AI 的方式。

机器人和协作机器人促进生产力并减少员工补偿索赔

尽管经过数十年的机械化和计算机化，很多制造过程仍需要大量的人力。那些需要周全细致的视野、熟练的操作和多年复杂应用型经验的工作将不受自动化的影响，而仍然属于人类的特有领域。机器学习、机器视觉和机器人技术的进步将使一些工作减少。将复杂的肌肉记忆与创造力和判断力结合在一起的职位，如吹制玻璃，实现自动化的风险仍然非常低。其他职位，比如工业抛光，将在十年内实现部分自动化。

抛光决定了物体表面的光洁度，传统上是一个非常需要手工操作的过程。要教会机器人以所需的灵活性操作物体，并识别物体是否“足够闪亮”是很困难的。欧洲产业界和学术界的合作公司 SYMPLEXITY 正试图制造一款机器人抛光机。通过使用表面测量仪器和一套复杂精细的传感器，SYMPLEXITY 机器人可以扫描物体表面，发现缺陷和粗糙点，并评估光泽度。通过机器学习，机器人可以自学测量光洁度的最优方法，它能决定抛光工具的施力角度及要施加多大的力。随着时间的推移，这些机器人能够处理简单到中等复杂的抛光工作。目前，这些机器人的工作速度还很慢，但它们最终将能够完全胜任除最精细的抛光工作之外的所有抛光工作。

在未来的几年内，除抛光之外，AI 还将实现其他一些技能性工作的自动化。机器人对于工厂老板来说很有吸引力，因为它们能提高生产力、通宵工作，还不用“请病假”，并且它们在“受伤”时无须索赔补偿金。

Universal Robots、Rethink Robotics、Fanuc、KUKA 和 Staubli 等机器人公司设计的机器人都致力于与人类一道安全地并肩合作。机器人不仅仅代替人类工作，据估计，Cobots，即协作机器人，将占未来所有机器人销量的 25%。协作机器人使用力扭矩传感器（Force-torque Sensor）来感知人类的存在，如果工作人员靠得太近，它就会立即断电，这样协作机器人和工作人员就能够安全共处于同一空间。一些制造商使用协作机器人来完成需要多个人才能完成的任务，而无须对不同人的时间进行调整。人们发现，协同机器人可以处理费力的重复性操作，可以提高劳动场所的满意度，并解放劳动力，让人们聚焦于回报更高的、更复杂的工作，例如针对协作机器人的编程、培训和维护等。

商业洞察：提升人类工作，并把其他工作留给机器

AI和机器人能够承担很多人类不想做的、危险且对体力要求高的日常工作。我们应该让它们去做这些工作，并把我们的时间聚焦于更有意义、更具影响力和挑战性的工作上。在自动洗衣机发明之前，衣服都是用手洗的，而且这项工作大部分由女性来承担。即使有18世纪发明的新式洗衣板，洗衣服仍然是一项费力又费时的工作，而且这项工作也很危险。妇女暴露于由水传播的疾病、呼吸系统疾病及热轧滚筒的危险中，每天洗衣服要花6小时，每周洗3次。洗衣机解放了许多妇女，让她们进入劳动力市场，从而帮助家庭摆脱了贫困。虽然世界上仍有超过一半的人没能实现洗衣自动化，但那些实现洗衣自动化的人们已经获得了巨大的好处。他们腾出时间来关注其他事情，洗衣机给人们的生活，尤其是女性的生活，带来了巨大的改变。所以，自动化确实会破坏一些工作，但这些大多是重复性的、费力的、枯燥无聊或危险的工作。劳动力需要提升技能。人们需要掌握高度自动化环境中所需的技能。经过培训和转型后，他们就可以从事带来更高报酬、更令人满意且更具价值的工作。

数字化灵巧性：下一代机器人学会像人类一样操作物体

为了把人类从费力、重复、枯燥但需要一定灵巧性的体力劳动中解放出来，机器人必须学会拿起和操作各种各样的物体，并要做得同人类一样好。要做到这一点，机器人必须能够看见物体，确定捡起物体的最佳策略，并在不损害物体的情况下执行策略，然后将物体成功放到理想的位置。正如我们在第3章中总结的，研究人员已经取得不少的进展，但在机器人拥有接近人类的灵巧性之前，尚需进一步的突破。请期待这个领域的持续进步。十年内，我们可能会看到速度更快、更敏捷、更灵巧的机器人参与到制造业的岗位中，而这些岗位曾是人类的专属领域。

外骨骼将工厂的工人变成艾伦·雷普莉（电影《异形》中的女主）

外骨骼（Exoskeleton）在制造业中是一个颇具吸引力的话题。这些可穿戴机器增强了工人的力量和耐力，将力量从四肢向外发散到外骨骼。被动式外骨骼是纯粹的机械装置，而主动式外骨骼通过传感器、电动机和液压系统支持四肢运动。

Ekso 仿生学公司的 Eksovest 是一款完全被动式的设备，设计的目的是减少执行危险任务的工人的疲劳和伤害。福特公司为在车辆底部安装零件的工厂工人配备了 Eksovest。它们仅使用弹簧和巧妙的机械装置，就能提供 5 ~ 15 磅（约 2.3 ~ 6.8 千克）的支撑辅助。它们的使用得到美国汽车工人联合会的支持，后者将其作为一种改善健康和保障安全的工具。大宇（Daewoo）的动力外骨骼可以举起 30 千克重物，并有轻如鸿毛的感觉。这款由铝合金、碳纤维和钢材制成的轻便服，电池续航时间长达 3 小时。这款外骨骼正在韩国的造船公司进行试验，Daewoo 有信心在未来将载重量提高到 100 千克。在这样的支持下，工人们就变成“超级英雄”了。

松下子公司 ActiveLink 正在研发一款让 Ekso 仿生学和 Daewoo 设备相形见绌的“怪兽”。它们的动力装载机 Atoun NIO 专为建筑、应急响应和重型制造业而设计。Atoun NIO 的灵感很大程度上来自电影《异形》结尾艾伦·雷普莉使用的 Weyland P-5000 动力装载机（Powered Work Loader）。Atoun NIO 仍是一款实验设备，它配备了 20 个电动机，据 Atoun 网站称，它可以“不流一滴汗”地举起 100 千克的重物。

随着电池效能、材料、传感器和 AI 的持续改进，智能外骨骼将为制造业劳动力带来越来越具价值的体力增强。如果使用得当，它们将提高生产力、减少伤害并提升工作满意度。

增强型工人改善了培训、提高了合规性并减轻了责任

在美国和欧洲的制造业部门，20% ~30% 的离职率是很常见的（来源：欧洲议会研究，美国劳工统计局）。制造商很难找到熟练的工人，因此，大多数制造商面临劳动力短缺。新员工入职和培训既耗时又费钱。当一些新员工接受了这项工作的培训后，他们却又不甘停留于此。

增强现实（AR）平台使员工在到岗第一天就能够上手。AR 耳机指导工人使用视觉指示。覆盖在工人视野中的高亮颜色显示出需要他们拿起的零件；数字箭头指示杠杆或阀门旋转的方向；虚拟螺丝刀向工人展示在哪里插入并拧紧螺丝。无键盘、无鼠标、无操作手册。机器视觉系统跟踪工人的进度，确保每一步都是正确执行的。详细工作说明被编码进 AR 系统以逐步地提供指导。工人很快就能学会任务细节，并最终不再需要视觉指示。为了帮助产品定制，AR 通过编制全部具体指示或特定订单所需的定制方案来为技术工人提供有价值的指导。

AR 系统向工厂维修工人提供数据信息：实时的操作数据、详细的维修历史、同事留下的全息笔记。语音界面将加强 AI 和工人之间的合作。为了排除故障，系统会询问工人一些问题——“电线是否已正确连接到金色的连接器上？”——并通过言语回应来指导工人。工人与 AI 合作，通过 AR 界面的连接，可以诊断和维修他们从未接触过的设备。

如果随后设备出现故障，主管会查看视频以了解发生了什么。AR 实景录像通过展示工作按照所需标准完成，使公司免于承担责任。如果出现了错误，AR 系统中的任何不当之处都会被识别出来，并为工人提供额外的培训。

商业洞察：增强型工人将扩展到所有产业

我们正在走向一个“增强型工人”的世界，它将人类和机器的优点结合在一起。机器和人类将作为一个整体肩并肩工作。强大的 AI 经过训练，能够获得许多人的专业知识，还能够访问云上的海量知识库。人类具备本能、

经验、灵巧和常识。AI 和人类的强强联合，加上 AR 界面、声音和手势的连接，可谓无与伦比。

增强型工人最初将出现在制造业、建筑业和健康护理业，但将迅速扩展到其他行业。如今，企业应该为一些 AR 实验提供支持。一旦技术成熟，早期试点的结果将为新兴技术应用于最具影响力的领域提供指导。

你的下一个 QA 可能是 AI

人类对成品进行视觉检验已经有很长的历史了，有着敏锐视觉、锐利双眼和强大专注力的人才有资格着手完成此项任务。Landing.ai 是 AI 大师 Andrew Ng 创立的公司，专为制造业创造 AI 技术。其中有一款产品可以使用机器视觉和机器学习对零件进行视觉检验。Landing.ai 声称，它们可以在半秒内完成对一个零件的检验，其准确度与人类检验员接近，甚至更好。在寻找微型印刷电路板上的瑕疵和相机镜头上的划痕时，它们的系统同样表现出色。它们的检验 AI 可以非常快速地进行训练，有时只需要检验 5 张零件的图片即可。这是一项突破性技术。

分布式制造和只有一名员工的巨型企业

制造业的发展日趋大众化和分布式。我们正临近只有一名员工的大企业时代，这样的企业几乎把一切都外包出去。描述这个概念的最好方法就是分享笔者几年前写的一个关于这个主题的短篇科幻原型故事。它探究了分布式制造背后的关键概念，并重温了第 2 章中的智能产品理念。当你阅读这个故事时，你可以思考一下分布式制造将如何推动创业，并允许所有拥有好想法和商业意识的人都参与到全球经济中来。思考一下这种能力可能会如何影响你的企业或改变你进入市场的方式。

《一个员工的巨型企业》

史蒂夫·布朗的一个来自未来的短篇故事

现在，爱丽丝只需按下一个按钮，就能将数百万件新产品发送给全世界的客户。这一切都始于三周前她淋浴时的一个想法。爱丽丝洗头发时正想着她的小外甥彼得，她在为彼得5岁生日送什么礼物而犯愁。商店里的东西似乎都不合适，所以她决定自己动手做一件。她有了一个完美的主意——做一个能为彼得读书的玩具熊。

爱丽丝激动地从淋浴间跑出，差点滑倒在瓷砖地板上。在这个过程中，她还不确定该如何将自己的想法变为现实，但她知道可以在网上寻找一些乐于助人的陌生人并寻求他们的帮助。她裹着毛巾坐在电脑前，用简单的手势和语音提示进行设计。她选择了一些材料，修改了一个现有的开源熊设计，让它有一个更大的肚子，并选择了树莓派7（Raspberry Pi 7）用作阅读能力的组件。

爱丽丝的想法显然很有效。她在IdeaZ创业社区发布了一篇文章，一小时后，她收到了来自布料专家、儿科医生和程序员的回复。

她提出的产品名称“BookBear”（读书熊）在营销人群中测试的结果并不好，所以她最终选择了大家最喜欢的“MoJo”的名称提议。她学会了在定义和进行产品营销时听取大家的意见。

爱丽丝决定看看有没有其他人对此感兴趣。如果有5～10人对她的想法感兴趣，就可以帮助她分担一部分开发成本。她将自己的设计发表在了一家颇受欢迎的投资网站FundStarter，然后是等待。

第二天当爱丽丝正在吃早餐时，她查看了FundStarter账户，玉米片几乎被她从嘴中喷出来。如果她能做出来，将有超过4万人想要这个MoJo熊。大多数人的开价都超过了她90美元的最低要价。

“哇，”爱丽丝想，“我真是在做生意了！”

爱丽丝敲了几个键，5分钟内就注册、成立了一个公司，并被批准为她的新公司FutureBear的CEO。

用销售收入的 0.1% 作为回报，爱丽丝聘请了面料专家米卡为她服务。米卡根据爱丽丝对耐用性、柔软性和中等成本的要求，推荐了 6 种不同的毛织品。米卡住在巴西，但是安排将布料样品从阿默斯特当地经销商处送到爱丽丝的家里。听到送货无人机的嗡嗡声后，爱丽丝走到外面去接收样品，并选择了她最喜欢的一款。她提供 3 种颜色供客户选择。或许她可以用最好的布料制做一款特别版 MoJo 熊，并多收一些钱。

通过提供差不多的收入分成，住在马来西亚的儿科医生杰森·陈为爱丽丝推荐了一种能吸引小孩子的语音。杰森曾在欧洲的儿童看护机构工作，对于最适合欧洲和亚洲市场的一系列语音提出相应见解。

最后，爱丽丝与吉纳维芙进行了一次快速的 Holo-con（全息对话），吉纳维芙是澳大利亚阿德莱德市的一名程序员。对吉纳维芙来说，把开源 OCR 代码、自然语言引擎和她喜欢的语音模拟器平台组合在一起，简直易如反掌。玩具熊拥有语言翻译功能是吉纳维芙的想法。现在 MoJo 熊可以阅读一种语言写的书，并用另一种语言讲出来。吉纳维芙的另一个想法确实很天才：阅读服务将被包含在产品的初始价格中，但对于多语言阅读（实现这一服务无须任何成本），她建议爱丽丝可以每月收取 4 美元的服务费。

由于吉纳维芙提出的想法和她努力编程的付出，爱丽丝将销售收入的 1% 用来奖励她。这个数字让她很高兴，但她还不知道这样的安排将在接下来的几个月里使她变得多么富有。

爱丽丝从未与吉纳维芙、米卡或杰森见面。她不需要，事实上，他们也不再需要更多的交谈。电子商务平台可以根据每个人的贡献进行自动支付。爱丽丝没有一个员工——员工这个词现在甚至听起来非常奇怪。

事情开始凑到一起了。距离彼得的生日还有两周的时间，但爱丽丝还有很多时间来做好所有的事情。如果幸运，她或许很快就能开始生产。

MoJo 熊的设计细节被存储在爱丽丝最喜爱的设计工具 UcanMake 中，设计工具将她连接到全世界的庞大的供应商和制造商网络中。爱丽丝用 Ucan-

Make 的模拟工具测试了她的设计。当她在屏幕上看着 MoJo 接受身体压力测试时，她笑出了声。MoJo 必须能够接受 5 岁孩子的严酷考验。

一切都很顺利，直到爱丽丝看到红色警报在屏幕上闪烁。MoJo 没有通过德国的一项重要的质量认证。没有通过这项认证，她就无法在德国市场上销售 MoJo。UcanMake 表示，问题出在制作 MoJo 纽扣鼻子的材料上。它推荐了另外一种塑料，估计每个熊将增加 7 美分成本。它还提醒爱丽丝，德国有 2438 个竞标者。这使决定变得很容易。

"我想我能付得起这 7 美分。"爱丽丝想。"好吧，那就这样。"她对设计工具说。

后来，爱丽丝意识到这个决定最终让她损失了 25 万美元。

UcanMake 自动发放了 UL、CSA、CE、TUV 必要认证和其他安全认证，而爱丽丝继续选择她的制作伙伴。UcanMake 使制造云使用起来轻而易举。爱丽丝在她的全息屏幕上单击"竞价"按钮，不到半秒，该工具就与全球 3700 家不同的制造商完成了谈判，并根据爱丽丝的设计规格和预计数量获得报价。

"只限金星级别"，爱丽丝对她的电脑说。

UcanMake 对名单进行过滤，删除了那些在劳工实践、环境标准和可持续性等方面没有达到金星评级的供应商。在剩下的 282 家制造商中，报价最低的是一家柬埔寨公司，每个 MoJo 熊报价 32.25 美元，而一家波兰公司的报价仅高出 40 美分。这两家公司的评级都很高，并因向员工提供健康护理服务而闻名。爱丽丝决定两家都用。设计工具建议她在墨西哥增加第三家制造商，服务北美和南美市场，以降低运输成本。UcanMake 推荐了一家瓜达拉哈拉的合适制造商，这家制造商愿意给出一些折扣，以填补过剩产能，从而优化工厂利用率。

"好吧，听上去不错。"爱丽丝说。

UcanMake 将订单分配给各个制造商，优化制造，降低运输成本，并在屏幕上显示最后的平均单位成本。

"这个价格看起来很便宜"，爱丽丝想。她预计的单价是这个的两倍。

她不知道她的新供应商会不会偷工减料。当爱丽丝查看她的网上订单数量时，她简直不敢相信。超过 300 万人注册购买 MoJo 熊。她惊讶到张大嘴巴。订单数量这么大，难怪出价这么低！

一位颇有影响力的玩具博主在 FundStarter 上发现了 MoJo 熊，并在一个发布中提到了它。过去的两天内，MoJo 熊在网上疯传。数百万的人们渴望拥有一款能够帮助他们的孩子学习新语言的玩具。

一杯热茶让爱丽丝镇定下来，她并没因此而迷失。只需按下一个按钮，她就可以将自己的设计提交给她从未去过的柬埔寨、波兰和墨西哥的工厂。她在分销云中选择的全球分销商将把她的产品运送到 143 个不同国家的 300 多万个家庭。这个玩具会让数百万孩子开心，也会让她赚 1 亿美元。爱丽丝将通过客户支持云服务雇佣数百名员工，负责处理有缺陷产品的查询、退货和维修。翻译服务带来的持续性收入可为她每周带来 50 万美元的额外收入，而 300 万个 MoJo 熊可能还只是一个开始。这些天的努力没白费。爱丽丝呷了一口伯爵茶，单击：“打印”。

这个故事探讨了众包、零工劳动、高级模拟的理念以及一系列云连接的分布式服务概念，这些服务包括设计、营销、融资、制造、分配和客户支持等。安全测试机构变为复杂软件模拟算法。故事特意省略了安全特性、原型和用户测试，以保持故事的简洁，但这些都是对所描述场景的有效补充。

商业洞察：技术将催生后自动化时代的新一代企业家

设计工具将成为由分布式工厂、分布式分销网络和分布式客户支持所支撑的虚拟制造网络的前端。设计变成协作式和社会化。分布式制造和半自动设计工具使任何具备好想法的个体都能够获得生产手段。一连串创新产品将进入市场，引发巨大的经济繁荣。随着技术逐渐替代传统就业环境中的人，它也将催生后自动化时代的新一代企业家。这显然是好事。

工业 4.0/5.0 和感知工厂

目前，制造业的创新重点是“工业 4.0”，这个概念最早由德国政府提出。工业 1.0 描述了工业化的第一阶段，当时的机械化工厂由水或蒸汽驱动。工业 2.0 见证了规模化生产技术、装配线和电力驱动机器的出现。工业 3.0 是对计算机控制和自动化的应用。工业 4.0 实现了传感器、自动化机器、分析、人工智能和云计算，以创建推动制造业进入更高水平的信息物理融合系统（Cyber-Physical Systems）。为了提供大量的规模化定制，工业 5.0 将建立于工业 4.0 平台和认知 AI（Cognitive AI）之上，其利用本书在其他部分探索的很多概念——增强型工人、生成式设计、协作机器人和可穿戴设备——使人类和机器在制造业中形成强大紧密的协作成为可能。

在完全实现工业 5.0 的愿景之前，我们首先需要将现在的工厂转型为工业 4.0，并实现信息物理融合系统。在信息物理融合系统中，装有一系列传感器的机器可以实时互相分享运营数据。在这里，“机器”指的是所有自动化制造工具，例如织机、钻头、烤箱、搅拌机、液压机、分类机、喷雾器、铣床等。制造环境的实时数字化呈现是通过利用来自机器的传感器数据创建而成的，这个数字化模型反映了运营的各个方面。由 AI 赋能的高级分析软件可以“想象”出生产设施的其他组织和运行方式。软件会模拟运行每个备选方案，并评估其效率、质量和生产量，然后在生产车间部署最佳方案。

控制软件可以智能地管理生产流和维护计划，并与供应商和客户进行沟通。想象一下，一家为汽车制造商供货的散热器工厂。当散热器工厂的一台机器发出信号表明它需要进行预警性维护时，工厂运营软件会自动将生产转移到其他机器并且安排维护，并且如果有必要，也会减少散热器部件和材料的供应商订单。然后，它会将所有生产延迟的情况告知汽车制造商。汽车制造商的工厂收到延迟交货日期的信息后，将确定如何进行合适的回应——要么向另外的工厂下订单，要么重新配置生产流，将组装过程中安装散热器的工序后移。所有这些行动都是自主发生的。决策的制订依据预先确定的运行参数和工厂经理设置的业务逻辑。一旦设置了这些参数，经理就可以专注于监督生产，并解决自动化系统无法处理的问题。每台机器都将做出尽可能多的自主决策。

在工业 4.0 模式中，机器和人以合作伙伴的关系一起工作。机器将危险、重复、琐碎和令人讨厌的任务实现自动化，解放出人力，使人们能够集中精力于自己更擅长的事情上。当机器不知道该怎么办时，它们便会请求人类的指导。云分析和可视化软件将复杂的运营数据呈现给人们，使人们能够快速制订明智的决策。

大多数消费者都想要定制化的产品。智能自适应的工业 4.0 工厂可以在产品流线化生产过程中定制产品。每个产品或作业通常都可以通过 RFID（射频识别）标签进行识别。机器读取标签、检索最终产品所需的规范，并推断在将产品传递到下一台机器之前需要执行哪些步骤（如果有）。

让我们设想一个基于工业 4.0 技术建立的蛋糕工厂，看它如何实现有关香草海绵蛋糕的订单，蛋糕中有覆盆子馅、巧克力糖霜和定制的生日祝福。详细配置信息被存储在数据库中，并被连接到相应的作业编号。作业编号被编码在一个 RFID 标签上，这个标签被压制在一个金属托盘的底部。生产线前端的阅读器扫描标签，并将托盘转移到香草生产线，而非巧克力或柠檬蛋糕生产线。机器人在托盘上放上一层香草蛋糕，然后托盘移动到填料处。这种填料机可从 6 种不同的口味中选择一种，它读取 RFID 标签并确定需要添加覆盆子料。它分配馅料，并将托盘送回香草蛋糕生产线来进行第二次传递。光学传感器精准地对齐第二层，蛋糕移至糖衣机处，根据数据库中的作业指令，在蛋糕上覆一层巧克力糖衣。最后，完成的蛋糕交给一位戴着 AR 眼镜的员工，他在蛋糕上吹出“生日快乐，杰克”的字样。完成后，蛋糕沿着自动化包装、贴标签和运输的线路继续前进。

工业 4.0 改变了人与机器之间的关系，也改变了供应商、生产商和消费者之间的关系。由算法控制的敏捷供应链可以向制造商的全球网络提供商品。制造商利用当地工厂的产能，靠近消费市场进行智能生产。随着发展中市场在未来几十年的日趋成熟，对于满足制造业产品惊人的需求，工业 4.0 将至关重要。在工业 4.0 所创造的高度自动化的信息物理融合系统之上，工业 5.0 工厂将利用生成式设计和其他认知 AI 的能力进行大规模定制化产品的制造。设计师将使用复杂的认知 AI 设计工具共同创建产品，制造工人则将与协作机器人合作来制造产品。个人数据将被用作设计过程的输入，使产品能够深度个性化地代表客户。从根本上看，工业 5.0 拥抱并支持人类的创造力，同时也将人的触觉重新带回制造过程中。这将是我下一本书的话题之一。

商业洞察：信息物理融合系统显示出数据驱动决策的力量

工业 4.0 为人机合作的兴起提供了清晰的信号。机器智能将人类从日常决策中解放出来，并基于数据制订高质量决策，提高工厂效率、产量和质量。每个企业都应该寻求方法来制订数据驱动的决策。将日常的事务性决策下放给机器，从而解放出人类的才能，让他们专注于更复杂的决策。人类制订的复杂决策应该尽可能地由机器支持，例如，准备可视化数据。企业应该逐步加大使用数据制订决策的频率，并将其作为持续改进流程的一个构成部分。设定目标，奖励成功，然后看着你的企业决策加速和质量飙升。

第 15 章 去除建筑噪声和交易中介后：企业能从房地产技术中学到什么

建筑多么神奇。高科技建筑在高耸入云的同时还可以抗震。美丽的建筑提升了城市的宜居性。数以百万计的房子庇护着数十亿人，为他们提供了一个栖息之所。全球房地产价值总和约达 300 万亿美元（资料来源：Savills）。

挑战：错误、利润和缓慢的交易

建筑施工是一项危险、艰辛的工作，它受困于人为错误，并且执行的规划仍停留在二维平面形式。熟练工人的短缺，项目进度过紧，复杂性又过高。房地产交易异常缓慢，导致文件堆积如山。这个行业改革的时机已经到来。

重大错误、技能短缺和安全问题困扰着建筑业

如果你负责过一个建筑项目或房屋改造工程，你就会明白出错和返工太常见了。规划不精确、不规范或不切实际，导致在工作现场需要创造性的变通方法。建筑施工很脏，要求又很高，稍有不慎就容易出错。例如，人们经常发现踢脚板、电灯开关盖和门框隐藏着缺陷。据估计，这些部件的返工成本占大多数建筑

项目成本的 10% 左右。鉴于该行业的利润率在 4% ~5%，这一问题相当严重。80% 的建筑公司认为，最大的挑战是建筑工匠的短缺（来源：AGC/FMI 风险管理调查，2019）。私营企业中每 5 个死亡案例中就有 1 个发生在建筑行业（资料来源：美国劳工部）。

交易摩擦阻碍房地产市场的发展

减少或消除交易摩擦之后，市场运作将会变得更高效。当证券交易将交易转移到电脑上，而替代纸面交易后，全球市场将得到繁荣发展。随着互联网交易的兴起，经纪人费用从几百美元降到了 10 美元甚至更低，而交易的执行时间只有几分之一秒。与此形成对比的是房地产行业：2018 年，美国人办理购房贷款手续的平均时间为 45 天。美国的房地产交易速度慢得可怕。要想购买房产，你必须在一堆高达两英寸（约 5 厘米）厚的文件上签字，并一路对很多中介机构说尽好听的话。这一过程在其他国家并没有太多的不同。

购买房产需要承担高昂的费用，公共记录中出错频繁，官僚作风严重，交易进展速度极慢。高昂的费用和纸质工作流程阻碍了房产销售，并抑制了房地产市场发展。

生成式设计改变建筑业

欧特克（Autodesk），生成式设计领域的先锋，开发了一套建筑设计工具，使建筑师可以利用 AI 来提升自己的设计敏感度。建筑师确定项目的高级目标和约束条件，并使用基于计算机的工具自动生成成百上千个设计选项。这些工具对选项进行排序、根据项目目标对每个选项进行评估，并指引设计人员找到最优方案。建筑师与 AI 共同创建建筑。AI 为建筑师提供了更高的自由度去探索更有挑战性的想法，而设计工具找到最好的方法来实现这些想法。这种方式促使设计人员去探索更广泛的设计选项。

商业洞察：协同式 AI 促进创造力和生产力提升

协同式 AI 以其生成式建筑设计的形式已被证明是一种强大的工具。它使建筑师能够实现更多选项，并生成更全面、大胆和富于创造性的设计。最终，我们将拥有更漂亮的建筑、更高效的大厦，以及更具备可持续性、成本更低、浪费更少、更节省时间的项目。协同式 AI 将出现在各个行业，提升大多数知识型员工的创造力、影响力和生产力。仔细观察你所在行业的发展，准备好拥抱协同式 AI，并考虑将其作为一种提升员工生产力的方式。

从二维规划到三维增强现实模型

大多数建筑都是用三维软件设计的，但是现代建筑信息模型（BIM，Building Information Model）仍在使用二维蓝图描述建筑。增强现实（AR）耳机以三维形式保存规划，并将规划投射到物理空间中，向工作人员展示物体如何排布。这有助于理解和减少错误。AR 耳机适用于施工的所有阶段，尤其适用于机械、电气和管道（MEP）系统。准确地看到一个风道要去向何处比试图解读二维的纸面蓝图要容易得多。

现场监理是一项由人工完成的工作，这包括对建筑进行测量，并与打印的平面规划图进行比较。SRI 国际公司基于 AR 的监理系统可以在监理人员通过现场时跟踪他们的位置。监理人员将正在建造的建筑与 BIM（建筑信息模型）的规划进行视觉上的比较，相应的规划由此覆盖于他的视野。接着，耳机上的传感器可以用来测量距离，并自动凸显其与 BIM 的差异，从而加快测量速度。传统上用来标记剩余工作清单的蓝色胶带由全息标记器所取代。监理人员附上数码照片和注释来指导返工，并创建问题的详细记录，以便跟踪问题直到问题解决。随着 AR 能力的完善，AR 耳机将成为大多数建筑项目的常用视觉器。

商业洞察：增强现实技术减少错误，并帮助员工腾出双手

增强现实技术的使用，特别是将三维规划图转换到物理空间，有助于提高建筑工人的效率。随着 AR 耳机能力的提升，它们将为更多需要腾出双手的工作人员提供有价值的支持，指导他们执行任务并审核他们的工作。规划、可视化和三维工作指令进驻到工作人员的视觉感知中，并与他们面前的工作完全保持一致。相关的工作情境数据会以提示信息的形式显示出来。其结果是：生产力提高、决策速度加快、错误变得更少。

机器人建筑工人、无人机和 3D 打印结构体

建筑施工，从架构设计到建造再到最后的监理，都是劳动密集型的工作。这个行业雇佣了很多技能型工人——木匠、电工、水管工、钢铁工、屋顶工和细木工——很少有工作是靠自动化完成的。根据 2019 年的一项调查，63% 的建筑公司在作业中使用无人机，而只有 14% 的建筑公司使用现场机器人（来源：AGC/FMI 风险管理调查）。

机器人已开始进入建筑劳动力市场。一个能力不错的砖匠每天可以砌 500 块砖。由建筑机器人公司（Construction Robotics）制造的 SAM-100 机器人，一天能砌 3000 块砖。SAM-100 是一款与建筑工人合作的协作机器人。一个工人将砖块装上传送带，输送到 SAM-100 的砌砖手臂中，同时另一个工人抹墙和清除多余的砂浆。SAM-100 速度很快，但还不够便捷。

由澳大利亚创新公司 Fastbrick Robotics 制造的机器人 Hadrian X，使用一个 30 米高的吊杆，像一个巨型 3D 打印机一样砌砖块。Hadrian X 能自我调节稳定性，甚至在有风的天气条件下也能精准地砌砖。它砌的是标准砖和大砖的组合，大砖比标准的房屋砖大 12 倍，用胶水将它们粘合在一起，45 分钟就会变干。其结果是，与传统砂浆相比，住宅的热传和声学性能都有所改善。整栋房子的墙可以在一两天内建好。这个过程成本低廉、不会产生现场建筑垃圾，且对工人来说

更为安全。

日本产业技术综合研究所（AIST）正在开发一款机器人。这款名为 HRP-5P 的机器人速度虽然不如人类快，但非常有效，做事极有条理。设计者还为这个类人机器人设计了额外的肢体关节以辅助它工作。

建筑无人机开展现场调查、监督工作、跟踪工人生产力、评估目标进度、记录项目里程碑、执行安全审计，并确保其与规划的一致性。这些无人机很快就会成为自主式机器，通过一系列传感器巡视现场并采集数据。机器视觉技术将会关注到一系列安全违规问题——梯子放置不当、存在绊倒的危险以及未穿戴个人防护装备。激光扫描仪和其他传感器将建筑环境与规划和时间表进行比较，突出显示异常情况和项目失误。一些建筑公司使用安装了法如科技（FARO）激光扫描仪的无人机将建筑进度与 BIM 进行比较。定期检查，越早发现和解决问题，就越能节省费用。在安装管道、电线、石膏板和刷油漆之前发现墙没有对齐，当然是最好不过的。

对于安全问题的早期检测与解决可以拯救生命。一家位于波士顿的建筑公司正在测试一种技术来预测事故发生的地点。一些建筑公司提供了十年事故数据和现场安全隐患图像，用以训练一个名为 Vinnie 的预测型 AI。初步测试结果颇具希望。Vinnie 提前一周预测到 1/5 的安全事故，准确率高达 81%。技术合作伙伴 SmartVid 称，该系统降低了 30% 的事故率，还可以利用无人机执行巡察，这使建筑公司花在跟踪进度和记录里程碑事件的时间减少了 60%。

增材制造（Additive Manufacturing）——更因 3D 打印这一名称为人所知——正在进入建筑业。巨型机器用水泥代替墨水进行“打印”。Icon 公司最新的 Vulcan II 水泥打印机可以在不到一天的时间内建造 650 平方英尺（约 60 平方米）的住宅，花费仅 1 万美元，预计未来花费将降至 4000 美元。Vulcan II 水泥打印机拥有高 8.5 英尺、宽 28 英尺（2.5 米 ×8.5 米）的建房能力，这使它能够打印出 2000 平方英尺（约 185 平方米）的住宅。Vulcan II 使用名为 Lavacrete 的专有材料建造弹性结构件，每秒可垒建 7 英寸（约 17 厘米）的材料。打印机通过拖车运送，无须现场组装，只需 4 个人即可进行操作。Icon 公司表示，它们的打印机将建筑成本削减了一半。它们的首个商业项目是一个3D打印社区，服务于低收入家庭，可以容纳400多人。3D打印建筑增强了设计的自由度、减少了建造错误，且较传统建筑使用更少的混凝土。荷兰研究人员正在试验用生物塑料制造的3D打印结构件。这些生物材料既可以是不可生物降解的，又可以是可生物降解的，可用于制造永久可持续性的建筑，或是适合救灾的可回收临时结构件。

AI辅助房地产业

抵押贷款经纪人和房地产中介总要忙个不停，尤其在市场走低时。嵌入在客户关系管理（CRM）工具中的AI可以指导经纪人如何制订推广策略，确定潜在客户的优先排序，甚至预测交易实现的可能性。很多房地产代理都依靠他们的关系网寻找潜在客户。总部位于北卡罗来纳州的房地产AI公司First，筛选每个房地产代理的个人网络，预测人们何时准备出售房产，有时甚至可以提前数月做出预测。First对源自数据经纪人的700多个洞察（消费模式、就业状况、收入历史、信贷状况）进行分析，以发现潜在的房屋销售情况的变化。这使代理商能够优先进行推广、击败竞争对手。

AI的自然语言能力可以加速数据录入，从文档中自动抽取客户数据，即使这些文档并非按照标准格式排版。AI获取文档，并识别姓名、地址、社会保险号、收入、投资细节等。自然语言处理对收到的电子邮件的观点进行分析，突出显示紧急问题或不开心的客户。像OJO和Roo.ai这样的聊天机器人（Chatbot）可以回答房地产相关问题并帮助搜索住宅。对于外呼营销，AI可以推荐营销组合和推广策略。它能获取社交媒体信息、阅读成千上万的在线评论，并以自然语言进行总结。AI甚至可以获取竞争对手的社交媒体信息，并就营销策略提出建议。

总部位于英国的Proportunity公司利用AI来准确预测伦敦住宅的未来价值。它们与首次购房者合作，购房者有意购买它们的AI已给出未来高估值的房源。Proportunity通过持有高达15%的股权来支持买家。这使买家能够负担得起较为昂贵的房产。它还降低了抵押贷款的贷款价值比，这使购房者能够获得较低的贷款利率。当买家出售或对其房屋再融资时，买家会将股本偿还给 Proportunity，后者因房屋增值而获利。

Skyline AI 是一家房地产投资管理公司，通过对五十年来的商业房地产数据进行分析、确定新兴趋势，并精准定位哪个位置即将出现市场增益。它们通过分析业主和资产行为来识别投资机会，包括套利交易、场外交易、预测止赎，以及管理不当的、本可表现得更好的房产。

Disruptors Zest Finance 和 Underwriting.ai 两家公司销售的 AI，对潜在贷款人的风险进行评估。通过分析数百个数据点，而不只是承销商所能分析的 10 个左右的数据点，这些 AI 找到了原本用传统方法分析不合格的低风险借款人，从而在不增加金融风险的情况下扩大了市场。

金融科技（Fintech）创新公司 REX 利用 AI 为房屋定价，并将卖家与合格的买家进行匹配，这简化了销售流程并取代了房地产代理。REX 机器人对房屋进行展示，并与潜在买家互动、回答相应问题。与大多数美国住宅房地产销售通常收取的 6% 的费用不同，REX 对房地产交易双方各收取 2% 的费用。并不是每个人都想从机器人那里买房子，但经济实惠构成了颇具吸引力的一个选择原因。

区块链加速交易，避免欺诈，并创建新的融资模式

众所周知，美国的房地产交易过于复杂，甚至让人痛苦。房屋购买是一项充满压力的活动，涉及大量的文件，其中很多你可能永远都不会读到。此外，你还要向中介支付报酬，让他帮助你与永远不会见面的卖家达成交易。你要与房地产代理、抵押贷款经纪人、托管公司、信用评分机构、房产评估师、房屋检验员、公证人、产权公司，甚至还有律师一起工作——难怪人们会讨厌这一过程。第三方托管公司善意持有资金作为交易的首付款。信用评分机构评估买家有没有能力支付它们的抵押贷款。房屋检验员检验房屋是否有重大的未申报问题。房产评估师确保房子物有所值。整个痛苦的过程都旨在降低风险、建立信任。

这里有一个好消息。在某天，只需按一下按钮，我们就可通过技术支持被批准抵押贷款和购买房子。创新公司将使用区块链和 AI 去除中间环节，并将购买过程中的每一步都实现自动化或半自动化。购房者授权对存储在区块链上的相关金融信息进行一次性访问，抵押贷款申请将实现流线化和自动化。这确保了数据的准确性及敏感财务数据在实体间的便捷共享，最终使审批加速。区块链可以验证所有权并转移所有权，同时全都保持透明度和避免欺诈。托管和所有权转换通过智能合同进行处理。文件通过电子认证而无须公证人认证。

美国数字贷款技术平台 Blend 公司在贷款发放过程中使用区块链来保证文档的安全传输。Blend 公司声称，它们的平台将平均贷款的完成期限缩短了 7 ~ 10 天。Ubitquity 是一个基于区块链的房地产备案平台，被产权公司、市政当局和其他机构用来建立清洁的所有权记录。Imbrex 是一个社区所有的、基于区块链的房地产门户网站。用户保持对自己的数据的控制，并因向平台贡献信息而获得奖励。

商业洞察：区块链避免欺诈、加速协作并去除中间环节

受困于中介机构或多个实体之间复杂处理流程的行业将受益于区块链的使用。智能合同能够在满足条件时通过代码支撑协议的自主执行。区块链创建可信的数据源，帮助实体之间安全、快速地共享数据，并强制执行严格的流程。这避免了欺诈，实现了信息流的自动化，并消除了风险。中介机构的存在就是为了缓解信任的缺乏，但现在已经不再需要它了。

房地产市场的人全都歇业了吗？并没有。对于大多数人来说，他们一生中进行的最大一笔买卖就是买房子。很多人会寻找一个值得信任的人来指导他们完成这个充满压力的过程。区块链减少了购房过程中的工作量和复杂性，由代理人和经纪人所提供的价值自然也发生变化。填写文书和起草合同将仅占其附加值的一小部分。抵押贷款经纪人和房地产代理的工作重点将转向培育买家，以及增强他们对自己所制订的决策的信心。抵押贷款经纪人和房地产代理已经知道如何更好地完成这些任务。

商业洞察：技术不能替代人际关系和声誉信任

随着贷款发放和购房机制实现自动化，抵押贷款经纪人和房地产代理需要更加专注于服务、信任和客户信心的构建。那些提供敷衍马虎的服务、或只是充当资金管家的服务商将丢失它们的业务，而被纯粹的数字化服务所取代。成功的代理商和经纪人将专注于与客户建立更好的人际关系：细致的客户服务、值得信赖的建议、情感支持和鼓励。买家需要对自己的选择有信心。归根到底，这就是经纪和代理所销售的东西。技术无法自动化同理心。在一个自动化的世界里，人际关系和品牌信任将比以往任何时候都更加重要——每个行业都如此。

第16章 为后自动化经济做好人口准备：未来教育的教训

挑战：一个为过去的时代所设计的系统

自动化将深刻影响未来的工作，并在后自动化经济中保持相关影响，数以百万计的人将需要重新学习以提升技能。教育部门充满活力对社会和经济的正常运转至关重要。为了迎接21世纪的挑战，我们需要重新设计教育。

为过去设计的分散、落后的系统

今天的教室看起来和19世纪的教室并没有什么两样：学生坐在课桌前，面向老师和黑板。这种教育模式包括知识划分、课程推荐、标准化测试、多项选择和学位证书等概念，该模式设计于19世纪50年代，旨在帮助农业人员从农田转向工厂和办公室。这套制度一直延续到今天。

教育机构推崇传统，旨在抵制变革。现在，当我们迫切需要创新时，我们已然建立的体系却是一个非常擅长排斥创新的体系。

当前教育体系的一些怪异之处如下所述。

第一，教学人才被困于机构的围墙之内。要想在某一特定科目找到最好的老师，你必须注册进入授予他们终身教职的学校，但一旦注册进入，你就只能接触到在那里工作的教学人才。

第二，当前的教育体系扩展能力不强。让更多的人接受更好的教育就需要更多的物理空间——学校、学院和大学。

第三，学生有时更像是生产线上的产品，而不是独一无二的个体。学得快的学生会感到无聊，而需要更多时间和辅导来掌握关键概念的学生则会感到困惑。

第四，经学院培养的学生所接受的是一门学科的教育，但几乎不具备驾驭职场所需的技能。

当前的学校课程让一些孩子感到厌烦，这使很多孩子认为教育不适合他们。在极端情况下，我们可能会扼杀孩子对于生活的好奇心。在美国，每天有 7200 名学生从高中退学。超过一半的人说他们是因为无聊而退学。仅在美国，每年就有 130 万儿童因现在的教育体系而退学。一部分问题出在课程设置上，它让一些学生感受不到学习的意义；另一部分问题则出在教学方法上，现在的教学方法不能吸引孩子。我们必须利用 21 世纪的技术，使学习变得更加吸引人，并可根据个体的需要进行定制。

一半的劳动力尚未为后自动化经济做好准备

随着 21 世纪 30 年代人们转入新的工作岗位，多达一半的劳动力将需要支持，以培养他们在后自动化经济中发展所需的技能。教育工作者必须让学生为未来的世界而不是过去的世界做准备。电子表格彻底改变了会计部门工作中所需的技能。文字处理机和激光打印机使打字员过时了。工程师们不得不使用计算机辅助设计工具。在机器人和人工智能时代，人们必须培养出人类独有的技能，才能在高度自动化的世界中保持自己的地位。

课程设置没有完全满足学生的需要。需要更多时间来培养人们在后自动化经济中所需的技能——上班技能、沟通技能、金融知识、信息研究技能、创业技能、毅力、规划技能、批判性思维技能、自我意识、道德、乐观、创新技能、创客技能、技术技能、社交技巧、同理心、情商、即兴创作、家具维修技能、额外的语言技能、信息价值的判断能力等。

与机器进行竞争是愚蠢的，我们必须把我们的时间和热情专注于机器人和 AI 无法完成的任务上。在未来的几十年里，企业将寻求能够产生新想法、对那些想法能进行批判性思考、在社会情境下理解和判断想法、具有说服力、激励人们行动，并制订相应复杂计划以执行这些想法的员工。这些员工拥有的技能并非新技能。但在 21 世纪 30 年代及以后，它们会成为必需的基本技能。人文和艺术学科将与工程和设计技能同等重要。

规模和成本：昂贵费用导致很多人无法接受教育

要保持就业，就必须提高人口的平均教育水平。16 岁退学将变得不可行，更多的人需要花费更多的时间在学校。而高昂的教育费用则是实现这一目标的主要障碍。

教育的新增需求来源两个方面：（1）第一次进入教育系统的孩子和年轻人需要花费更长的时间接受教育；（2）数百万失业的工人需要重返学校学习新技能。以目前的形势，全球教育体系无法以市场所需的规模和价位提供教育。

在美国，高质量高等教育的成本持续飙升。四年大学教育的平均花费超过 10 万美元，更具声望的学校，比如哈佛，学费更是这个数字的 3 倍。在美国，学生贷款是目前最大的非抵押债务来源。为了接受教育，人们背负着沉重的债务。人们要么放弃上大学（以及随之而来的债务），要么转向在线课程供应商，如 Coursera、Knewton、Udacity 和 Capella 等，要么转向普渡全球大学（Purdue University Global）和南新罕布什尔大学（Southern New Hampshire University）等大学的在线课程。规模较小的大学则正被挤出市场。

《创新者困境》（*The Innovator's Dilemma*）一书的作者、哈佛商学院教授 Clayton Christensen 在 2018 年发表评论称，他预计未来十至十五年内美国 4000 所大学和学院中将有一半面临破产。

教育必须发展并拥抱技术，以更低的成本为更多的人提供高质量的教育。

技术将如何改变这个行业

我们目前的教育模式是在互联网发明前一个多世纪发展起来的。今天，任何一个从零开始设计教育体系的人，其采用的构建方式都会与现在的传统方法大不相同。

翻转现有模式，让教学人才摆脱地域限制

大多数学生都在课堂上学习，然后在家里做专题作业和练习。像可汗学院这样的组织则提倡一种翻转旧有模式的新模式。对于很多学生来说，使用各种媒体——从书本、视频到虚拟现实——在家里学习更有意义，在教室里做专题工作（以前的“家庭作业”），则可以在遇到困难时从老师和同学们那里寻求帮助。翻转模式（Flipped Model）使学生可以按照自己的节奏和时间表进行学习，当学生没能理解一个重要概念时，他们可以回放视频。他们也可以随时休息，在需要额外帮助时还可以访问丰富的线上资源。

在翻转教学模式（Flipped Teaching Model）中，仪表盘会向教师显示每个学生的学习进度。仪表板可以突出显示学生在某些专题上存在的困难，这样学习老师就可以在课堂上安排对个体学生的干预措施，并帮助学生跟上进度。很多学生都觉得困难的内容将被标识出来，这样就可以对教学材料中的相关内容做出相应的更新与阐明。

互联网视频、VR、AR 和其他现代媒体技术使教师可以接触到更广泛的受众，而不仅仅局限于他们所在的机构。互联网使世界上最好的老师可以与每个人分享知识，无论他们身在何处。

有些学生所在的家庭环境并不利于其开展学习。对他们来说，在家里建立一个连接型学习设施（Purpose-built Connected Study Facilities）是行不通的。一些学生可能需要在专门建立的连接型学习设施中学习相应的技术，这些设施可以提供一个安全安静的空间，便于学生进行在线学习。

有些科目需要一种更交互式的教学方式，但有些科目适合翻转教学（Flipped Teaching）。老师们可能并不喜欢人们在视频或其他媒体上获取他们的课程，他们担心这将有损自己的价值。对此有两种看法。第一，这种方式解放了教师，教师可与学生进行更有意义的互动，这将加快教育的节奏，提升教育的质量，并使

教师在给定的时间范围内触及更多的学生。第二，互联网将获取信息的成本降低到零（例如，只需简单的谷歌搜索就可获得大量的信息），这是一种“要么按程序办事，要么出局”的情况。我不想这么直白，但这就是残酷的现实。如果教师只充当学习的看门人，他们就会失败。好教师总是扮演引导者和教练的双重角色：引导者传达信息，解释关键概念和进行提醒，而教练提供指导、鼓励和启发。随着学习系统逐渐发展、获得越来越多教学方面的引导能力，教师将可以花更多的时间承担教练的角色，这是一个具有同理心的、颇具人性的角色，对学生有最深远的影响，且不能被自动化。想想在学校里你最喜欢的老师，你就会明白我的意思了。

翻转模式（Flipped Model）不是万灵药，但它对于获取更多学习机会和更大教学规模颇具价值。

建立一个低成本、可扩展的教育体系

我们必须设计一个可扩展的教育体系以满足每个人的需要。建造新教室并非是解决问题的办法。我们必须利用技术构建虚拟教室和高质量的教育体验，通过新的方式建立教学人才与学生之间的连接。我们在学校学到的不仅仅是知识和事实。我们还获得了社交技能、团队合作技能、沟通技能，等等。技术必须以有意义的方式将远程学生连接在一起。视频会议、虚拟现实和增强现实都可以发挥重要作用，将人们聚集在共享的虚拟空间。学生不仅可以从老师那里学习，他们也可以互相学习。新技术必须支持学生与学生之间的互相学习，就像它将学生和老师连接起来一样。

从平面教科书到3D体验式教育

对于一些人来说，没有什么比沉浸在一本好书中更惬意的了。然而对于另一些人来说，读书作为学习方式，既不愉悦也不高效。新媒体提供了学习新事物的新方式：播客让我们可在通勤时学习；相较于文字和静态图片，YouTube 视频更适合用来解释组装说明和维护程序；虚拟现实和增强现实技术将学习提升到一个全新水平。沉浸式 VR 把我们带到新的地方，甚至将我们带回到过去。通过 VR，学生们可以参观古罗马竞技场、从珠穆朗玛峰的峰顶观看风景，或是探索火星表面。增强现实使学生置身于物理环境中，为他们引入虚拟对象并与场景进行交互，这使更多协作式学习体验成为可能。医学院的学生们聚集在一个真人大小的人体全息照相周围，而他们的老师则通过手势控制来展示人体循环、淋巴和神经系统。工程专业的学生与风力涡轮机、建筑设计或复杂分子表征的剖面 3D 模型（Cut-away 3D Models）进行交互。通常，当机器、人体器官或复杂业务流程以人脑所能处理的基本形态——我们可以与之互动和探索的三维图像——进行呈现时，我们更容易理解它们的运作。

虚拟现实和增强现实技术可以提供体验式学习，这允许学生通过行动而不仅是语言指导来学习。逼真的模拟技术使学生可以在一个安全的环境中练习技能，并在学习过程中得到指引。凭借细致的控制器、触觉反馈和高清显示器，未来的 VR 和 AR 平台将为外科医生、机械师、零售人员、工程师、建筑工人、建筑师、科学家和许多其他角色提供完美的训练场所。在复杂精细的 VR 和 AR 模拟中，AI 赋能的虚拟替身将帮助人们开发和练习包括会话技能、语言技能、谈判技能等一系列软技能。

通过一起共同解决问题，学生得以发展他们即兴创作、制订计划、进行创造和团队协作等能力。创客实验室让学生熟悉他们可能会在未来的工作中遇到的科学技术：AI、传感器和 3D 打印机。无论他们今后是否会成为工程师，这个过程都能教给学生宝贵的技能、建立他们的信心，为他们在高度自动化的世界中发挥作用做好准备。

用于个性化教育的传感器、数据和AI

千人一面的教育体系的进度往往以学习速度最慢的学生的节奏为准，否则，要保持大多数学生的进度就会导致这些学生落后。消费者期待定制化的产品和个性化的体验，而对于教育的期望也是类似的。个性化教育将使每个学生都受益。传感器采集课堂和个人学习期间的数据，分析每个学生的注意力和理解水平。安装在桌上的传感器，无论是压力传感器还是诸如谷歌 Project Soli 传感器等更复杂的传感器，都能感知、检测笔记的记录。当学生正集中注意力、看起来很困惑，或者嬉戏捣乱时，机器视觉都能够感知到。学习工具可以适应每个个体学生的需要、节奏和兴趣。

交互式培训（多媒体、VR 和 AR）允许学生按照自己的节奏进行学习，或遵循自己独特的兴趣对主要课程以外的内容进行探索。适应性学习平台跟踪学生如何进行学习，并根据每个人最有效的学习方式调整他们的学习速度和方法。Dreambox 是一个面向 5 ~ 14 岁孩子的、教授数学的适应性学习平台。它根据每个学生的学习能力自动制订个性化的学习计划。Dreambox 在合适的时间里选择合适的课程，并使用对每个学生来说最为有效的教学方法。

基于 AI 的语音代理将参与团队项目，并评估每个学生的参与情况和能力进展。数据分析将为老师提供一个仪表盘，突出显示需要额外关注的学生。实时翻译允许所有学生都可以使用母语进行学习。

没有理由让所有学生都接受千篇一律的教育。技术将帮助教育者提供个性化的学习体验。

停滞不前的行业将面临与教育类似的压力

一百多年以来，学术界基本上没有受到太多变化的影响。然而，与我交谈过的每个在教育界工作的人都认识到，教育体系迫切需要创新。零售业在电子商务革命之前的一百年里也基本上没有变化，但现在已经被迫进入了一段痛苦而不情愿的创新时期，这种创新被证明规模太小且姗姗来迟。其他停滞不前的行业——包括健康护理、建筑、交通运输、金融服务和农业——将很快经历一段快速变革时期。

新技术将突破多年来阻碍创新的制度壁垒。大胆的创新者将会脱颖而出，将其他人远远地抛在身后。完全接受技术的公司与不接受技术的公司之间的能力差距将变得巨大，以至于落后的公司将很快变得不具竞争力和影响力。持续创新是未来生存的关键。

第17章 拥抱技术，为人民服务

处在可能性与期望交叉路口的相关战略

我们生活在一个充满无限可能性的时代。技术正以指数级的速度进步，十年前似乎不可能的事情现在已变得触手可及。

AI、IoT、5G、增强现实、区块链和自动化机器这6种强大而关系互补的技术正在同时涌入市场。单独来看，每项技术都将成为一种巨大的颠覆力量。综合起来，它们则代表了前所未有的技术能力飞跃，并为所有企业提供了非凡的机遇。企业将综合这些技术、创造新的产品和服务、建立新的渠道、实现自动化运营、制订更高质量决策、提升客户服务、改善工作条件、削减成本，并解决人类的重大挑战。

在一个充满可能性的世界里，选项很丰富，而选择将变得非常重要。战略清晰是企业保持专注并避免力量分散的必要条件。当技术使企业可为的事情变得如此之多，选择何事不可为就成为一个压倒一切的挑战。

强大的新技术为市场、行业、公司和人们带来快速变化。变化让人迷失方向，也让人疲惫不堪。为了穿越不可避免的混乱，员工需要如北极星般的明确指引和清晰的指令让他们保持一致，而一个鼓舞人心的目标则让他们具备足够的忍受力。如果你要把握快速的变化，战略明确和组织协调至关重要。

明确性来自一个企业既严谨缜密又鼓舞人心的人文目标。为了成功把握下一个十年，企业必须描绘出可能的图景，然后立足目标来规划它们的进程。有了明确阐述的目标，企业就更容易集中精力、避免偏离公司核心任务的项目。如果你用一个令人信服的未来愿景来激励员工，给他们提供自发投入努力的理由，他们就会拥抱变化。不顾深夜或周末废寝忘食工作、对工作细节的额外关注、对工作业绩的额外推动——这些都是自发努力的结果。给人们一个专注工作的理由，而不只是让他们关注薪水。只有当员工的薪酬与公司利润直接相关，他们才会真正关心季度业绩和取悦股东。员工想要在一个受人尊敬的工作环境中享受具有挑战性的工作，并成功地完成他们认为值得完成的任务。永远不要低估能让员工产生强烈共鸣的企业目标的力量。

多年前，我的朋友 Brian David Johnson 曾告诉我，在思考未来的时候，有两个重要的问题需要我们思考和回答：

（1）我们想要建立的未来是什么？

（2）我们想要避免的未来是什么？

要回答这两个问题，企业需要非常明确自己的目标、对未来有一个大胆的愿景，并有一个大家都相信的任务。人们将发现战略就在可能性与目标的交叉路口。

领导的职责是确保组织中的每个人都清楚地了解公司的目标、愿景、任务、价值观和战略。但即便在这方面投入更多的时间，你传达这些信息也可能仍然不够充分。委员会所写下的冗长乏味的愿景和使命宣言毫无价值。简短、令人难忘的阐述，与员工进行持续定期的分享，会让一切变得不同。

要大胆、明确和专注。协调、鼓舞和激励团队，通过各种不同的方式，使用前面提到的 6 种技术改变世界。

尊重个性、提升人类工作并创造无摩擦的体验

强大的创新计划专注于改善人们的生活，尤其是客户和员工的生活。有证据

表明，当客户和员工的生活得以改善时，企业的业绩也会得到改善。专注于客户和员工的公司将自动为股东的利益服务。

以下是利用本书中所述技术改善人们生活的 6 种方式。

1. 尊重每一位客户的独特个性

地球上的每个人都有自己独特的故事、独特的生活经历以及看待世界的独特方式。在这个拥挤的星球上，人们感觉自己就像是一台巨大机器上的一个小齿轮，人们比以往任何时候都更重视个人的身份感。他们希望品牌尊重、赞美自己的独特性，并将自己视为有价值的个体。利用技术来了解客户，让客户顺畅地表达自己；创建定制化产品和服务，提供个性化体验；以客户希望的方式与客户沟通，以客户希望的方式回报他们的忠诚。

2. 通过创造无摩擦体验来节省每个人的时间

生命是短暂的。人们是忙碌的。一个品牌越尊重客户、将客户的时间看得越宝贵，最终必将获得越大的回报。努力消除每次交互的摩擦。通过个性化交流缩短交流时间——不必告诉每个人所有事情，只需告诉每个人现在所需要知道的事情即可。追求无摩擦体验，哪怕只能减少几秒的交易时间。想办法节省人们的时间和认知努力，因为额外的想法同样要花费额外的时间。警告：把人们从无谓的摩擦中拯救出来，但不要害怕增加有意义的摩擦。有时候，我们需要停下来、享受当下、理解一个行为的意义和后果，或者只是用 1 分钟来反省。Ferris Bueller 曾经说过："生活过得太快，如果你不偶尔停下来看看周围，你就会错过它。"

3. 理解根本意图，创造难忘时刻

人类有一套共同的跨文化、跨世代的愿望。我们想要感受到（与家人、朋友和同事之间的）连接。我们希望一生都在学习和成长。我们想把事情做好，并感受到成就感。我们想（在适当的时间）娱乐。我们想要创造性地表达自己。我们希望

身体保持健康，我们希望自己在乎的人也都身体健康。这6种愿望——连接、学习、成就感、娱乐、创造性表达和健康——是人类始终如一的需求。这些都是人们创造生活意义的方式，也是人们创造身份认同感的方式、我们在世界上确立自己地位的方式。最终，人们购买产品和服务是为了创造生活的意义、强化自我身份。当一个青少年购买了一部新的智能手机，手机的品牌和颜色就反映了他的身份。产品成为通向创造性表达、连接、娱乐、学习、成就感和个人健康的门户。

利用技术可追求更高目标。提供定制化产品和个性化体验可帮助人们建立更强的自我意识、创造更丰富的生活意义。例如，云连接的相框可绕过大半个地球建立祖父母与孙子之间的连接；原产地链（Provenance Chain）可建立关注环境的购买者与公平贸易及产品来源故事之间的连接；AI饮食教练帮助人们感受达成减肥目标的成就感。

4. 设计人类智能和机器智能协同的高响应性业务运营机制

实现业务流程的自动化和半自动化，并实现数据驱动型决策制订，可以提高运营效率、加快服务速度、降低运营成本并更加积极地响应客户需求。将节省下来的成本投资未来的创新，将部分回报给到股东，部分回报通过降价的方式传递给客户，让大家满意，并推动未来的增长。

5. 创建可为人们解决问题的创新型产品、服务、体验和转变

利用技术来提升你的产品体验。产品和服务转化为体验和转变将会对人们的生活产生重大的影响。服务将贯穿整个客户体验过程，创造令人难忘的时刻。研究表明，如果企业提供了高于平均水平的服务只需在过程中某个时间提供一次，然后在体验结束的时候再提供一次，客户对该品牌的好感就会大幅提升。

6. 人类工作提升

自动化技术——AI、机器人、区块链和传感器——将劳动者从低价值、重复性和危险的工作中解放出来；为他们提供必要的培训，使他们能在更高层面为

企业做出贡献；提升他们的职位，这样他们就可以从事更有意义、回报更高的工作。

展开关键战略讨论以决定下一步的工作

既然你对未来已经有了一个大胆愿景，并且为本书介绍的 6 种技术的可能性感到兴奋，那么是时候采取行动，领导你的团队对一系列全新战略开展探讨、制定和执行了。以下是你需要开展的一些主要战略探讨，这些探讨将有助于安排下一步的工作。

自动化战略

未来十年，自动化将重塑每一个企业。人工智能将实现包括预测、优化、视觉和诊断等工作的自动化。机器人将实现日常体力工作的自动化。区块链将实现交易、合同、流线化协同的自动化，并因自动化而去除中介角色。

自动化战略应该由自动化理念开始。确定你要优化的业务目标，确定实现自动化的目标层级。

构建你的人机合作战略，也即人、AI 和机器人一起工作的高能力团队的创建战略。对于每个业务流程，确定其中哪些任务最好由 AI 完成、哪些任务最好由机器人完成、哪些任务最好由人类来完成。

传感器战略

建立传感器战略来监测你的业务，并创建精确反映物理运营的数字模型。利用传感器监测关键“业务事件”，管理 AI、机器人和人类之间的任务传递与交接。例如，机器人通过传感器发现工厂地板上的溢出液体，并提醒守卫人员；机场传感器监测到飞机抵达登机口，于是更新航班跟踪系统，并提醒出口的工作人员为乘客的到达做好准备。列出所有这些业务事件，并构建相应战略，以利用传感器和 AI 监测每个事件。传感器战略是每个自动化战略中的关键构成部分。

增强技术战略

利用技术增强员工的能力、提升他们的工作。确定协同式 AI、语音代理、协作机器人和增强现实平台可以如何为不同类型的员工提供协助。

建立协同式 AI 战略。在生成式 AI 提高设计师创造力和生产力的启发下，思考如何利用 AI 增强并支持每一位员工的能力。利用 AI 可产生数千种潜在的选项，然后缩小它们的范围，并把最好的选项呈现给员工。AI 可增强员工的判断力和直觉力，帮助他们更快、更好地制订决策。想想自然语言处理（Natural Language Processing）在支撑知识工作者对文本进行总结、翻译或对文本观点进行分析等方面的作用。

建立数字语音战略。确定聊天机器人和个人助理可以在组织中的哪些地方起作用。为一线客户提供服务的聊天机器人，也可以为员工所用。例如，语音助理可以为员工进行出差规划和会议安排。做好语音平台在未来几年将迅速发展的准备，这意味着它们的实用性和影响力只会随时间推移而不断提升。

思考创建混合劳动者的方法，这些混合劳动者是数字智能、人类经验和人类身体的综合体。建立 AR 劳动者的运行试点，从它们的经验中进行学习，并做好在技术成熟时应用该技术的准备。

员工参与战略

沟通是自动化的一个重要构成部分。要支撑自动化项目需建立全面的员工沟通战略，并建立 AI 导向的企业文化。将自动化与任务进行关联，并向公司的每个人解释机器将如何帮助你实现企业目标。让员工参与 AI 的开发，他们将与 AI 一起工作。在了解到 AI 的运作方式和局限性后，他们会更乐于把 AI 当作自己的同事。对于自动化的预期要开诚布公，否则员工会怀疑自动化的下一个对象就是他们。解释你有关自动化的理念。将自动化的需要与竞争和本书中所谈到的威胁进行关联。将 AI 和机器人定位为具有一定竞争力的盟友和将劳动者从日常工作中解放出来的助手，这样劳动者能够定位更高的目标并获得更大的成就。要清楚人类为组织提供的独特价值，并向员工解释，拥有什么技能能使他们“防患机器人”。员工们需要理解自动化的局限性，并因自己所带来的独特价值而感到自豪。历史表明，当人们感到生计受到威胁时，人们就会打破常规。沟通，沟通，再沟通。

构建现代创新文化。引导员工了解由技术所展示出的令人兴奋的可能性。提升从 CEO 到各级员工的技术素养，让员工熟悉这 6 种技术带来的全新且令人兴奋的可能性。分享早期部署技术的成功故事，让员工对令人兴奋的未来有所期待，并鼓励员工就技术实现流程自动化和增强员工绩效提出自己的想法。帮助员工了解创新的紧迫性。鼓励他们构思新产品、新渠道、新客户体验、新员工体验以及新的业务经营方式。授权他们制订计划，并推动业务向前发展。设立创新基金。允许员工共享采用自动化所带来的经济收益。奖励那些明智又敢于冒险的榜样。庆祝成功的业务转型。用一些时间缅怀过去，但让员工目光坚定地看向未来。

再培训战略

对所有被取代的员工进行再培训，这样他们就算不能在组织内承担更高价值的职位，也能在其他地方茁壮成长。技能提升可能比重新招聘新员工成本更低。更重要的是，记住你的每一个员工都在观察你是如何对待那些被自动化取代的员工的。对那些受到影响的员工进行重金投入，即使你知道他们最终会离开公司。如果你不这样做，你就是在增加那些留下来的员工的恐惧感。他们会不再参与变革，甚至破坏进一步的变革，对创新制造障碍。

区块链战略

区块链除了能实现价值交换的自动化之外，其价值还体现在创建数字化原产地（Digital Provenance）和通过调整激励机制来塑造行为。你要准备好提高供应链的透明度。谨慎的品牌和忧心忡忡的消费者都有对原产地故事的需求。推动你的供应商使用分布式账本，以确保你的供应来源。对你的供应商设定透明度和可追溯性的要求。

商品和服务创新战略

据普华永道预测，AI 创造的就业机会将超过它所破坏的就业机会。这些新工作大多来自 AI 创造的新产品和新服务，以及它们所创造的新增需求。智能、连接的产品将比它们笨拙的前辈带来更多的价值。与你的团队开展战略探讨，讨论书中列出的每一项技术（不仅仅是 AI）可以如何将你的产品线提升到一个更高的层次。尤其是，确定你将如何贯穿产品线以实现产品的个性化和定制化。确定如何让你的产品不仅能实现无摩擦购买，而且能实现无摩擦使用。就如何创新和提升你的商业模式进行战略性讨论：通过产品提供服务，通过服务创造体验，通过体验创造转变。如果有必要，专门创建一个围绕核心产品构建创新服务、体验和转型的子部门。探讨 1 小时、1 美元的本地送货的战略影响、如何表明某些产品所有权的终结，以及如何将客户转入租赁模式。

数据战略

谁拥有最好的数据，谁就将获胜。领导者应该围绕数据开展专门的战略探讨：驱动未来创新需要哪些数据？如何获得这些数据？你需要什么传感器来采集数据？训练人工智能时需要哪些数据？你的数据驱动决策战略是什么？需要什么数据来实现自动化决策？如何进行数据的可视化展示以支撑人为决策的制订？在公司的数据库中已经存在哪些数据？如何将这些数据进行统一，以供需要的人进行使用？你需要购买哪些数据，又需要哪些合作伙伴来获得这些数据？你需要哪些数据来支持产品创新并提升商业模式？你需要什么数据来支持你的个性化和定制化能力？你是否需要修改你的数据隐私政策？你的数据螺旋战略是什么？如何确保数据的质量，并确保对所有需要数据的人公开？请允许我引用国际数据公司（IDC）总裁 Crawford Del Prete 的一句名言来进行总结："到 2021 年，数据将不再被视为'石油'，而将被视为水。它对生命至关重要，但必须是可获得的和清洁的。"

安全战略

本书主要关注技术为这个世界带来益处的潜力，但就像其他任何工具一样，技术可被用于行善，也可用于行恶。这本书为我们描绘出一幅科技如何为人类带来益处的图画。这并不意味着我们不应该在部署新技术时考虑周到并保持警惕。安全保障是任何创新战略的重要考虑因素。在定义我们想要创建的未来时，我们也必须定义我们想要避免的未来。为此，每一位领导人都应确保制定一个健全的安全战略。

所有公司都将变成数据公司，所有的数据都将变成关键因素，本书中的 6 种技术建立了数字世界和物理世界之间的桥梁。当物体、人员和基础设施连接在一起，它们也就容易成为黑客攻击的对象。连接基础设施、传感器、机器人、无人机和其他自动化机器的智能对象将数字威胁变成了物理威胁。无论是高成本设备，还是集成了廉价计算和传感器的低成本设备，厂商都需要为其提供端到端的安全解决方案。网络罪犯（Cyber Criminal）擅于发现并利用最薄弱的环节。不要为了节省几美分而向黑客敞开你的业务。即使是传感器也必须妥善保护。不要让黑客监测你的业务或用虚假数据蒙骗你的传感器，导致你的业务系统行动出错。依靠数字智能和增强现实传递工作指令指引其工作的混合劳动者必须得到保护，以防止犯罪分子侵入他们的感知，并引导他们完成不应该完成的任务。建立包含所有这些因素的安全战略。

最后的思考和对未来领导的鼓励

当你领导业务转型时，有意识地实现自动化，增强人才能力以提升工作，并将技术应用于改善人类状况的服务中，努力为人们的生活创造更多意义，促进人与人之间的连接。不管你身处哪个行业，如果你这样做了，客户和市场必将予以回报。

每一个企业都前景广阔。未来十年，新技术将改变所有行业，并解决以前不可能解决的问题。不要受限于过去。任天堂从一家纸牌公司发展成为今天的视频游戏巨头。任天堂拥抱技术，通过新的方式来实现它们的核心目标（使游戏成为可能）。相信你也可以。

你会受到自身创造力和激励他人推动变革的能力的限制。对于你所有的竞争对手来说也同样如此。在这个充满可能性的时代，那些最具目标感和最愿意推动变革的人将会获胜。本书的核心即，当你身处极端竞争压力和强大的主动意志之间你该如何进行创新。